中国民族财政治理研究

马应超 ◎ 著

中国社会科学出版社

图书在版编目(CIP)数据

中国民族财政治理研究／马应超著．—北京：中国社会科学出版社，2016.8

ISBN 978-7-5161-8722-7

Ⅰ.①中… Ⅱ.①马… Ⅲ.①民族地区—财政管理—研究—中国 Ⅳ.①F812.2

中国版本图书馆 CIP 数据核字（2016）第 182783 号

出 版 人	赵剑英
责任编辑	喻　苗
特约编辑	胡新芳
责任校对	王福仓
责任印制	王　超

出　　版	中国社会科学出版社
社　　址	北京鼓楼西大街甲 158 号
邮　　编	100720
网　　址	http://www.csspw.cn
发 行 部	010-84083685
门 市 部	010-84029450
经　　销	新华书店及其他书店

印　　刷	北京君升印刷有限公司
装　　订	廊坊市广阳区广增装订厂
版　　次	2016 年 8 月第 1 版
印　　次	2016 年 8 月第 1 次印刷

开　　本	710×1000　1/16
印　　张	21.5
插　　页	2
字　　数	309 千字
定　　价	79.00 元

凡购买中国社会科学出版社图书，如有质量问题请与本社营销中心联系调换
电话：010-84083683
版权所有　侵权必究

目 录

导 言 ……………………………………………………………（1）
  一 研究缘起与意义 ……………………………………………（1）
  二 相关概念与研究对象的界定 ………………………………（7）
  三 研究思路、结构安排与研究方法 …………………………（12）
  四 创新点与不足 ………………………………………………（15）

第一章 利益治理视角的政治经济学回顾与述评 ……………（17）
  第一节 西方主流经济学关于完全竞争市场与利益
        治理的理论述评 ………………………………………（17）
  第二节 制度经济学关于制度变迁与利益治理
        理论述评 ………………………………………………（22）
  第三节 公共经济学关于分权财政体制建构
        与利益治理理论评析 …………………………………（24）
  第四节 马克思主义经济学关于体制变革
        与利益治理理论述评 …………………………………（31）
  第五节 中国共产党关于民族财政治理的理论探索 ………（36）

第二章 民族财政治理的国际视角 ……………………………（53）
  第一节 美国民族财政治理的特点及启示 …………………（53）
  第二节 加拿大民族财政治理的主要做法及启示 …………（59）
  第三节 英国民族财政治理的主要特点 ……………………（63）
  第四节 苏联、俄罗斯民族财政治理的特点
        与经验教训 ……………………………………………（66）

第五节　南斯拉夫民族财政治理的主要做法与教训 ……… (71)
　　第六节　印度民族财政治理的特点及启示 ……………… (74)
　　第七节　印尼民族财政治理实践：基于资源开发视角 …… (79)

第三章　民族财政治理的历史考察 ……………………… (82)
　　第一节　中国历代中央与地方财政治理模式
　　　　　　演进及其评价 ……………………………………… (82)
　　第二节　中国历代王朝民族财政治理的主要
　　　　　　做法与特点 ………………………………………… (89)
　　第三节　基本结论与启示 …………………………………… (99)

第四章　我国民族财政治理的时空背景 ………………… (106)
　　第一节　新中国成立初期国家发展战略、体制
　　　　　　选择与财政治理 …………………………………… (106)
　　第二节　改革开放时空差异、体制改进与
　　　　　　利益格局调整 ……………………………………… (110)
　　第三节　20世纪90年代以来体制改革的空间
　　　　　　差异与财政治理 …………………………………… (113)

第五章　我国民族财政治理的一般理论分析框架 ……… (117)
　　第一节　财政治理的利益主体及其需求 ………………… (117)
　　第二节　我国民族财政治理主体的需求分析 …………… (125)
　　第三节　我国民族财政治理的主体行为假定 …………… (139)
　　第四节　我国民族财政治理的约束条件 ………………… (143)

第六章　我国民族财政治理的演进逻辑与特征事实 …… (153)
　　第一节　我国民族财政治理的演进轨迹 ………………… (153)
　　第二节　我国民族财政治理的特征事实 ………………… (163)
　　第三节　"体制外"财政因素对民族财政
　　　　　　治理的补充作用 …………………………………… (171)

第七章　我国民族财政治理的决定因素及绩效分析 (175)
第一节　现行财政体制与民族财政治理绩效分析 (175)
第二节　西部大开发税收政策与民族财政治理绩效分析 (214)
第三节　民族区域自治政策与民族财政治理绩效分析 (229)

第八章　我国民族财政治理的微观机制：基于资源开发政策视角 (248)
第一节　我国民族财政治理的微观政策层次体系 (248)
第二节　我国民族财政治理的微观政策内容体系 (251)
第三节　我国民族财政治理政策的主要特点 (267)
第四节　我国民族财政治理政策的主要问题 (271)

第九章　重构我国民族财政治理体系的基本框架 (279)
第一节　重构我国民族财政治理体系必须澄清的几个理论误区 (279)
第二节　重构我国民族财政治理体系应秉承的原则取向 (285)
第三节　重构我国民族财政治理体系的基本方略 (289)
第四节　重构我国民族财政治理体系的基本途径 (290)
第五节　重构我国民族财政治理体系的主要任务 (293)
第六节　以构建利益保障与实现机制为主要着力点，创新我国民族财政治理政策体系 (298)

参考文献 (317)

后　记 (338)

导　言

一　研究缘起与意义

（一）问题的提出

作为我国财税体制与政策体系的重要组成部分和党的民族政策的主要载体，民族财政治理在推动中央与民族地方财税关系逐步改进、保障我国民族工作全局顺利推进的体制机制和物质基础等方面发挥着基础性作用。新中国成立后特别是改革开放以来，中央和地方政府在民族财政治理的理论与实践等方面进行了多方位、富有成效的积极探索和成功实践。特别是西部大开发战略、兴边富民行动、新阶段扶贫工作计划等重大规划和措施实施以来，民族地区经济实力明显增强，基础设施普遍改善，生态环境建设得到重视，扶贫开发工作成效显著，对外开放和旅游业发展势头良好，社会事业发展取得了长足进步。可以说，进入 21 世纪以来，民族地区进入了经济增长最快、发展效益最好、综合实力提高最为显著，城乡居民得到实惠最多的发展时期。与此同时，1994 年确立运行至今的分税制财政关系框架深化改革的问题屡屡被提上议事日程，我国民族财政治理问题也成为备受社会各界关注的热点、焦点问题。2013 年 11 月党的十八届三中全会通过的《中共中央关于全面深化改革若干重大问题的决定》指出："财政是国家治理的基础和重要支柱，科学的财税体制是优化资源配置、维护市场统一、促进社会公平、实现国家长治久安的制度保障。必须完善立法、明确事权、改革税制、稳定税负、透明预算、提高效率，建立现代财政制度，发挥中央和地方两个积极性";"完善一般性转移支付增长机制,重点增加对革命老区、民族地区、边疆地区、贫困地区的转移支付"。2014年12月,中共中央、国务院印发的《关于加强和改进新形势下民族工作的意见》中指出,要完善差别化支持政策,进一步完善一般性财政转移支付增长机制,率先在民族地区实行资源有偿使用制度和生态补偿制度,充分发挥政策性金融作用,加大银行、证券、保险对民族地区的支持力度,支持民族地区以建设丝绸之路经济带和21世纪海上丝绸之路为契机,在口岸建设、基础设施互联互通等方面给予扶持……可以预见在未来很长一段时期内,我国民族财政治理将从我国基本国情出发,以利益关系和谐为价值指向,以财政体制、机制、政策联动改革为基本思路,以改进预算管理制度、完善税收制度以及建立财力与事权相适应的财政制度为主要内容,逐步完善支持民族地区经济社会全面发展的财税机制、方式与手段,为全面建成小康社会和实现国家长治久安提供坚实的物质基础和制度保障。

然而,镶嵌于我国政府间财政治理框架内的民族财政治理面临着诸多深层次矛盾与问题。"民族地区经济社会发展总体滞后的状况依然没有根本改变,与发达地区差距拉大的趋势依然没有根本扭转",民族地区实现经济社会全面协调可持续发展的体制机制不完善,到2020年实现全面建成小康社会战略目标的任务极其艰巨。由于财政范畴所具有的"牵动大部、覆盖全部"特殊品质(高培勇,2009),基于民族地区经济社会发展的几乎所有矛盾与问题,都可以归结到财政治理层面问题上来。具体来说:中国特色现代财政理论特别是民族财政治理理论研究严重滞后;以东部发达地区为基点的国家发展战略体系与民族地区区域发展战略不吻合、不相容等现象时有发生;与民族区域自治制度相匹配的各项具体制度特别是财税制度和有效实现形式的创新滞后;资源价格形成机制、资源产权有效实现形式改革滞后,制约民族地区资源优势向经济优势和财政优势的转换;有利于民族地区公平合理、竞争有序的分工、贸易格局尚未真正建立;基于税制因素设置所致的公平、合理的财税收益归属机制尚未建立;民族地区限制开发区域和禁止开发区域占国土面积比重高，而真正意义上的生态补偿机制远未健全；基本公共服务水平偏低，人才不足和人才流失现象严重；国有企业改革滞后，改革攻坚难度大，非公有制经济发展缓慢，实际利用外商投资少且呈现下降趋势；西部地区进行社会管理和公共服务的行政成本高；民族地区自我发展能力不足，产业结构不合理，产业链不长；基础设施建设生态环境建设依然滞后，任务繁重；民族省区以下财政体制改革严重滞后，县乡财政普遍困难，县乡财政隐性债务大，财政风险比其他地区更为突出。显然，基于民族财政治理的理论与实践问题，应该受到学界更多的重视和讨论。

（二）研究现状评述

我国民族财政治理问题一直是学界关注的热点、焦点。分层面来看，第一，民族财政治理的体制支撑方面。1994年分税制改革之前，研究主要集中于民族自治地方财政管理体制的完善和规范上，基本依据是《宪法》和《民族区域自治法》中关于民族地区财政自治权等的规定。代表性成果包括内蒙古财政学会（1982）、周君球和杨心锦（1983）、田一农（1989）以及中国财政学会的二级分会——民族地区财政研究会出版的系列成果。1994年分税制改革以来，研究呈现出多层面、多视角的特点。王朝才（1997、2000、2004、2006）、傅志华（1997、2006）等对通过修订《民族区域自治法》完善和调整民族地区财政体制与政策、规范民族地区转移支付制度、西部民族地区体制机制创新的滞后性等问题进行了深入研究；王元（2005）、刘尚希等（2006）、许毅（2006）等对（边疆）民族地区财力与事权不对称问题进行了实证研究；戴小明（1999）、霍军（2003）、段晓红（2007）、莫初明（2007）等对民族地方财政税收自治（权）问题进行了研究；马栓友、于红霞（2003）、王金秀（2007）、雷振扬（2008）、"民族地区转移支付制度与政策"课题组（2009）等对转移支付制度均衡与优化效应进行了实证研究。李善同（1999）、王洛林（2005）、裴长洪（2007）则分别探讨了中央对西藏、新疆财政支持的正当性以及转移支付制度设计思路的战略定位。第二，民族财政治理运行机制方面。王朝才和李学军（2005）、长江和王朝才（2001）分别对民族地区特殊财政支出机制和财政收入机制进行了较为深入的研究。第三，民族财政治理政策及其效应评价方面。刘溶沧和夏杰长（1998、2002）、高培勇等（2001）、陈志勇（2005）、贾康等（2005）、周民良（2008）等从区域协调发展视角提出了西部大开发的财税政策建议。国家税务总局科研所《西部大开发与税收政策》课题组（2000）、温军（2001）、刘军（2006）、国家民委民族问题研究中心（2006）、孙海鸣和赵晓雷（2008）、魏后凯（2009）等对西部大开发财税政策效应进行了多方位、多层面的绩效评估。总的来看，以上研究成果都支持以下基本结论：我国现阶段民族财政治理架构，适应了统一多民族国家政治、经济与社会发展的战略需要，但随着民族自治地方发展的体制环境变化和利益格局的深刻调整，出现了一些值得高度关注的新问题、新矛盾：与财政收入水平相比，民族自治地方财力与事权不对称问题比较突出；民族自治地方财政自治（权）虚置问题有待实践破解；财政转移支付的均衡效应不够明显；资源开发中各方利益相容机制尚未形成；民族财政治理架构与《民族区域自治法》的有机契合机制尚待形成；财政治理政策助推民族自治地方发展的经济社会效应有待提高；国家对民族地方重财政治理实物投资、轻财政治理制度建设的倾向亟须转变。

以上研究成果为本书的选题研究提供了良好的平台和基础。但还存在明显不足和缺陷。这主要表现在：一是对民族财政治理的理论认识不到位。大多数研究仅把民族财政治理问题作为地方财政治理的一个特例来进行"就事论事"式的研究，至于该研究领域中的"特殊"在何处、"特殊"与"一般"的矛盾冲突何在，真正从其"特例"出发研究为何及怎么做的理论成果较为有限；二是研究视野还不够开阔。往往缺乏把民族财政治理放在我国财税体制改革乃至放在整个中国区域、阶层利益结构大调整背景中看问题的高度，没有把民族财政治理与财税体制改革的核心命题很好地结合起来，只是把一般意义上的政府间财政关系理论套用在民族财政治理的方方面面，以至于不能很好地解释一般意义上的国家治理要求下的民族财政治理的真正内涵与问题所在；三是民族财政治理的理论准备还不够充分，一些重要理论问题尚未达成共识并存在诸多理论误区，缺失较为深入的抽象思考和分析框架，对民族财政治理问题缺乏解释力、穿透力；四是对国外多民族国家民族财政治理制度安排与政策运用的经验总结不够深入、不够系统。而现有研究要么从民族学、社会学意义上得出一些解决民族问题的一般性结论，要么从区域协调发展政策角度提出西部大开发意义上的财政治理政策建议，而从民族问题是利益问题这一本质出发，以民族利益关系特别是财政治理为基点，打破学科界限与羁绊进行多学科综合研究、国别比较研究的成果很少。基于以上考虑，本书从一个崭新视角——"民族财政治理"出发，对相关重大理论与实践问题展开多方位、多层面研究，以弥补我国政府间财政关系理论研究与实践、地方财政治理理论与实践的某些不足或缺陷，对推动中央与民族地方各层面财政关系逐步完善、我国民族财政治理政策体系的创新提供某些有益启示和经验总结。

（三）研究意义

民族财政治理研究具有重要的理论价值和实践意义。第一，能在一定程度上拓宽我国地方财政治理理论研究的范围与空间。现有的地方财政治理理论主要源于西方，由于我国政治、经济与人文环境与西方有较大差异，特别是国家制度建构中民族因素影响国家制度建设的机理、作用不同，对特定区域、群体的利益治理路径会有很大不同。本书通过系统梳理、综合运用西方主流经济、制度经济学、公共经济学、马克思主义经济学特别是中国共产党关于体制改革过程中利益关系治理的理论主张，构建了财政治理体系中的利益相关者的理论分析框架，从理论上揭示了各个治理主体在利益关系调处与改革中的基本定位和需求，指出正是因为各利益主体之间存在这样、那样的利害冲突，使得国家政治意志经济体现的财政治理与改革处于冲突易发点、矛盾交汇点上。抓住了财政治理中利益相关者的利益需求及其实现，也就抓住了以利益关系治理为基本导向的财政治理制度建设的"牛鼻子"和灵魂。第二，在我国社会主义市场经济体制转型的历史进程中，随着全面深化体制改革涉入"深水区"和对各种利益关系进行深刻调整，必然会引起相对利益得失同存的"非帕累托改善"，并且由于多年来非均衡渐进性边际治理所产生的社会各阶层、群体利益矛盾的累积，致使利益差距过大和利益矛盾与冲突越发凸显。财政治理是各级政权之间及国家与社会主体之间的职、责、权和相应利益的制度安排长期互动、摩擦和协调的过程，是各种资源和利益重新分配和平衡的过程，是利益主体之间通过协调、利益让渡和责任分担而进行有利于科学发展体制构建的过程，能否满足利益相关者的利益需求，化解各种利益冲突与风险，是财政治理与改革能否成功的关键所在。大量研究表明，我国绝大多数民族冲突是由不同民族成员或者群体之间的经济利益或与经济利益有关的问题所引起。从国家长治久安、民族团结的战略视角出发，研究民族财政治理与改革的重大理论与实践问题，就显得尤为迫切。第三，民族财政治理作为维护民族团结发展、促进共同繁荣进步的物质手段和承载主体，对中国特色民族问题的根本解决和区域协调发展战略的深入推进发挥着强有力的物质保障作用。但由于诸多内在扭曲因素的相互叠加及其累积效应，限制和弱化了财政治理与政策应有的功能性再分配效应，侵蚀和抵消了国家基于民族地区巨大财政支持和各种财政治理政策的真正功效。而因各利益主体的"经济人"属性、机会主义动机与倾向，任何基于民族财政治理与改革的政策措施，都不同程度地存在着"体制漏损"、"打折扣"等现象，并直接影响了中央财政弥补民族地区财力缺口努力、提升民族财政治理能力与水平的应有效能。从理论上全面、系统地探析民族财政治理的内在机理与影响因素，为全面深化财税体制改革与实践提供民族地方性利益诉求、通过推进财政治理政策更好地服务于党和国家的民族政策，是本书的基本出发点和最终归宿。"十三五"时期乃至更长时期，是我国各种重大利益关系深刻调整的关键时期，深入研究民族财政治理改革及其相关重大理论与现实问题，具有特殊重要的理论与现实意义。

二 相关概念与研究对象的界定

(一) 民族 (或民族地区)

民族或民族地区是一个集法律、自然地理、政策于一体的多维概念。我国现行《宪法》第30条规定:"中华人民共和国的行政区划如下:(一)全国分为省、自治区、直辖市;(二)省、自治区分为自治州、县、自治县、市;(三)县、自治县分为乡、民族乡、镇。直辖市和较大的市分为区、县。自治州分为县、自治县、市。"《民族区域自治法》是我国民族区域自治方面的基本法律,是民族抑或民族地区所指范围的直接法律依据和准绳。根据《宪法》、《民族区域自治法》等法律文件关于我国民族自治地方的规定,结合国家西部大开发政策范围界定与指向来看,民族或民族地区就是指享有民族自治权力的民族自治区域。具体包括5个民族自治区、27个民族自治州、80个自治县和3个自治旗。据第五次全国人口普查,2000年全国少数民族人口为10643万人,占全国总人口的8.41%,民族自治地方的面积占国土面积的64%。2009年国务院发布的《中国的民族政策与各民族共同繁荣发展》白皮书表明,民族地区的草原面积,森林和水力资源蕴藏量,以及天然气等基础储量,均超过或接近全国的一半。全国的国家级自然保护区面积中民族地区占到85%以上,是国家的重要生态屏障。

1984年六届全国人大二次会议根据《宪法》规定审议通过的《民族区域自治法》第2条规定:"各少数民族聚居的地方实行区域自治","民族自治地方分为自治区、自治州、自治县"。第12条规定:"少数民族聚居的地方,根据当地民族关系、经济发展等条件,并参酌历史情况,可以建立以一个或者几个少数民族聚居区为基础的自治地方","民族自治地方内其他少数民族聚居的地方,建立相应的自治地方或者民族乡"。也就是说,以行政级别划分的民族地区,包括民族自治区、民族自治州和民族自治县三类;而民族乡、镇不属于一级民族自治地方,不享有宪法和有关法律规定的自治权，但依照法律和有关规定，民族乡、镇结合本民族特点享有在教育、文化、经济、卫生等方面采取相应措施的权力；各民族地区和民族乡、镇都是我国领土不可分割的组成部分，都属于我国的一级地方行政区域。

从我国实施西部大开发政策措施的适用范围来看，理论界和实务界普遍用西部地区代替民族或民族地区。根据《国务院关于实施西部大开发若干政策措施的通知》（国发〔2000〕33号）指出，西部地区包括重庆、四川、贵州、云南、西藏、陕西、甘肃、宁夏、青海、新疆（新疆生产建设兵团单列）和内蒙古、广西。另外，吉林延边、甘肃临夏等八个非少数民族省区管辖的民族自治州、53个非民族省区及非民族自治州管辖的民族自治县，在财政转移支付等政策方面比照有关政策措施予以照顾。所以，本书用"民族"指称一般意义上的少数民族与民族地区这一概念，空间指向涵盖以上行政区划的基本范围。

由此可知，由于立论者所规限的民族与民族地区范围不同，所得出的结论虽然是"一样"的，但实际所指的可能差别很大。如针对新疆的财税情况得出的结论是否也适用于其他民族地区？从中央与西藏财政治理得出的结论是否在其他民族地区具有适用性？答案是否定的。所以，本书不得不面对的一个两难选择是，泛泛而谈民族财政治理问题，或许会有针对性不强而招致缺乏现实意义之嫌，但如果做个案研究又太具特殊性而不具有普遍性。所以笔者在研究对象的把握上，从民族财政治理都具有的"共相"出发，探寻民族财政治理问题普遍存在的相似性和规律性，再结合民族财政治理的"殊相"（如新疆、西藏等），尽可能做到普遍性与特殊性、一般与个案研究相结合。

（二）利益

按照《辞海》第六版[①]的解释，利益是人们通过社会关系表现出来的不同需要。从内容上划分，有物质利益、政治利益、文化精

---

① 缩影本，上海辞书出版社2010年版，第1131页。

神利益等，从范围上划分，有个人利益、集体利益、社会利益等；从社会层次划分，有国家利益、民族利益、阶级利益、阶层利益等；从时间上划分，有当前利益和长远利益等。通常所说的利益，主要指物质利益，即经济利益。利益是人们活动的直接目的，"人们奋斗所争取的一切，都同他们的利益有关"。由此，衍生出各种以利益平衡与度量为研究主题的政治学、经济学与法学流派。戴维·米勒（英文版主编）、邓正来（中文版主编）在西方政治学界极具权威性的《布莱克维尔政治思想百科全书》（新修订版）中认为，利益的观念在一个个人化程度很高而传统作用被削弱的现代社会里尤为重要，利益的概念是同个体的权利、义务、责任、合理性等概念连在一起的。该书认为，利益有两个基本要点。首先，利益是主题是政治利益；其次，利益的作用取决于它与作为个人或主体的自我观念之间既成的关系。如果这个根本的观念在基本方面有所改变，则利益的作用与意义也就被扰乱。据此，该书给出了最通俗的关于利益的界定，所谓利益是某一政党面对各种可供选择的政策或纲领时它所愿意选择的那种政策或纲领。在经济学家眼里，利益主体之间是否存在利益的一致性或相互包容性更有研究意义。美国经济学家奥尔森（Mancur Olson，1932—1998）在1985年出版的《集体行动的逻辑》一书中提出"利益相容"（encompassing interests）这一概念。他把集体利益分为相容性的和排他性的两种。相容的集体利益指利益主体在追求某种利益时相互包容、利益主体会一损俱损、一荣俱荣。当双方利益发生冲突时，如果双方共同努力寻求一种新的方案，该方案在原来基础上，经过适当的修改、让步、补充或者提出另一个方案，使双方均能接受从而获得相容。西方法学界，同样有强调法官应注意平衡各种相互冲突的利益为核心思想的利益法学派。该理论认为，法官不仅应注意法律条文的词句，而且要通过对利益的考察来确定什么是立法者所要保护的利益，以便做出公正的判决。

本书认为，马克思主义利益学说提供了一整套缜密、科学的利益分析方法体系。其主要内容有：第一，利益是历史唯物主义的基本范畴，追求利益是人类一切社会活动的动因。马克思说："人们所争取的一切，都同他们的利益有关。"列宁把利益称作"人民生活中最敏感的神经"。恩格斯甚至认为 16 世纪的宗教战争也是为十分明确的物质的阶级利益而进行的。"如果说各阶级的利益、需要和要求还隐蔽在宗教外衣之下，那么，这并没有改变事情的实质。"[①] 第二，利益是思想的基础，利益决定思想，利益推动生产和生活。不仅如此，利益还决定、支配政治权力、政治活动。第三，利益主体之间有一定的利益差别。差别即是关系，关系即是矛盾，利益关系即是利益主体之间的利益矛盾关系。有了差别，就会产生利益竞争和矛盾，形成社会发展的动力，即利益动力。第四，社会关系从本质上看是利益关系，社会矛盾从本质上看也是利益矛盾。第五，生产资料乃至生活资料占有上的差别是造成利益差别的决定性因素。历史唯物主义认为，利益冲突根源于人类社会利益实现方式本身的内在缺陷，这些缺陷首先是分工的固定化，其次是直接参与权的丧失，再次是利益分配的不合理。[②] 一言以蔽之，马克思主义利益学说认为，利益是一种社会关系，只有从经济关系出发才能说明利益的本质和历史作用，只有依据历史发展规律和利益原则，在揭示人们社会活动背后的利益动因的基础上，才能说明人类社会的各种社会关系和各种历史现象。从这个意义来说，关于利益的理论就是对社会历史现象的重要观察方法。唯物史观指导下的利益分析方法，为人们认识复杂的社会现象提供了一个明确的观察线索。[③]

（三）民族财政

民族财政是隶属于政府间财政关系的子关系体系。从政府间关系的内涵和外延看，包括中央政府与地方政府之间、地方政府之间、政府部门之间、各地区政府之间的关系。林尚立（1998）认为，从决定政府间关系的基本格局和性质的因素来看，政府间关系主要由权力关系、财政关系和公共行政关系三重关系构成。谢庆奎

---

① 《马克思恩格斯全集》第 7 卷，人民出版社 1959 年版，第 400—401 页。
② 张玉堂：《利益论——关于利益冲突与协调问题的研究》，武汉大学出版社 2001 年版，第 78 页。
③ 王伟光：《利益论》，人民出版社 2001 年版，第 245 页。

(1999)据此进一步指出，政府之间关系的内涵首先应该是利益关系，然后才是权力关系、财政关系和公共行政关系。由于政府自利性所带来的影响与结果，政府官员的行为都含有自利动机，因自利动机所形成的利益关系从根本上决定了权力关系、财政关系和公共行政关系，而权力关系、财政关系和公共行政关系仅是利益关系的表现形式。王绍飞（1989）探讨了财政体制形成的利益制约关系问题。他认为，由财政体制所形成的利益制约关系（或财政运行机制），使各财政主体或利益主体的经济利益产生联动反应，由此推动财政体制协调运转。财政运行机制决定于财政体制结构是否合理，财政体制结构是包括组织机构、利益划分、信息传递、控制与协调等在内的纵横交错的网络系统。这样，财政体制、财政运行机制与利益关系之间就具有了某种相互制约、相互影响的逻辑联系。基于以上分析，本书所指的民族财政，是指国家基于民族和民族地方利益关系调适的、借助各种财政手段和运行机制支撑的财政制度安排与技术保障的总称。

（四）财政治理

财政是国家治理的基础和重要支柱。利益多元社会客观需要多元治理主体共同发挥作用，才能达至应有的治理效能。财政具有的"牵动大部、覆盖全部"的理论品质，理应在打造现代国家应有的制度形态的当下发挥其独特作用：将财政从政府收支活动的平台转换至国家治理的平台，并将其定位为基础和重要支柱，从根本上界定了财政治理在国家治理体系中的地位；将财政治理目标融入全面深化改革总目标，作为国家治理现代化的基础和重要支柱以及各个领域改革的交汇点，从宏观上理清了财政治理及改革与国家治理及全面深化改革的关系；财政治理的制度支撑与现代财政制度所具有的人民主体性、公共性以及法治化的基本特征，在本质上具有高度契合性和内在一致性。

（五）民族财政治理

作为镶嵌于国家治理体系中的一种类型，民族财政治理的一般属性首先取决于政府间财政治理的形式和特点，同时还要受到一定时期阶级国家基于民族问题认识的价值观影响。从广义上看，政府间财政治理是指政府与企业、事业单位之间以及各级政府之间财税分配关系上相对稳定的形式。它由一系列有关财税分配、财务活动的法律、法令、规章、条例等制度性的典章所规定，由这些制度、规定的施行而发挥作用，规范与调节财税领域中各个主体或当事人的行为。并反映、规定、制约着国家（政府）与企业、中央与地方两大基本经济关系，也反映、规定、制约着政府理财的职能范围、管理重点和行为方式，是财税发挥其调控作用的框架和依托（贾康，1998）。本研究所指的民族财政治理，是指建立在民族地区经济和社会属性基础之上、服务于国家发展战略需要的中央政府与民族地方政府之间的财政治理体系，也包括各级政府与民族地区企事业单位之间的财政治理体系。民族财政治理、财政治理以及国家治理的关系体系可用图0—1表示。

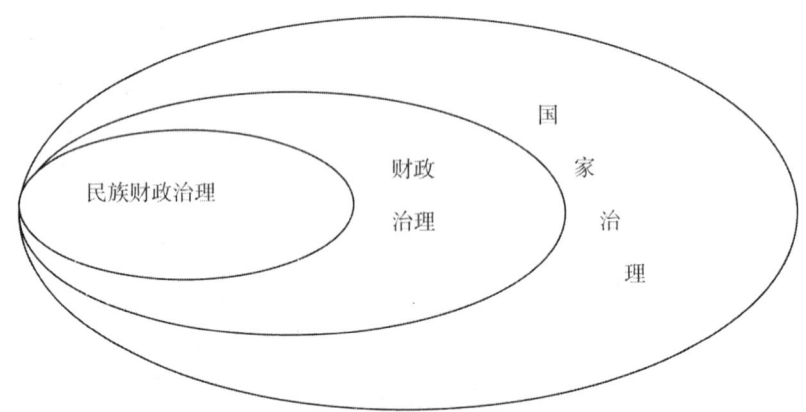

图0—1　民族财政治理、财政治理与国家治理的关系图

三　研究思路、结构安排与研究方法

（一）研究思路

本书以国家治理体系与治理能力现代化的本质要求和建立利益

和谐治理为导向的民族财政治理体系为出发点和归宿,从效率与公平的关系处理,政府、市场与社会的分工与协调等多维视角,考察了西方主流经济学理论、制度经济学理论、公共经济学理论的不同理论观点与政策主张,揭示了主流经济学解释我国更高层次的区域协调发展抑或民族视角的利益关系理论与实践的局限性。在马克思主义利益学说基础上,以中国共产党基于经济体制改革与民族财政治理的相关理论为基本依据,建构了中国特色民族财政治理与改革的理论支撑。在考察我国古代、国外民族财政治理的经验教训的基础上,建立了以财政治理的利益需求为导向的新的理论分析框架;以我国利益格局的空间变动为时空背景,描述和分析了民族财政治理轨迹、逻辑与特征事实;从分税制财政体制、民族(区域自治)政策与西部大开发税收政策三个层面、宏观与微观(以资源开发为例)两个维度对民族财政治理运行的决定因素及其内在效应进行了深入、系统的分析。最后,围绕重构新型民族财政治理体系的基本框架与中长期改革,给出了本书的研究结论与政策建议。

(二) 结构安排

导言部分。提出本书所要分析、解决的主要问题,交代了研究缘起、研究意义、研究对象的界定以及基本思路和方法。最后指出了本书的创新点以及不足之处。

第一章是本书的理论述评部分。本部分以治理的本质是利益调适为理论预设,从政府、市场及社会分工与协调的视角出发,以效率与公平为价值取向,对西方主流经济学关于市场经济体制与利益关系治理的理论、制度经济学关于利益关系治理的理论、公共经济学关于财税关系治理的理论、马克思主义经济学关于利益关系治理的理论以及中国共产党关于社会主义体制改革与民族财政治理的理论探索进行了多视角、多学科的述评和总结。

第二章是民族财政治理的国际视角。主要考察、介绍了美国、加拿大、英国、苏联、南斯拉夫、印度尼西亚和印度等国家的民族财政治理的主要做法。

第三章以中国古代王朝民族财政治理的历史考察为线索,论述了中国古代的民族财政治理政策实践与做法。主要包括：中国古代中央与地方财政治理模式演进、历代王朝对边疆少数民族的治理管辖与赋税治理方式选择及运用。最后是简要总结与评价。

第四章是我国民族财政治理的时空背景。分阶段从20世纪50—70年代的国家发展战略与体制选择、20世纪80年代的改革开放时空差异、体制改进与利益格局改变以及20世纪90年代以来体制改革进程的时空差异，描述了新中国成立以来利益格局变动与政府间跨区域财政资源分配过程，试图为后续分析奠定一个逻辑起点和宏观背景。

第五章是对我国民族财政治理中的利益相关者及其需求的分析。本部分试图构建一个财政治理的利益相关者及其需求的理论分析框架。分别对财政治理中的利益相关者及其规定性、我国民族财政治理中利益相关者的需求、利益主体行为假定以及约束条件等进行了界定与阐述。

第六章是对我国民族财政治理的演进轨迹与特征事实的分析。首先对"统收统支、高度集中"财政体制、包干制财政体制、分税制财政体制、公共财政以及全面深化财税体制改革背景下民族财政治理轨迹进行了分析。在此基础上，对我国民族财政治理的特征事实进行了初步观察与总结。最后对"体制外"财政因素对民族财政治理的特殊补充作用进行了分析。

第七章是对内生于国家财政治理框架的民族财政治理的决定因素及效应进行深入、系统的分析。制度层面主要从分税制财政体制下事权划分与财力匹配程度、收入划分及其归属机制设置、民族地区转移支付制度三方面对分税制财政体制基于民族财政治理的内在机理进行了深入论证，并揭示了其内在决定效应。政策层面从西部大开发税收政策、民族区域自治政策对民族财政治理的效应进行了较为深入的论述。

第八章以资源开发收益分配政策为切入点，对我国民族财政治理的微观政策机制进行了考察。本部分在对民族财政治理的微观政策层次体系、微观政策内容体系进行了较为系统梳理的基础上，对基于民族财政治理意义上的资源开发收益分配政策的主要特点及问题进行了分析和总结。

第九章围绕重构新型民族财政治理体系的基本框架,提出本书研究结论与中长期改革的政策建议。

(三) 研究方法

本书主要采用了规范分析和实证分析相结合的方法,在具体方法上综合运用了比较分析、历史分析、制度分析、案例分析、博弈分析等。

四 创新点与不足

(一) 论文的主要创新点

一是新的理论分析框架的初步尝试。本书以利益关系治理为基点,在揭示了主流经济学解释我国利益关系特别是民族财政治理与改革局限性的基础上,以马克思主义利益学说,特别是以中国共产党基于经济体制改革与民族财政治理与创新的思想、观点为理论依据,建立了以新的利益相关者的利益需求为导向的理论分析框架,形成了中国特色民族财政治理的理论支撑和分析框架。

二是研究视角的有机拓展。研究我国民族财政治理,既不脱离政府间财政治理,又不拘泥于"就财政治理论财政治理",而是在此基础上从事权划分(纵向维度)、收入划分及其归属机制设置(横向维度)、转移支付制度(纵横结合维度)、西部开发税收政策、民族(区域自治)政策、资源开发收益分配政策等视角出发,制度与政策相结合,纵向、横向维度相结合,宏观与微观相结合,多维度、多层面探讨了民族财政治理的决定因素及内在机制。在此基础上,给出了重构我国民族财政治理体系的基本框架和中长期改革的政策建议。

(二) 论文的不足之处及进一步研究的方向

一是实证分析有待深入。造成这一不足的原因有:第一,选题本身所决定。民族地区财税关系问题是我国转型期政治、经济与文化的综合反映，涉及我国财政制度与政治制度等制度层面，更涉及财税政策、民族政策等政策层面，许多利益行为和结果难以准确测量而只能做简单的定性分析；第二，由于技术、非技术等方面的原因，有关民族地区财税关系中的许多数据难以准确获取。例如，不同时期我国财政资源的空间转移、民族地区转移支付规模及具体用途、"体制外"财政因素的估计等，这些因素可能对分析结果有一定影响，但囿于各种技术性或非技术性原因，在不影响分析结果的前提下会更多地进行一些粗略估计，而非准确的计量统计分析。尽管更精准的计量分析或许更为重要，这有待后续研究进一步加强和努力。

二是研究内容和方法仍由许多改进之处。"财政的状况，永远是经济关系的成果，有时其直接的影响，可以求之于政治的原因；但是政治变动的由来，还得要求之于经济。财政与经济是分不开的。"（美国财政学者塞力格曼语）也就是说，民族财政治理问题是一个极为复杂的理论与现实问题，涉及经济学、政治学、民族学、管理学、历史学、法学、政策学等众多的学科领域，需要多学科知识储备和不同研究方法的交叉运用。虽然本书使用了政府间财政治理理论、利益相关者理论、宪政理论、产权理论、博弈论等理论与研究方法，但无论在深度与广度上都有待改进，这也是以后深入研究的基本方向。另外，本书建立的以利益相关者的利益需求为导向的理论分析框架的运用还有待进一步完善和改进。

第一章

利益治理视角的政治经济学回顾与述评

本部分以治理的本质是利益调适为理论预设，从政府、市场及社会分工与协调的视角出发，以效率与公平为价值取向，对西方主流经济学关于市场经济体制与利益治理的理论、制度经济学关于利益治理的理论、公共经济学关于财政治理的理论、马克思主义经济学关于利益治理的理论以及中国共产党关于社会主义体制改革与民族财政治理的理论探索进行了多视角、多学科的述评和总结。

第一节 西方主流经济学关于完全竞争市场与利益治理的理论述评

本节对西方古典经济学、新古典经济学以及新观点综合派基于完全竞争市场与利益治理的相关理论进行述评。

一 西方古典经济学关于利益治理的理论分析

脱胎于传统的自然经济社会的市场经济，其利益关系的建立遵循这样一个合乎逻辑的发展过程：以对个人利益主体的合法性承认为起点，以对普遍性的个人之间的利益交换的整体关系的合理性设计为过程。也就是说，先将个人确定为利益主体，然后再来讨论如何实现个人利益与社会利益合理的"最大化"问题。[1]

以斯密、李嘉图为主要代表的古典政治经济学体系，运用社会

---

[1] 张晓明：《伟大的共谋：市场经济条件下的利益关系研究》，中国人民大学出版社2002年版，第4页。

阶级结构理论与方法，从经济"剩余"和社会阶级如何分配剩余出发，探讨了劳动、土地和资本等生产要素的收入分配即功能收入分配（Functional Distribution of Income），说明了各种要素的价格形成、各个要素在国民收入中的所占比例关系及其这种比例关系在经济增长中的地位与作用。在经济学家丹尼尔·W. 布罗姆利看来，斯密发现了激励的秘密所在，即激励因素引发了所有活动参与者的勤勤恳恳、兢兢业业的经济行为。① 在"激励"的前提下，"一切特惠或限制的制度，一经完全废除，最明白最单纯的自然自由制度就会树立起来……"②。斯密认为，基于市场的利益交换具有某种天然协调的特点，只要实现充分的自由竞争，个人私利就能够自动地达到社会总体的和谐，即公共利益是个人利益最大化的必然结果。"每个人改善自身境况的一致的、经常的不断的努力是社会财富、国民财富以及私人财富所赖以产生的重大因素"③，因此"他追求自己的利益，往往使他能比在真正出于本意的情况下更有效地促进社会的利益"。为了说明三大基本阶级的利益关系治理，斯密还提出了三种收入构成价值论。在资本主义社会中，商品的价值应最终分配到工资、利润、地租三个方面，工资、利润、地租不仅要成为一切收入的源泉，而且是"一切可交换价值的三个根本源泉"。由此推论，古典时期的利益关系治理理念就是，既然市场制度是最优的，那么政府制度即财税手段只能是必要的补充。

法国的萨伊、巴斯夏等人沿袭、继承了斯密经济理论中市场交易与自由竞争可以实现利益关系协调的思想观点，并依据资本主义发展时期的客观形势要求，证明了资本主义发展不是造成各阶级的利益对立，而是使各阶级的经济利益关系趋于协调与和谐的历史过程。萨伊认为，劳动、资本（生产工具）和自然（土地）是商品生

---

① [美] 丹尼尔·W. 布罗姆利：《经济利益与经济制度》，上海三联书店1996年版，第3页。
② [英] 亚当·斯密：《国民财富的性质和原因的研究》下，商务印书馆1988年版，第253页。
③ [英] 亚当·斯密：《国民财富的性质和原因的研究》上，商务印书馆1988年版，第315页。

产的三要素,同时也是商品价值的创造者,生产三要素是价值的源泉。因此,三种生产要素的所有者都理应得到它们各自创造的价值作为其收入,工人得到工资收入,资本家得到利息收入,土地所有者得到地租收入。这个被马克思称为"三位一体公式",我们首先必须看到而不能否定它的庸俗性,即它不是以承认资本家和土地所有者对劳动者的剥削而是以否认这种剥削为核心的,因而它是一种为资本家阶级和土地所有者阶级利益服务的辩护性理论。同时,"三位一体公式"毕竟为我们提供了一个关于收入分配之依据的理论解释,即其经济思想中蕴含着共享利益的思想。①

二　新古典主义经济学关于自由竞争市场制度利益治理的理论分析

兴起于1870年"边际革命"后的新古典经济学,一方面摒弃了古典经济学的社会阶级分析范式,用个人主观效用理论替代古典经济学中社会阶级对他们的土地、劳动和资本的绝对个人所有权理论,即侧重从个人的角度来讨论收入分配问题;另一方面又在继承、发展萨伊的效用价值论与"三位一体"式分配论的基础上,立足于边际效用递减规律,从市场交换角度出发,运用边际、均衡分析方法,进一步从形式上论证分析了斯密经济理论中关于市场交易与自由竞争可以实现利益协调的思想观点,从而促使其经济自由主义进一步发展。新古典学派代表人物马歇尔认为,"自然无飞跃"的发展观符合社会发展规律,并以"连续"为分析基础构建"均衡价格论"。

马歇尔认为,社会分配是其生产原理的自然延伸,各种要素协同生产了财富和价值,也就有权共同占有和分配这种财富份额,而分配的法则就是市场运行的一般的供求法则,这对任何生产要素和任何社会阶级都是一样的,这种法则是一种客观的趋势,这就从根本上保证供应了分配制度的公平合理性,说明了阶级关系的和谐。为了适应当时劳资对立、利益分化的现实需要,他主张在财富分配

---

① 洪远朋、于金富、叶正茂:《共享利益观:现代社会主义经济学的核心》,《经济经纬》2002年第6期。

上给工资劳动者多些、给资本家少些,将会提高劳动者的劳动效率并会在这一时代中产生效率高得多的生产者,由此将会加速物质生产的增大,为此,他主张对物质财富的积累可以运用适当的税收制度等办法加以"轻微和暂时的遏制"[①]。但是,他又强调,分配不公与贫富分化问题的产生是自由竞争法则没有完全得到贯彻所致,补救之道在于继续发展和完善自由竞争制度,因此,对财富分配问题的调节与对社会的改良必须是"平静地进行",不能进行社会主义性质的变革,否则将会引起骚乱。

基于以上经济思想,这一时期财政治理机制仍然沿袭古典学派的国家观和财政观,并出现了某种意义上的折中和综合,即把政府作为一种非人格化的经济主体,对其研究和解释必须以对个人经济行为主体的研究作为基础。而把均衡分析应用于公共产品配置领域,使得公共部门的经济行为研究进入一个精细化阶段,而马歇尔试图把"组织"作为一个生产要素引入新古典框架中,对我们从制度层面把握市场与政府也是有益的。[②]

三 新古典综合学派基于完备市场经济体制实现利益治理的进一步论证

在福利经济学主要代表庇古看来,经济学研究的目的就是如何促使社会的经济福利最大化。他认为,整个社会的经济福利取决于国民收入(国民净产品)的大小和国民收入的分配。当国民收入分配状况一定时,国民收入越多,从而人们消费的商品和劳务越多,从中获得的满足越大;当国民收入一定时,由于货币收入边际效用递减的作用,则国民收入的分配越是均等化,社会福利越大。由于个人理性的加总不会自然成为集体理性即实现社会福利最大化时,必须找出某些办法使政府控制某种经济力量以促进经济福利,从而实现社会总福利。为此,他主张要运用税收和津贴等方式来克服外部影响等因素所造成的边际私人产值对边际社会净产值的背离以增

---

① 马歇尔:《经济学原理》,商务印书馆1997年版,第246页。
② 毛程连:《财政学整合论》,复旦大学出版社1999年版,第31页。

进社会经济福利。另外，他还主张政府要以收入分配均等化为目标，通过征收累进的所得税和遗产税和政府向穷人转移收入等方式对自由市场自发形成的收入分配进行干预。

凯恩斯、萨缪尔森等现代主流经济学派，为了适合迅速发展的国家垄断资本主义的现实需要，在进一步深化和系统化庇古政府干预经济思想的基础上，提出混合经济理论，强调现代资本主义社会本质上不再是完全的自由市场经济，而是一种"私人组织和政府机构都实施控制的'混合经济'：私有制度通过市场机制的无形指令发生作用，政府机构的作用则通过调节性的命令和财政政策刺激得以实现"①。在凯恩斯看来，放任自由的市场制度既不能实现公平，也不能获得效率。他尖锐地指出："我们生存在其中的经济社会，其显著特点，乃在不能提供充分就业，以及财富与所得之分配有欠公平合理。"为解决利益关系和分配不公问题，凯恩斯提出了具有社会改良意义的国家干预政策，如加强对富人直接税的征收、消灭食利阶层等。萨缪尔森指出，政府与私人企业、垄断与竞争的混合是资本主义国家发展的必然趋势，当今世界各国大部分实行的都是混合经济制度。因此在解决利益分配与利益矛盾即"为谁生产"方面，更应实行混合经济体制。他一方面强调"市场经济是一部复杂而精良的机器，它通过价格和市场体系对个人和企业的各种经济活动进行协调……它解决了一个连当今最快的超级计算机也无能为力的涉及亿万个未知变量或相关关系的生产和分配问题"②；另一方面，主张"……必须把通过对不同收入阶级的赋税差别，而实现的任何收入的再分配包括在现代福利国家的活动之内"，并通过建立完善的税收制度和转移支付体系来调节分配不平等。因为"一国如果有精心设计的税制和转移支付项目，那么它就会拥有一块不断增长的劳动生产率的蛋糕，并能在它的国民中进行更为公平的分配"③。总之，新古典综合学派及其政策主张使得人们对政府即财政

---

① [美] 萨缪尔森：《经济学》，中国发展出版社1992年版，第68页。
② [美] 保罗·萨缪尔森、威廉·诺德豪斯：《经济学》，人民邮电出版社2004年版，第21页。
③ 同上书，第229页。

手段在利益治理中的角色有了重新定位和认识,这种认识迫使人们更多地对财政目标中的效率与公平及其相互关系加以关注,并更重视利益矛盾的分析。

第二节　制度经济学关于制度变迁与利益治理理论述评

一般认为,制度经济学的研究对象是制度本身的产生、演变,以及制度与分配、经济增长与资源配置等经济活动的关系。以下分别对旧制度学派、新制度学派基于制度变迁与利益治理的相关理论进行述评。

一　旧制度学派关于制度变迁与利益治理理论

作为制度学派的创始人,凡勃伦认为财富过度集中于金融垄断资本家手中是不合理的,这既会造成巨大浪费和社会不平等又阻碍经济增长。所以,随着生产技术的进步,权利应从"既得利益者"手中转移到"技术人员委员会"手中。为此,他从心理动机和生理本能出发,认为制度就是由人们的心理动机和生理本能所决定的"思想习惯"或"精神态度",人们要想在新制度中获得更多的权利或物质利益,就必须改变原有的习惯和观念。[1]

对于凡勃伦的制度分析思想与资本主义社会所面临的制度矛盾,康芒斯认为制度的基本功能是利益协调,并以交易为基本分析单位构建了其理论框架,他认为交易双方存在三种关系:冲突即利益的不一致;依存即双方的相互依赖;秩序即双方通过协商达成旨在消除冲突的一系列行为规定。他说:"在每一件经济的交易里,总有一种利益的冲突,因为各个参加者总想尽可能地取多予少。然而,每一个人只有依赖别人在管理的、买卖的和限额的交易中的行动,才能生活或成功。因此,他们必须达成一种实际可行的协议。

---

[1] 黄少安:《制度经济学实质上都是关于产权的经济学》,《经济纵横》2009年第9期。

由于这种协议不是完全可能自愿地做到,就总有某种形式的集体强制来判断纠纷。"这就是说,虽然社会上人与人之间利益相互冲突,但他们也相互依赖、相互维系。冲突、依赖相互制约,社会秩序赖以维持;"交易"中的冲突可以通过"公正"的仲裁人进行和平的调节,因此只有可以调和的交易冲突,没有什么对抗性的矛盾。所以,"交易不仅成为利益的冲突,而且成为相互依存以及从冲突中建立秩序的集体努力"[①]。显然,他把法律协调提高到了极为重要的位置上。他认为资本主义制度的产生和发展都应归功于法制,资本主义的弊端也可以通过法律制度的调整而得以克服。因此,即使劳动者与资本家之间存在利益冲突,但由于他们在法律上存在"交易"关系,并具有平等的缔约权利,因此完全可以通过法律的方式来调节他们之间的利益关系,而不会形成对抗性的阶级矛盾。

二 新制度学派关于制度变迁与利益治理理论

以科斯为代表的新制度经济学,试图通过产权结构和交易成本对激励和经济行为的影响来拓展新古典理论的使用范围。正因为如此,其制度结构分析与制度变迁理论只关注效率分析,至于制度结构中内含的收入分配、利益关系及社会公平问题,以及至于制度变迁必然会导致的收入分配、利益关系与社会公平的变化,更多作为假定条件加以舍弃。之所以他们撇开利益关系调整与社会公平来谈制度效率,其根本原因在于他们的理论研究目的与属性。第一,他们对制度结构与制度变迁的研究的目的,是为了维护完全自由的市场制度,并借助于产权制度去解决市场运行中的问题,提高经济效益,核心是探寻如何更好地实现交易,降低交易费用,提高资源配置效率。第二,以科斯为代表的新制度经济学,其理论宗旨主要是为资本主义经济制度的合理性、普适性辩护。即以"产权明晰"与"交易费用"为基本理论分析工具,强调市场供求的自动调节作用,反对政府干预。认为在私有产权明晰的前提下,自由市场能够引导经济当事人通过协商、谈判、达成契约来解决一切问题。这实质上

[①] 康芒斯:《制度经济学》上,商务印书馆1997年版,第133—134页。

是隐含了私有制市场经济可以自动协调利益关系的基本假定。

也正因为如此,决定了他们的制度分析具有如下明显的缺陷:强调的是个体经济利益核算,忽视社会利益关系和权力关系变化对制度安排及其变迁的决定性作用;只关注制度变迁的效率评价,忽视了制度变迁的利益分配合理性变化与社会公平评价;依据交易费用单一标准,强调财产安排原子化将导致经济效率低下,制度变迁的原则和方向就是要实现完全私有的财产制度,从而它忽视了制度变迁评价标准的多元化和产权结构效率的多元化;依据帕累托改进标准,认为制度的变迁必然要产生净收益,其累进结果将收敛于帕累托均衡,由此忽视了制度变迁结局的发散性、逆向性、曲折性和多样性等。[1]

第三节 公共经济学关于分权财政体制建构与利益治理理论评析

很大程度上,一定财政制度安排下的经济活动和由此而产生的财税关系的核心就是财政经济利益的实现和协调。因此,关于经济利益问题的研究是以集团利益博弈为研究对象或侧重点的公共经济学的核心。以此而论,公共经济学研究的主要目标是如何通过制度设计来协调各种利益关系,以实现国家利益、集体利益与个人利益共容基础上的效率增进和财富增长。

财政学家马斯格雷夫指出,公共经济学在实质上是在"财政联邦制"的标题下,研究财政事务在空间布局以及在各个辖区的安排等一大堆问题。[2] 换句话说,财政联邦制理论的研究脉络,主要集中于公共部门职能分割的经济学基础分析,即以公共产品论与外溢性论为依据,寻求财政职能有效行使所需的财政支出和收入如何在政府间划分和配置。从西方国家财政实践来看,将公共产品论与外

---

[1] 周小亮:《深化体制改革中的利益兼容问题探索》,商务印书馆2007年版,第95页。

[2] [美]布坎南、马斯格雷夫:《公共财政与公共选择——两种截然不同的国家观》,中国财政经济出版社2000年版,第117页。

溢性理论运用到财政关系的分析上来，根源于其个人本位的方法论基础——关于各级财政收支的划分其最终立足点是着落在个人身上的。第一，以辖区内居民个人受益效用与付费成本相匹配为出发点，并赋予地方财政应有的收支权力。第二，不管是以财产税和遗产税为主体税种的地方财政，还是仰赖于个人所得税和社会保险税的联邦财政，大都是以个人收入与财富为基石和标准。第三，从支出来看，则以选民意愿为依据即付出与获得的对比关系，来确定各级财政支出规模。第四，代议制政治使得议会和行政当局所安排的支出规模，大体上是要被限制在选民个人意愿的范围内的。这实际上是生产资料私有制下个人财产神圣不可侵犯原则在财政关系上的具体体现，其实质就在于，私人资本条件下的财政分配体制同样是将公共财政限制在其所能容许或所需要的规模内。归纳与本书选题相关的主要命题，主要涉及以下主要内容。

一　地方政府存在合理性及公共产品的最优供给

斯蒂格勒（Stigler，1957）探讨了地方分权的经济学理由。在斯蒂格勒看来，第一，地方政府比中央政府更加接近民众，也就是说比中央政府更加了解所管辖的民众的需求和效用。当一个国家内部不同地区的人有权对不同种类和数量的公共服务进行不同的选择时，地方政府的存在就成为一种实现不同地区不同选择的机制。第二，不同的区域应有权自己选择公共服务的种类和数量。他还强调，对于解决利益分配上的不平等与地方政府间的利益竞争与摩擦等问题，还是中央一级政府出面解决较为妥当。奥茨（Oates，1972）则从等量提供公共产品的假定出发，为地方分权体制的存在进行辩护，他说"对于某种公共产品来说——关于这种公共产品的消费被定义为是遍及全部地域的所有人口的子集的，并且，关于该产品的每一个产出量的提供成本无论对中央政府还是对地方政府来说都是相同的——那么，让地方政府将一个帕累托有效的产出量提供给它们各自的选民，则总是要比中央政府向全体选民提供任何特定的并且一致的产出量有效得多"。

二　联邦财政体制的具体结构及其利益体现

马斯格雷夫（Musgrave，1959）从财政职能出发，分析了各级政府存在的合理性和必要性，在详细分析美国联邦财政体制的具体构造和系统运作实践基础上，对财政职能在中央和地方政府之间进行了划分。他认为，宏观经济稳定与收入再分配职能应由中央负责，而资源配置职能则应由地方政府负责，这样可以根据各区域居民的偏好不同而进行有差别的资源配置，并最终有利于经济效率和社会福利水平的提高。据此，财政职能分割与分工定位决定了各个利益主体的利益结构及其体制安排走向。

三　区域间自由移民条件下公共产品提供的效率问题

蒂布特（Tiebout，1956）发表了《一个关于地方支出的纯理论》一文，将公共产品最优供给问题扩展到地方辖区公共产品的最优实现上来，着重分析纳税人对各地税收与公共服务提供水平的权衡及其居住区位的选择。蒂布特在一系列假定基础上，证明了彻底分权和辖区间竞争可以实现帕累托最优，即居民在不同辖区之间的自由流动可以使其向符合自己对公共产品偏好的辖区迁移，地方政府间为了吸引选民就会展开竞争，从而能够像市场一样有效率地提供地方公共产品。

四　对联邦财政体制下的地方财政理论与实践的分析

费雪（Fisher，1999）从公共选择和联邦财政主义出发，以州和地方财政为视角，探析流动性的公共选择、州和地方政府的组织、州和地方商品和服务的提供以及政府间的补助、地方举债等问题，这实际上是对多级政府和联邦财政体制的进一步深化，而其中关于州和地方政府存在理由以及与联邦政府间的收入转移的理论阐述具有一定的启发意义。

五　关于政府间税收分配和政府间转移支付理论

财政转移支付作为多级财政下各级政府预算联系和调节的途径

与纽带,是财政联邦制理论与实践中不可或缺的重要组成部分。一些学者认为,应该赋予地方政府相应的税收管辖权,让其负责为当地的财政支出筹资,以实现某种程度上的财政权力和责任对等,防止出现地方政府行使财政支出职能时的不负责任和地方财政赤字问题。一些学者则认为,保留适当的政府间财政转移支付是必要的,因为完全分权不利于实现区域间的财政平等,不利于中央或联邦政府政治、经济意图的最终实现。不仅如此,目前国外许多文献都注重转移支付的均衡作用及其机制实现,并在联邦财政分权理论和蒂布特模型基础上多方面、多角度对其进行延伸,试图探究转移支付的内在均衡机制问题。或从单一或几种财政因素如联邦补助、地方财政、税收流出、财产和资源分配等出发,或从一般均衡角度,甚至从财政竞争中的纳什均衡角度探析区域间均衡问题。但是,局限于财政联邦制下,仅仅从资源配置角度而没有从稳定与收入再分配等角度去论证财政体制的设计原则,是以上研究的不足或缺憾。

六 关于政府管理范式的变化及政府治理理论

自20世纪70年代中后期以来,一些西方国家将"少一些统治,多一些治理"作为新的执政目标,"治理"便成了国家建构中的一种新的理念。治理之所以不同于统治,在于治理更加强调协调、合作,注重主体间权力的互动性和依赖性,而不是压制、控制。财政是政府管理的一部分,政府管理范式的变化也影响财政管理制度的变迁。一般认为,西方政府管理研究范式的变化,经历了从公共行政学到新公共行政学,再到公共管理学三个发展阶段。现行财政管理制度不仅受传统的行政管理学、新行政管理学的影响,而且受到公共管理学、新公共管理学的影响。传统的公共行政学以法律和法规为基础,注重对正式的政府机制以及法律规则制度等方面的研究。而政府运行机制和法律规则制度既包括了一国公共治理的基础性制度安排,也包含有具体操作层面的制度规范。公共管理学则进一步拓展了政府管理研究的领域,如交换范式、制度选择、公共选择、政府失败、多元组织等。新公共管理要求公共部门转换机制并改变其与政府和社会的关系。这种机制转换与关系改变,必然产生制度安排上的更迭与替代。

　　受公共行政学和新公共行政学的影响，财政治理注重法律规则制度的完善和执行，财政治理和监督关注投入管理和资源配置，强调预算程序和预算收支的合规性。而公共管理学和新公共管理学影响下的一系列改革理念，带来了财政治理目标和模式的重要转变：(1) 将市场机制引入公共部门，公共物品供应方式多元化，实行服务外包和政府采购；(2) 以分权为导向，赋予支出部门更大的灵活性；(3) 强调支出管理以产出和结果为导向，实行绩效考核；(4) 强调政府运营成本的核算，关注政府收支的长期影响和效果，如实行中长期预算，政府会计和预算实行权责发生制，强调代际公平等；(5) 主张市民取向，强调政府受托责任的反映以及财政管理的公开透明。以上财政治理理念与治理技术对于我国国家治理能力与治理体系现代化目标的实现极富启发意义。

七　评价与结论

　　综上所述，西方公共经济学范式中财政联邦制理论框架下的政府间财政治理体系设计，追求制度有效性是其核心要义。也就是说，财政联邦制下的"效率"指向是以实现公共产品供给效率为基本目标，这既是囿于效率标准衡量在技术上具有可行性，还由于收益范围与财政辖区空间安排的配合……也提出了一个类似市场的实施机制。① 在实现公共服务均等化成为我国中长期财政政策的基本导向和主要任务之际，以上理论具有非常重要的启示意义。但是不容忽视的是，以上理论模式均是在特定的理论预设前提下进行的，即以资本主义市场经济制度有效性假定前提，讨论市场效率与政府公平之间的替代问题。换句话说，财政联邦制理论从唯心史观出发，以抽象、演绎的个人主义方法论为导向，割裂经济关系与其他社会制度的关系，在研究问题时脱离社会性和社会关系，将事物属性视为某种与生俱来、永恒不变的共性，即把财政自然属性与社会

---

　　① ［美］布坎南、马斯格雷夫：《公共财政与公共选择——两种截然不同的国家观》，中国财政经济出版社 2000 年版，第 119 页。

属性孤立地区分开，用抽象不变的共性来解释各种社会历史现象，把抽象孤立的属性看作是打开各种社会经济现象的钥匙；采用边际分析和成本收益分析其制度均衡条件，利用证实和证伪来检验理论前提、结论以及本身逻辑推理的合理性。虽然西方财政理论在不断修正与完善，但是这些修正与发展沿用的仍是以唯心史观的思维方式来看待社会发展，而不能用科学的唯物史观看待社会历史变迁中的财政行为。所以马斯格雷夫和奥茨说过，财政联邦主义的财政制度安排更多的是依靠政治哲学和政治艺术原则，而不是理性原则，当然不排除人类理性的参与。[①] 因此，在我国具体财税实践中更不能完全以此为理论依据。缪尔达尔在20世纪60年代就发展经济学理论的普适性问题曾提出警告，他指出："只要这些理论的使用限制在西方世界，这种假定作为普遍适用的理论可能就没有什么危害。但用这些理论来研究南亚欠发达国家——这些理论并不适用于这些国家，后果就严重了。"这种警告同样适合我国财政治理与改革实践。

相对于我国特有的政治、经济、文化以及人文环境，以财政联邦制为代表的财政分权理论研究大多是建立在发达的市场经济基础上，而且在一定程度上是完善市场经济原则向政府体制的延伸和发展。反观我国民族地区经济社会发展乃至民族因素在国家制度建构中的作用体现，走的是一条完全不同于西方模式的传统路径，甚至与我国内地相比，其发展路径、制度设计与体制推进亦有较大差异。据此而言，对于民族财政治理这一特定研究对象而言，若忽略民族性因素、忽略财税关系调整的时空差异，纯粹以资源配置的"经济效率"标准来设计财政制度和政策措施显然是有问题的。再者，如果地方政府制定发展性财税政策导向，违背民众利益，那么根据中位选民决定财政决策，若地方官员与企业家结成的发展机器（growth machine），居民"用脚投票"和行动起来发出抗议的行为，会导致发展政策的修正或废弃，这种内部制约机制在中国并不存在。这都会限制西方理论框架分析我国特定问题的可行性。

[①] 田志刚：《论以政府间财政职能失效层次划分政府间财政支出》，《经济研究参考》2008年第59期。

转轨经济和发展中国家的财政联邦制问题研究,也可以为以上立论提供部分实践证据。一般认为,转轨经济国家施行财政分权时最大的问题在于:许多不该下放的权力和责任下放,而该下放的权力和责任却没有下放。这样做的结果就是,地方政府的权力和责任十分不对等,中央政府一味将财政责任摊给地方,同时却没有给地方政府相应的财政收入来做保证(Bird,1995)。以布兰查德和希雷弗(Blanchard and Schleifer,2000)对中国和俄罗斯的财政分权比较研究为例。他们认为,中国和俄罗斯在由计划经济向市场经济转轨中实行的财政分权效果之所以有很大不同,是由两国在财政分权中的政治制度框架不同所致。中国在转轨过程中保持了政治上的中央集权,以此保证了对地方政府比较有效的政治控制。而俄罗斯则在政治上实行了一种十分糟糕的分权改革,中央和地方关系没有理顺,政治上蹩脚的民主化使得地方行为不规范,中央政府对地方政府丧失了基本的控制力。发展中国家的财政分权与转轨经济有些类似,总的来看中央集权还比较突出,非经济因素制约着财政分权的发展(Bahl,1994)。钱颖一、温加斯特(Weingast)(1998)论证了"市场维护型的财政联邦主义"(Market-Preserving Federalism)这种特殊类型的分权化,非常有助于解释中国的经济改革成功的机理。他们认为,一个高效率的市场来自一个好的政府结构,政府行为既要有效果也要受到约束。因此经济改革不仅要求政府设计一种新的经济制度,而且还要求它提供可信的承诺来维持这一制度的正常运转。中央和地方各司其职,在维护和推进市场机制的过程中相互拥有权利和义务,从而市场交易的各方都从市场的增进中获得收益。[①]世界银行经济学家黄佩华(1999、2003)认为,中国政府体制尽管是单一制,但财政安排呈现出强烈的联邦制特点,分税制抑制地方政府侵蚀(Give Away)中央政府税基的机会和动机,在收入动员方面取得了某些成功。但现行分权化财税体制成为中国贯彻实施经济发展政策的"瓶颈",因此适宜政府间财政关系提供

---

① 钱颖一:《现代经济学与中国经济改革》,中国人民大学出版社 2003 年版,第 197—220 页。

适当的激励鼓励政府官员进行合作以贯彻实施经济发展计划是重要的。可利用财政资源的巨大区域性差异以及贫困区域日益严重的财政收入短缺，是地方政府的重大难题。她指出，局部增量改革最终的结果是收支责任极不匹配，激励被扭曲，不能有效地产生理想的体制，因此全面改革是唯一途径。① 罗伊·巴尔认为，中国分税制收入分成与支出责任的划分"忽略了财权应服从事权的基本原则"。

总之，就本书论题而言，我们认为，基于财政治理指向的资源配置标准的优劣判断，不在于简单的"分权"与"集权"，而在于制度设计与区域特征的有机契合，② 并建立一种有效率的地方财政制度（Oates，2001）。民族地区内生属性即独特的自然环境、地理位置和民族问题，决定了制度设计目标与体制改革路径选择应糅合经济激励与政治制衡、经济发展与社会进步等多目标统一。

第四节　马克思主义经济学关于体制变革与利益治理理论述评

马克思主义创始人立足于辩证的、历史的唯物主义哲学观，在继承古典政治经济学功能收入分配论的科学成分和批判其庸俗成分的基础上，以资本主义生产资料私有制及其产权制度为分析背景，以资本主义生产方式以及与它相适应的生产关系和交换关系为研究对象，从生产力与生产关系的矛盾运动中，运用阶级利益分析法，科学地分析考察了资本主义私有制经济制度下的不同利益主体的矛盾和对立关系，即通过对剩余价值生产、实现和分配的历史考察，深刻地揭示了资本主义各个阶级的物质利益关系的具体内容和表现形式，科学地阐明了不同利益集团之间在物质利益关系上的矛盾与对立，创立了以揭示资本主义制度内在矛盾与利益冲突为基本着力点的经济学思想体系。其理论终极目标是，试图创立劳动者物质与

---

① 黄佩华：《中国地方财政问题》，中国检察出版社 1999 年版，《中国：国家发展与地方财政》，中信出版社 2003 年版，第 2、4、7、99 页。
② 郭佩霞、朱明熙：《民族地区财力与事权配置要义——基于中外历史检验的视角》，《当代财经》2009 年第 12 期。

精神满足极大化、人与人之间利益对抗得以消除、经济行为基本目标即效率与公平完全统一的新社会。

需要指出的是，经典作家的上述论述是在抽象掉了财政问题的基础上进行的。这是因为：第一，和马克思研究资本主义经济制度贯彻从抽象到具体的逻辑思路有关。即"抽象的规定在思维行程中导致具体的再现"。财政是较之利润、地租和利息更为具体的范畴，舍弃其是逻辑方法展开的需要。第二，由于资本主义财政对社会再生产来说是外在的，不考虑财政并不影响对资本主义经济运行过程的本质揭示。第三，在以自由竞争为主的社会，财政对社会再生产的干预作用还比较小。① 但无论如何，这并不能妨碍我们从马克思主义思想宝库中汲取充足的营养，丰富本书的理论依据。

一 马克思主义关于经济基础与上层建筑、生产力与生产关系辩证关系的科学原理，以及这些原理在我国社会主义建设过程中的具体运用和科学总结，是指导我国财政治理与改革不断推进、协调各阶层、群体利益关系的根本指导思想

马克思主义创始人运用唯物史观的基本原理分析人类社会发展的规律，指出任何社会的基本矛盾都是生产关系与生产力、上层建筑与经济基础之间的矛盾。这两种基本矛盾的斗争和不断解决，是推动社会向前发展的基本动力。在这两种基本矛盾的斗争和不断得到解决的历史进程中，表现出的基本规律是，生产力与经济基础对生产关系与上层建筑发挥一般性的决定作用，而生产关系与上层建筑在不断保持与生产力和经济基础相适应的前提下，发挥积极的能动作用。在上层建筑对经济基础发挥积极能动作用中，财税体制占有十分重要的地位。因此财税本质呈现两重属性——生产力属性和生产关系属性。生产力属性，即在分配基础上产生的人与物之间的关系；生产关系属性，亦即在分配基础上产生的人与人之间的关系。每一财税活动都具有这两重属性：一方面，涉及生产力属性，

---

① 邓子基：《马克思恩格斯财政思想研究》，中国财政经济出版社 1990 年版，第 70—71 页。

它是财税主体作用于财政客体的过程,具体受制于当时的社会生产力水平。另一方面,具有生产关系属性,它具体反映了各阶级、各阶层以及社会成员之间由财税活动而形成或得到调整的利益关系。财税分配性质取决于国家或社会权力中心的性质。对此,恩格斯曾做过明确具体的论述。他说:"并不是只有经济状况才是积极的原因,而其余一切都不过是消极的结果。这是在归根结底不断为自己开辟道路的经济必然性的基础上的相互作用。例如,国家就是通过保护关税、贸易自由、好的或者坏的财政制度发生作用的。"根据马克思主义原理,一国财税体制对经济基础发挥好的或者坏的作用的关键,是它对社会经济政治条件的自觉适应性。而这种自觉适应性则主要决定于一国的所有制形式和社会制度。① 生产关系理论认为,生产力以生产民众的物质利益为目的,但产出收益的有限性,必然导致人们围绕经济利益而发生种种冲突与合作。因此,生产关系实质上是指人们在自己的生活的社会生产中发生一定的、必然的、不以他们的意志为转移的经济利益关系。"经济利益"是生产关系的灵魂,它贯穿在生产力全过程中。② 而且,一定利益关系与一定收入分配体系相联系并通过一定收入分配关系来体现,缺乏收入分配关系的生产关系是空洞的和无实质内容的。③ 财税体制作为反映国家财税资源分配价值理念和价值体系的基本制度,是国家上层建筑作用于社会经济基础,通过对生产关系的调整即经济利益关系的调整促进生产力发展的重要经济杠杆和贯彻方针政策的工具。从生产力与生产关系、经济基础和上层建筑之间的矛盾运动中探讨体制变迁的原因和特征的思想,还得到了新制度经济学代表人物道格拉斯·诺斯的积极回应和评价。他说:"马克思主义的框架之所以是目前对长期最有力的论述,恰好是因为它将新古典框架舍弃的全部要素都包括在内:制度、所有权、国家和意识形态。马克思强

---

① 项怀诚、姜维壮:《中国改革全书》(财政体制改革卷),大连出版社 1992 年版,第 39 页。
② 鲁品越:《生产关系理论的当代重构》,《中国社会科学》2001 年第 1 期。
③ 张作云、陆燕春:《社会主义市场经济中的收入分配体制研究》,商务印书馆 2004 年版,第 100 页。

调的所有权在有效率的经济组织中的重要作用以及现存所有权体系与新技术的生产潜力之间紧张关系在发展的观点,堪称是一项重大的贡献。"①

二 马克思主义利益学说紧密联系生产方式、阶级和国家,对财政本质论的阐发、全面的发展的实践的哲学观、对立统一的矛盾观等,对我国社会主义利益关系理论的建立和发展提供了科学的方法论指导

马克思主义利益理论注重阶级分析法,在分析共同利益与个人利益关系时,能够科学地说明在阶级社会中共同利益与个人利益的不可调和性;注重矛盾分析法,主张运用辩证的观点认识利益问题;注重价值判断,特别是注重利益获得的合理性、合法性和利益分配的公正性等立场、观点、方法,为科学分析我国现阶段的利益现状、解决利益矛盾提供了重要的依据和行动指南。② 从这一意义上来说,从经济利益关系的角度来把握政府—财政制度的实质正是马克思主义的经济观和财政观。③

三 实事求是、一切从民族实际出发,辩证地处理不同阶段、不同性质的民族(利益)问题,是马克思主义经典作家处理民族利益关系问题的基本方法

列宁强调,只有从各个国家具体的实际出发,而不是从抽象的原理、原则出发,才能正确地确定一个国家的民族纲领,才能妥善地解决各种民族问题。他指出:"在分析任何一个社会问题时,马克思主义理论的绝对要求,就是要把问题提到**一定的**历史范围之内;此外,如果谈到某一国家(例如,谈到这个国家的民族纲领),那就要估计到在同一历史时代这个国家不同于其他各国的具体特点。""各个国家在民族的发展速度、居民的民族成分、居民的分布等等方面仍各不相同。如果不估计到所有这些一般历史条件和具体

---

① [美]道格拉斯·诺斯:《经济史上的结构和变革》,商务印书馆1992年版,第61页。
② 郝云:《利益理论比较研究》,复旦大学出版社2007年版,第17—19页。
③ 毛程连:《财政学整合论》,复旦大学出版社1999年版,第27—28页。

国家条件，就根本无法着手考察某个国家的马克思主义者的民族纲领。"① 他还指出：在民族问题上"不应当把提出抽象的和形式上的原则当作主要之点，主要之点应当是：第一，准确地估计具体的历史情况，首先是经济情况"②。"在解决一切……民族问题时，不从抽象的原理出发，而从具体的现实生活中的各种现象出发"，"特别重要的是：弄清具体的经济事实"③。斯大林认为，以具体历史条件为出发点，把辩证地提问题当作唯一正确的提问题的方法，是解决民族问题的关键。他说："一切都在变化……社会生活在变化，'民族问题'也跟着在变化。在各个不同的时期，有各个不同的阶级出现在斗争舞台上，而且每一个阶级都是按照自己的观点来理解'民族问题'的。因此，'民族问题'在各个不同时期服务于各种不同的利益，并具有各种不同的色彩，这要看它是由哪一个阶级提出和在什么时候提出而定。"④ 他又说："民族问题只有和发展着的历史条件联系起来看才能得到解决。""某个民族所处的经济、政治和文化的条件便是解决该民族究竟应当怎样处理自己的事情和它的未来宪法究竟应当采取什么形式这一问题唯一关键。同时，很可能每个民族解决问题都需要用特殊的方法：如果在什么地方必须辩证地提出问题，那正是在这个地方，正是在民族问题上。"⑤

四 从侧重分析利益矛盾的对立性向侧重分析利益矛盾的同一性、和谐性转变，从侧重分析如何通过社会制度的重大变革来协调不同阶级或利益集团之间的矛盾冲突，转变到侧重分析如何通过体制改革来实现利益共容与协调发展，这是马克思主义经济学与时俱进理论特征的一个重大转换与特色⑥

马克思主义经典作家基于利益关系的学说侧重于集团与阶级利

---

① 《列宁选集》第 2 卷，人民出版社 1995 年第 3 版，第 375—376 页。
② 《列宁全集》第 39 卷，人民出版社 1986 年版，第 160—161 页。
③ 同上书，第 229 页。
④ 《斯大林全集》第 1 卷，人民出版社 1953 年版，第 27 页。
⑤ 《斯大林全集》第 2 卷，人民出版社 1953 年版，第 209 页。
⑥ 周小亮：《体制改革与利益协调：马克思主义经济学的理论演进分析》，《当代经济研究》2005 年第 3 期。

益对立和利益冲突，是服务于其历史使命即批判资本主义内在矛盾所决定的。在我国社会主义制度自我完善、利益一致性服从于差异性的背景下，一定经济体制机制所要求的利益共容问题的理论创新和政策实践，是其学说和思想的践行者的历史使命。更为重要的是，马克思创立了一个几乎穷尽了所有经济变量的宏大的经济分析框架，而且这一框架具有开放性和发展性的特点，即能够使后来者在这一框架体系内根据客观经济现象的发展与认识论水平的不断提高不断地丰富和发展其内容，这也是马克思主义经济学在今天仍具有强大生命力的原因之一。[①]

第五节　中国共产党关于民族财政治理的理论探索

以毛泽东、邓小平、江泽民、胡锦涛以及习近平为核心的几代中共领导集体，在领导中国向社会主义经济过渡、社会主义建设、改革、体制完善以及全面深化改革的伟大实践中，将马克思主义利益理论与中国国情结合起来，提出了具有中国特色的社会主义理论体系，并结合社会主义体制改革的性质与要求，探索了社会主义体制改革与利益关系调整之间的内在关系，并对如何通过体制改进来调整利益关系，从而调动一切积极因素进行社会主义现代化建设提出了一系列的重大理论创新和政策主张，对推动基于财政治理的体制创新发挥了理论指导作用。当然，党的领导人在民族财政治理上的理论研究更多是着眼于政治现实需要，而不是学理的缜密，但学术界的理论贡献远不及中国共产党人在实践上走得那么远，党的几代领导集体在基于民族利益关系的治理与改革等方面，有着深刻思考并为客观实践积累了大量的有益经验。整理和发掘政治家们对于利益关系整合的"典籍思想"及对改革进程起真正关键作用的"社会思想"，即通过改革"行为"而不仅通过言论著述表达的、往往对社会实际影响更大的、落实在制度设计与政策思维层面上的思

[①] 毛程连：《财政学整合论》，复旦大学出版社1999年版，第28页。

想，是很有理论与现实意义的。

一 1949—1978年的中国民族财政治理：毛泽东民族治理思想的初步尝试

针对中国是一个统一的多民族国家，何种制度安排才能既保持国家统一，又能通过适宜的民族政策保障各民族利益关系和谐，这是党的第一代领导集体面临的重大理论与实践问题。经过对古今中外历史实践的深刻洞察和认识，以毛泽东同志为核心的党的第一代领导集体，面对社会主义革命和建设的艰巨任务，决定根据中国国情建立单一制的统一的多民族国家，确立了以民族平等、民族团结、民族区域自治和各民族共同繁荣为核心的民族理论和民族政策的基本框架，引导我国各民族人民走上了社会主义道路，实现了中华民族发展史上最广泛、最深刻的社会变革，开创了中国特色解决民族利益关系问题的正确道路。

毛泽东民族思想是中国特色民族财政治理的理论起点。它是包括周恩来、刘少奇、陈云、李维汉等在内的老一辈无产阶级革命家，把马克思主义基本原理与中国革命、建设实践相结合的智慧结晶，是马克思主义民族理论与中国实际相结合的第一次历史性飞跃。其中："在少数民族地区，经济管理体制和财政体制，究竟怎样才适合，要好好研究一下"，"树立促进和帮助各民族实现共同发展繁荣的根本立场"，对民族区域自治（法）、（财政）自治权等的认识、对中央与民族地方（财政）关系的处理和认识、对区域（即少数民族和民族地区与内地其他地区）（财政）关系的互助互惠特点的深刻认识，实事求是处理民族（财政）问题以及民族地区适用有区别的财政经济管理体制等思想和观点，直接指导了中国革命和建设初期民族问题解决的基本路径和政策实践，正如著名史学家费正清所说的："中华人民共和国在少数民族地区比以前任何一个主权都赢得了更坚实的立足点。"[①] 江泽民同志在中央民族工作会议上

[①] ［美］费正清、罗德里克·麦克法夸尔：《剑桥中华人民共和国史（1949—1965）》，上海人民出版社1990年版，第113页。

的讲话中指出:"过去的成就和经验是来之不易的。在长期的革命和建设中,毛泽东、周恩来、刘少奇、朱德同志和邓小平同志等老一辈无产阶级革命家,为解决中国的民族问题,建立和发展社会主义的民族关系,发展马克思主义民族理论,做出了巨大贡献,给我们创造了宝贵的精神财富。我们要坚定不移地把老一辈无产阶级革命家开创的民族团结进步事业继续推向前进。"①

二 1978—1992 年的中国民族财政治理:邓小平民族治理理论的基本运用

以邓小平同志为核心的党的中央领导集体,重新确立了我国民族工作的正确方向,把民族工作重心转向为经济建设服务,巩固和发展社会主义新型民族关系,开辟了历史新时期我国各民族蓬勃发展的崭新局面,推动我国民族团结进步事业在改革开放进程中迈出了崭新步伐,重申并发展了毛泽东民族思想的基本原则,将新时期民族问题的根本解决纳入中国特色社会主义伟大实践之中。正如有学者总结的,邓小平民族理论以准确理解民族问题的地位作用为基点,立足于实现真正的民族平等,着手于实现巩固的民族团结,着重于真正实行民族区域自治,着眼于实现全面的民族发展,归宿于实现民族共同繁荣。②

在民族(财政)问题极端重要性的认识上,他提醒各级部门"民族问题确有很多问题要引起注意"③,强调"财政工作一定要有财有政,切不可有财无政",要求"财政部门要看到大事,要有战略观念";在解决民族(利益)问题的指导思想上,认为"在世界上,马列主义是能够解决民族问题的"④;在利益关系处理中集权与分权问题上,主张集权与分权的辩证统一。"财政体制……有些需要下放的,需要给地方上一些,使地方财权多一点,活动余地大一

---

① 金炳镐:《民族纲领政策文献选编》,中央民族大学出版社 2006 年版,第 757 页。
② 金炳镐:《邓小平民族理论是科学的理论体系》,《黑龙江民族丛刊》2004 年第 2 期。
③ 中央文献研究室:《邓小平思想年谱》,中央文献出版社 1998 年版,第 129 页。
④ 《邓小平文选》第 1 卷,人民出版社 1994 年版,第 162—163 页。

点……"①，但同时强调"地方财政工作要有全局观念"②；在财政宏观调控上中央要有权威，方式选择要与时俱进。"宏观管理要体现在中央说话能够算数……我们讲中央权威，宏观控制，深化综合改革，都是在这样的新的条件下提出来的。"③ 在（财税）调控方式上，"过去全面是穷管，现在不同了，是走向小康社会的宏观管理……现在中央说话，中央行使权力，是在大的问题上，在方向问题上"④；在民本财政思想上，告诫"……我们考虑问题常常忽略了群众的需要……缺乏群众观点，容易解决的问题不去解决，宁肯把更多的钱用在不适当的地方。对于花很少的钱就可以解决群众需要的问题，甚至有些不花钱也能解决的问题，却注意得不够。我们的建设工作应该面对群众"⑤；"两个大局"战略构想中的民族利益关系处理上，"……如果搞两极分化，情况就不同了，民族矛盾、区域间矛盾、阶级矛盾都会发展，相应地中央和地方的矛盾也会发展，就可能出乱子"⑥，因此"……解决的办法之一，就是先富起来的地区多交点利税，支持贫困地区的发展"，"发达地区要继续发展，并通过多交利税和技术转让等方式大力支持不发达地区。不发达地区又大都是拥有丰富资源的地区，发展潜力是很大的，总之，就全国范围来说，我们一定能够逐步解决沿海同内地贫富差距的问题"⑦。以上战略思想显然隐含了一种体制改革策略：让改革即时受益者与即时受损者都进行相互的承诺——受损者先"投票"（以资源转移等多种方式）支持改革推进，当改革推进到一定阶段，改革受益区域、群体对改革受损者即承担了改革成本的区域、群体进行补偿。

邓小平财经理论是特定时代的产物并服务于特定时代的发展，它契合了国家民族发展的需要并服务于国家民族的兴盛。回顾我国

---

① 《邓小平文选》第2卷，人民出版社1994年版，第199—200页。
② 《邓小平文选》第1卷，人民出版社1994年版，第198页。
③ 《邓小平文选》第3卷，人民出版社1993年版，第278页。
④ 同上书，第278页。
⑤ 《邓小平文选》第1卷，人民出版社1994年版，第267页。
⑥ 《邓小平文选》第3卷，人民出版社1993年版，第364页。
⑦ 同上书，第373—374页。

协调发展战略设计和政策安排,笔者认为,以江泽民、胡锦涛同志为核心的两代领导集体切实实践了邓小平"两个大局"的战略思想,秉承和发展了中国特色社会主义利益关系治理的理论体系。1999年"西部大开发"战略的提出与实施;2005年10月《第十一个五年规划的建议》中东中西优势互补、良性互动区域发展总体战略的提出与实践;2005年中央10文件《关于进一步加强民族工作,加快少数民族和民族地区经济社会发展的决定》以及2007年国务院办公厅印发的《兴边富民行动"十一五"规划》的通知、《西部大开发"十一五"规划》、《少数民族事业发展"十一五"规划》、《人口较少民族发展规划2005—2010》等历史性、划时代意义的文献出台;2007年6月国务院批准重庆市和成都市设立全国统筹城乡综合配套改革试验区;新疆、甘肃、宁夏、西藏等藏区发展战略规划的密集出台都是有力的佐证。总之,邓小平理论中蕴含着十分丰富的财政经济思想和观点,对民族财政治理的理论与实践具有重大现实指导意义。

三 1993—2003年的中国民族财政治理:"三个代表"和"十二大关系论"的提出

以江泽民为核心的党的领导集体,提出了"三个代表"和"十二大关系论"等重要思想的利益关系理论。该理论体系以"三个代表"作为政治基石,以体制改革作为系统内在驱动,推动各种经济利益关系全面调整,并以经济体制和增长方式的根本转变为抓手统摄各种经济利益关系的全面转变与关系体系重构。该理论主要针对社会主义市场经济体制改革完善过程中产生的新矛盾、新问题,通过哲学思维创新,提出强调对立统一、对立面和谐结合、矛盾各方面综合治理等解决新矛盾、新问题的新思路、新原则、新方法;依据新发展观的客观要求,突出稳定、改革、发展等事关全局的重大问题,努力探索各自互动、协调匹配的体制机制建设;具体到民族地区利益关系方面,其理论探索的着眼点是解决我国民族工作面临的各种实际问题,重在实效,力求"管用",同时又立足长远,探索从根本上解决民族利益关系之道。①

（一）高度重视少数民族和民族地区利益关系，强调利益关系在更高层面、更广领域上的有机整合，主张通过权利落实等民主渠道实现利益和谐

江泽民同志在不同场合多次强调重视少数民族和民族地区利益问题，多次重申"加快少数民族和民族地区的发展，不仅是一个重大的经济问题，也是一个重大的政治问题"②；针对有关部门忽视少数民族贫困问题，他严厉地批评道："从领导上讲，忽视是从不够重视引起的，我们今后应该高度重视这个问题。"③ 对于利益关系的协调与处理问题，他强调："要深入分析人民内部矛盾的新内容、新特点和新的表现形式，引导群众正确认识和处理全体人民的共同利益和不同群众的特殊利益的关系。"④ "改革越深化，越要正确认识和处理各种利益关系，把个人利益与集体利益、局部利益与整体利益、当前利益与长远利益正确地统一和结合起来……"⑤；在国家利益与地方利益的处理上，他主张"我们既不允许存在损害国家全局利益的地方利益，也不允许存在损害国家全局利益的部门利益。总的原则应当是：既要有体现全局利益的统一性，又要有统一指导下兼顾局部利益的灵活性"⑥；因为"在社会主义制度下，民族问题基本上是属于人民内部矛盾，如果重视、处理得当，就能妥善解决；如果掉以轻心、处理不当，在国内一定气候作用下，矛盾也可能激化，甚至发生某种对抗，导致社会动荡"⑦。因此，要强调"保证人

---

① 金炳镐：《论中国共产党第三代领导集体的民族理论》，载《民族地区自治新论》，民族出版社2002年版，第194页。
② 《民族工作文献选编（1990—2002）》，中央文献出版社2003年版，第212页。
③ 金炳镐：《民族纲领政策文献选编》，中央民族大学出版社2006年版，第429页。
④ 《江泽民文选》第3卷，人民出版社2006年版，第95页。
⑤ 江泽民：《在纪念党的十一届三中全会召开二十周年大会上的讲话》，《四川党的建设城市版》1999年第1期，第2—9页。
⑥ 江泽民：《正确处理社会主义现代化建设中的若干重大关系》（在党的十四届五中全会闭幕时的讲话），人民网。
⑦ 龚学增：《中国特色的民族问题理论》，中共中央党校出版社1996年版，第119页。

民依法享有广泛的权利和自由"，"充分反映民意"，"发挥舆论监督的作用"；①"……需要有民主渠道来反映这种矛盾和问题，来宣泄这种能量"②。

(二) 把财政支持西部开发、民族团结的重要性，提高到关系国家改革发展稳定的战略高度来认识

2000 年在省部级主要领导干部财税专题研讨班上，江泽民同志指出："建立稳固、平衡、强大的财政，……是全面推进改革开放和现代化建设，实现跨世纪发展宏伟目标的必然要求"③；主张财税工作不仅要算经济账，还要算政治账、社会账；不仅要算眼前账，还要算长远账，主张从政治的高度和整个经济社会发展的高度去确定财税工作的总目标、总方向，并依此全面而充分地发挥财税的职能作用，使之更好地服务于国家改革发展稳定的大局。所以，"衡量财税工作做得好不好的根本标准，就是要看……是否有利于维护国家统一和安全、促进民族团结和社会稳定"④。以转移支付对于民族地区的重要意义为例，"通过规范的转移支付促进地区经济协调发展，实施西部大开发战略，对于保持和发展边疆民族地区安定团结的大好局面……最终实现全体人民共同富裕，都是十分必要的"⑤。对民族地区基层财政问题高度重视并着力解决现实问题。"……特别是一些民族地区，基层公务员……生活没有保障，工作没有积极性，民族团结和社会稳定又怎么能够得到保证"⑥，并敦促抓紧研究解决的办法。民族地区财政自我积累能力弱，很大程度上依靠上级财政补助，因此"随着中央财力的增强，要逐步加大对民族地区地方财政的支持力度。中央和地方要共同努力做到'三个确保'：第一是确保'吃饭'，保证民族地区各级党政机构能够正常运转，同时民族地区也要精兵简政；第二，确保各级民族自治地方政

---

① 中央文献研究室：《中共十三届四中全会以来历次全国代表大会中央全会重要文献选编》，中央文献出版社 2003 年版，第 437、439 页。
② 《江泽民文选》第 1 卷，人民出版社 2006 年版，第 66 页。
③ 《江泽民文选》第 2 卷，人民出版社 2006 年版，第 509 页。
④ 同上书，人民出版社 2006 年版，第 510 页。
⑤ 同上书，第 511 页。
⑥ 同上书，第 513 页。

府能够向居民提供起码的公共服务；第三，确保民族地区基础教育经费……"①。总之，通过规范转移支付促进地区经济协调发展的认识逐步到位，②与民族区域自治制度相适应的政策性转移支付制度不断完善；通过税制改革如所得税，中央所得的部分主要用于向西部地区转移支付，重点是民族自治地方，③民族地区转移支付有了财力保障；上级财政支持民族地区财政保证党政机关正常运转，保证财政供养人员工资按时足额发放，保证基础教育正常经费支出的"三个保证"④以制度形式得以确立。以上财经观点和政策措施对民族地区基层政权运转、基本公共产品的提供起到了一定保障作用，并为稳定、可靠的民族财政治理体系框架的确立奠定了坚实的制度基础。

（三）强调构建和创新民族地区资源优势转化体制机制的重要性和急迫性，主张资源开发中经济利益、社会利益与生态利益的统一

针对国家大中型企业与民族地方实际结合不够、受益不多、影响民族地区资源优势转化的严峻现实，江泽民同志指出，要树立着眼于带动和促进民族地区经济发展的指导思想。⑤他反复强调，在各民族的根本利益一致基础上，在经济权益方面，民族之间仍会发生矛盾和纠纷的可能性，⑥所以"我们一定要使少数民族从开发当地资源中得到实惠"，凡是与少数民族和民族地区密切相关的重大改革，必须重视各个地方和民族的特殊情况，⑦让少数民族和民族地区真正得到实惠。⑧如果所有援建项目（如西藏）陆续完成，而相当一部分农牧民的生活水平没有得到提高，就很难说达到了预期

---

① 金炳镐：《民族纲领政策文献选编》，中央民族大学出版社2006年版，第845—846页。
② 《江泽民文选》第2卷，人民出版社2006年版，第511页。
③ 《十五大以来重要文献选编》下，人民出版社2003年版，第2106页。
④ 国家民族事务委员会、中共中央文献研究室：《民族工作文献选编（2003—2009）》，中央文献出版社2010年版，第97页。
⑤ 金炳镐：《民族纲领政策文献选编》，中央民族大学出版社2006年版，第773页。
⑥ 同上书，第758页。
⑦ 同上书，第761—763页。
⑧ 《江泽民文选》第3卷，人民出版社2006年版，第150页。

的目的。① 在资源优势转换机制构建上，强调西部民族地区和其他地区的差异性。比如"西部油田的开发经营要和大庆有所不同……西部油田要通过地方积极参与，带动地方经济发展的方式进行……"②。考虑到西部地区的生态重要性、脆弱性等问题，所以区域经济发展、资源开发，既要追求经济利益实现，还要注重社会利益、生态利益的有机结合，因为"我国各地区经济发展不平衡，经济建设的具体任务和环境管理的具体要求也应该有所不同"③，"要把经济效益与社会效益结合起来。要根据西部各地的经济优势，选好投资项目，努力提高经济效益，同时在开发和建设中要高度注重社会和生态效益"④。

（四）历史地、辩证地看待利益失衡问题，贯彻协调发展战略，科学理性地处理利益关系空间上的不对等、不平衡等问题

江泽民同志指出，双重体制的存在和一些改革政策措施不完善、不配套，……实际进行的分配改革实践仍然要受到经济发展阶段、新体制发育程度、社会传统理念和习惯势力的多重制约，造成某些具体的分配改革政策存在一些缺陷，同时国家对收入分配的有效调控的力度也明显不足等，都会造成区域之间、阶层之间利益占有和分配的不对等、不均衡。⑤ 因此，要重视东西部差距拉大的严重性，把解决差距过大问题提到更加重要的位置。江泽民同志指出，东西部的关系是个大问题，差距继续扩大了，不采取措施是不行的，⑥ 必须认真对待，正确处理。⑦ 在十四届五中全会上，江泽民同志系统地阐述了他对地区差距问题的观点，首先，他主张要用历史的、辩证的观点，认识和处理地区差距问题，一是要看到各个地区发展不平衡是一个长期的历史现象，二是要高度重视和采取有效

---

① 《西藏工作文献选编（1949—2005）》，中央文献出版社2006年版，第577页。
② 朱培民：《中国共产党与新疆民族问题》，新疆人民出版社2004年版，第280页。
③ 《十四大以来重要文献选编》下，人民出版社1996年版，第1979—1980页。
④ 《十五大以来重要文献选编》中，人民出版社2001年版，第1303页。
⑤ 《江泽民文选》第1卷，人民出版社2006年版，第50页。
⑥ 《新时期民族工作文献选编》，中央文献出版社1990年版，第376页。
⑦ 《江泽民文选》第1卷，人民出版社2006年版，第465—466页。

措施正确解决地区差距问题,三是解决地区差距问题需要一个过程,应当把缩小地区差距作为一条长期坚持的重要方针。① 其次,把区域发展不平衡寓于区域合作共赢之中,在利益共赢机制逐步构建中推动区域利益关系的和谐统一。他指出,全国经济的发展是不平衡的,因而各地发展战略的具体内容、具体办法也应有所不同,但各个地区之间的关系是相互合作、相互支持、相互帮助的关系。并指出这是社会主义优越性的一个重要表现。② 东部区域利用国家政策、机制创新与市场资源配置的效率目标,实现率先发展,这种区域上的效率目标不一致性必须通过兼顾公平原则,更要对贫困地区采取有效的扶持政策来实现。③ 因此要努力形成东、中、西部地区相互支持、相互促进、协调发展的良好格局,并在强调沿海地区和经济发达地区帮助少数民族脱贫致富、与全国发展相适应的重要性④的同时,指出了西部开发也对东部地区发展提供了强有力支撑。"西部大开发创造出的大量投资机遇,将有力地增强对经济增长的拉动;西部地区优势资源的开发和东送,将为中部和东部地区的发展提供有力的支撑;中西部地区人民群众收入水平的提高,将创造巨大的市场需求。"⑤ 实践证明,正是西部地区提供了未经补偿的各种资源的支持,才有东部地区优先发展的结果。新时期推进区域在更高层次上协调发展,必须理顺利益关系上的不和谐、不对等等体制问题。

(五)加强、改善党对统筹民族地区利益关系的领导职责,主张政府部委之间协同配合,发挥合力

邓小平同志早就指出:"事实上,离开了中国共产党的领导,谁来组织社会主义的经济、政治、军事和文化?谁来组织中国的四个现代化?在今天的中国,绝不应该离开党的领导而歌颂群众的自发性。"⑥ 因此,应对纷繁复杂的利益要求和利益矛盾,"继续解决

---

① 《十四大以来重要文献选编》中,中央文献出版社2001年版,第1302页。
② 《江泽民同志理论论述大事纪要》上,中央党校出版社1998年版,第123页。
③ 同上书,第169页。
④ 金炳镐:《民族纲领政策文献选编》,中央民族大学出版社2006年版,第428、760页;《江泽民同志理论论述大事纪要》上,中央党校出版社1998年版,第118页。
⑤ 《十五大以来重要文献选编》中,人民出版社2001年版,第855页。
⑥ 《邓小平文选》第2卷,人民出版社1994年版,第170页。

好我国的民族问题，必须进一步加强党对民族工作的领导"[1]，必须充分发挥党尤其是党中央总揽全局、统筹兼顾各方利益的政治整合的核心作用，"切实抓好少数民族和民族地区党的思想建设、组织建设和作风建设"；主张"从中央到地方，各级党委和政府，都要把民族工作切实管起来"，"……主要负责同志，要亲自过问民族工作，帮助解决实际问题"。[2] 由于民族地区利益关系的复杂性、多维性和政策性，"这项工作单靠民族工作部门是做不了的，也是做不好的。各级政府和有关部门必须从民族团结、社会稳定、国家统一的大局出发，高度重视民族工作，把它同做好其他各项工作密切结合起来"[3]，所以"国家民委、中央统战部、人大民委该说话的要说话"[4]；考虑到少数民族和民族地区利益保障在机构设置与职能上缺位的现实，1998年6月，国务院在国家民委职能配置、内设结构和人员编制规定中，新增调查研究少数民族地区体制改革工作中的特殊情况和问题、参与制定有关的特殊政策和措施等职能。

总之，党的第三代领导集体基于民族财政治理的理论体系，具有鲜明的时代性、实践性和系统性特点。在基于民族利益关系问题新情况、新实践的基础上，结合在加快财税体制改革的历史进程中通过有效财税手段解决新时期民族地区利益关系的极端重要性，要求通过制度创新、工作创新和方法创新推动民族地区自我发展能力、财政保障能力和利益受益能力，夯实民族团结、国家长治久安的物质基础和根本保障。

四 2003—2011年的中国民族财政治理：科学发展观在21世纪的成功实践

党的十六大以来，以胡锦涛同志为总书记的新一代领导集体，根据新世纪新阶段我国民族工作面临的新形势新任务，确立了各民

---

[1] 刘先照：《中国共产党主要领导人论民族问题》，民族出版社1994年版，第259页。
[2] 同上书，第260—261页。
[3] 司马义·艾买提：《民族工作的探索和实践》，中央党校出版社1998年版，第300页。
[4] 《新时期民族工作文献选编》，中央文献出版社1990年版，第376页。

族共同团结奋斗、共同繁荣发展的民族工作主题，明确指出"我们要采取更加得力的政策措施，加快少数民族和民族地区经济社会发展，逐步缩小发展差距，实现区域协调发展，最终实现全国各族人民共同富裕"；"中央将继续加强对少数民族和民族地区经济社会发展的扶持。既要支持他们把经济建设搞上去，又要支持他们把文化、教育、卫生等各项社会事业搞上去，实现全面协调发展，促进人的全面发展。既要投入更多的资金和物力，又要在投资、财政、税收、金融、产业、对内对外开放等方面实行更多切实可行的优惠政策。要完善与民族区域自治制度相适应的政策性转移支付制度，逐步加大对民族地区财政转移支付的力度"。① 《中共中央、国务院关于进一步加强民族工作，加快少数民族和民族地区经济社会发展的决定》等一系列加强和改进民族工作的重大部署的出台，对党的民族理论和政策的基本观点做了新的阐述和总结，充分体现了贯彻落实科学发展观和构建社会主义和谐社会的新要求、新任务，进一步推动了民族工作的新发展，使我国的民族关系经受住了重大自然灾害和敌对势力干扰破坏的考验，我国各族人民大团结不断巩固和发展，民族团结进步事业焕发出新的生机与活力。

（一）主张把包括统筹利益关系问题在内的民族问题的根本解决，放在建设中国特色社会主义的全局中来认识，坚持走中国特色解决民族问题的正确道路，主张在科学发展观战略思想指导下，推进民族地区经济、政治、文化、社会以及生态利益的维护和全面实现

胡锦涛总书记反复指出，发展问题是现阶段处理我国民族关系的首要问题，② 加快发展是现阶段解决民族问题的根本途径，必须摆到更加突出的战略地位；③ 把少数民族和民族地区的发展与全面建设小康社会、与党和国家的长治久安、与开创中国特色社会主义新局面、与实现中华民族伟大复兴紧密地结合起来，说明少数民族

---

① 金炳镐：《民族纲领政策文献选编》，中央民族大学出版社2006年版，第929、934页。
② 《十六大以来重要文献选编》下，中央文献出版社2008年版，第553页。
③ 胡锦涛：《在中央民族工作会议暨国务院第四次全国民族团结进步表彰大会上的讲话》，《人民日报》2005年5月28日。

和民族地区的发展是关系全局的大事，因而具有极端重要的战略地位。实践证明，国家基于民族地区的社会改革、制度安排与政策体系是成功的、有效的。因此，在经济社会发展的新阶段，面临的要求更高、更迫切，社会生活更加多样、多元、多变利益冲突处理起来难度增大的情况下，"……关键要坚持以科学发展观统领经济社会发展全局，……着力解决当前少数民族和民族地区发展遇到的困难和问题，把发挥社会主义制度和民族区域自治制度的优越性落实到发展先进生产力，发展先进文化，实现各民族人民的根本利益上来"。科学发展观是指导发展的世界观和方法论，也是和谐民族地区利益关系的世界观和方法论。

（二）树立"共同建设、共同享有"理念，把马克思主义利益理论具体化为对各族人民群众"最现实、最关心、最直接"的利益的关注和解决，避免把人民利益形式化、空洞化的倾向，主张运用制度、法规保障改革成果全民共享

2006年《中共中央关于构建社会主义和谐社会若干重大问题的决定》指出，"我们要构建的社会主义和谐社会，是在中国特色社会主义道路上，中国共产党领导全体人民共同建设、共同享有的和谐社会"。十七大报告对共享利益原则予以确认。这是对"共同富裕"理论的进一步发展和深化。[①]利益分享的经济观，不仅强调各经济个体有其特殊的经济利益，它还致力于在个体经济利益与整体经济利益之间建立起一种新的协调的利益分配关系，解决这个问题的关键在于建立这样一种利益分享制度，使个体利益的实现与整体利益的实现紧紧地联系在一起，在它们之间建立起一种共同消长而不是此消彼长的新关系。[②] 胡锦涛同志在不同场合多次强调这一观点。"……不能停留在口号和一般要求上，必须围绕人民群众最现实、最关心、最直接的利益来落实，努力把经济社会发展的长远战略目标和提高人民生活水平的阶段性任务统一起来，把实现人民的

[①] 洪远朋：《十七大对马克思主义利益理论的坚持与发展》，《复旦学报》（社会科学版）2008年第3期。

[②] 李炳炎：《共同富裕经济学》，经济科学出版社2006年版，第172页。

长远利益当前利益结合起来。群众利益无小事……"①；利益共享基础的制度安排不是对总量的一次性分享，而是对每一边际增量的逐次分享，它能够使经济个体在其增产的每一个量上均看到自己的利益，从而极大地刺激其增产节约的积极性。所以要"……从群众最现实、最关心、最直接的问题入手，通过发展经济，不断让人民群众得到实实在在的利益"②。"实现好、维护好、发展好最广大人民的根本利益，始终是我们全党全部奋斗的最高目的。始终是我们党观察和处理问题的根本原则。"③增强改革措施的协调性，使改革兼顾到各方面利益、照顾到各方面关切，真正得到广大人民群众拥护和支持④，统筹协调各方面利益关系，切实办好顺民意、解民忧、惠民生的实事，让人民共享改革发展成果⑤。也只有使每一个经济主体都拥有自己的权利、责任和利益，并在追求利益的动力和回避风险的压力下，每个主体的活力才能得到极大的增强。即使在面临利益受损、改革一度受挫的情况下，还能够"引导群众以理性、合法的形式表达利益要求，解决利益矛盾"⑥，并形成和谐、有序的利益格局和秩序，给经济社会发展注入新的活力和动力。

（三）提出民族团结、平等、互助、和谐的新型民族关系，主张运用和谐理念、经济手段构筑新型民族利益关系

"和谐是社会主义民族关系的本质。"⑦ 和谐的民族关系首先表现为利益关系和谐，民族关系协调包括民族的经济、政治、文化、社会等方面关系的协调。⑧ 因为，"从民族关系结构的基本组成来看，民族经济矛盾在各类矛盾中似占有更加重要的地位"，"社会生

---

① 《十六大以来重要文献选编》上，中央文献出版社 2006 年版，第 372 页。
② 同上书，第 404 页。
③ 同上书，第 646 页。
④ 《人民日报》2006 年 3 月 7 日。
⑤ 《中共中央关于加强和改进新形势下党的建设若干重大问题的决定》，人民出版社 2009 年版。
⑥ 《十六大以来重要文献选编》下，中央文献出版社 2008 年版，第 559 页。
⑦ 同上书，第 552 页。
⑧ 金炳镐：《现阶段我国民族问题的特点分析》，《西南民族大学学报》（人文社科版）2007 年第 5 期。

活中的冲突往往可以找到经济根源，民族问题也不例外"。① 不同民族之间的矛盾，既是各类人民内部矛盾趋于复杂和紧张的表现，又是各类人民内部矛盾趋于复杂和紧张的民族原因。② 大量调查研究表明，95%以上的民族冲突是由不同民族成员或者群体之间的经济利益、与经济利益有关的问题所引起的。③ 所以，"要巩固和发展社会主义民族关系，最重要的和最根本的工作就是要夯实民族关系的物质基础"，因为"在社会主义市场经济体制下，经济的发展不止是单纯的经济问题，少数民族经济的发展，直接制约着民族关系的走向"；④ 因此"在民族地区资源开发中，要切实保障当地群众的实际利益，逐步探索建立符合（藏区）实际的利益协调、生活安置和长效经济补偿机制，在推动经济社会发展的同时，努力促进社会和谐"⑤；"通过资源税等方面改革增加的财力也要重点用于改善民生，资源开发要更直接地惠及新疆各族群众，让他们分享资源开发带来的好处"⑥。

五 2011年以来的中国民族财政治理："四个全面"战略思想的提出与实践

考察自十八大以来的治国理政实践可以看出，协调推进"四个全面"战略布局是以习近平同志为总书记的党中央聚焦发展中国特色社会主义、推进国家治理体系和治理能力现代化、实现中华民族伟大复兴中国梦、着力破解当前党和国家事业发展中必须解决好的

---

① 唐鸣：《社会主义初级阶段的民族矛盾研究》，中国社会科学出版社2002年版，第134页。
② 王伟光：《社会主义和谐社会理论基本问题》，人民出版社2007年版，第158页。
③ 金炳镐：《中国民族自治区的民族关系》，中央民族大学出版社2006年版，第134、223—227、350—355、423页；龚学增：《当前民族理论研究需要重视的几个问题》，《中国民族报》2009年9月4日第5版。
④ 国家民委政策法规司：《坚持和完善民族地区自治制度》，民族出版社2007年版，第55—56页。
⑤ 《十七大以来重要文献选编》上，中央文献出版社2009年版，第376页。
⑥ 胡锦涛：《深入贯彻落实科学发展观，努力推进新疆跨越式发展和长治久安》，《党的文献》2010年第6期。

主要矛盾而提出的治国理政重大战略布局。这一重大战略布局，充分体现了我们党对共产党执政规律、社会主义建设规律、人类社会发展规律的深刻认识和科学把握，为我们党长期科学有效地治国理政明确了基本遵循和战略指引。

（一）坚定不移走中国特色处理民族问题的正确道路

习近平同志强调："坚持中国特色社会主义道路，是新形势下做好民族工作必须牢牢把握的正确政治方向。"这深刻地揭示出在新形势下处理好民族问题、搞好民族关系治理，必须坚定不移地走中国特色处理民族治理的正确道路。

新形势下，坚定不移地走好中国特色民族治理的正确道路，就是要旗帜鲜明地坚持我们党关于民族问题的基本理论、基本政策、基本法律、基本制度以及体制机制。在这些事关根本和核心的问题上要保持战略定力。同时，要根据新的实际，结合新的实践，以改革创新精神不断丰富和发展中国特色民族治理正确道路的实践特色、理论特色、民族特色、时代特色，最大限度地团结依靠各族群众，使每个民族、每个公民都为实现中华民族伟大复兴"中国梦"贡献力量，共享祖国繁荣发展成果。

（二）加快推进民族地区全面建成小康社会进程，让改革发展成果更多更公平惠及各族人民

党的十八大提出到 2020 年全面建成小康社会的宏伟目标。全面小康是 56 个民族共同的全面小康，全面小康宏伟目标的实现需要 56 个民族共同团结奋斗。习近平同志强调："加快民族地区发展，核心是加快民族地区全面建成小康社会步伐"，"小康不小康，关键看老乡"。

加快推进民族地区全面建成小康社会进程，必须牢牢抓住全面深化改革、推进"一带一路"战略布局的历史机遇。要落实好中央支持民族地区加快发展的政策措施，优化转移支付和对口支援的体制机制，为民族地区加快发展注入源源不断的动力。要以推动经济结构战略调整为契机，做大做强特色优势产业，积极探索资源有偿使用和生态补偿制度，增强民族地区发展的内生动力。要把基础设施建设摆在优先位置，推进基本公共服务均等化，大力发展教育、

医疗事业，切实解决就业问题，不断改善各族群众生产生活条件。要进一步完善政策体系，突出抓好集中连片特困地区、牧区、边境地区、人口较少民族地区的发展。总体来说，就是要发挥好国家支持、发达地区支援与民族地区自力更生三个方面的积极性，增强民族地区自我发展能力。

（三）进一步加强和改进党对民族工作的领导，切实提高做好民族工作的能力和水平

习近平同志强调："民族工作关乎大局。"当前民族工作的重中之重，是要按照党的十八届三中全会关于全面深化改革的部署，推进民族事务治理体系和治理能力现代化。要推进民族事务治理的法治化，用法治思维和手段规范和协调民族关系，充分发挥民族区域自治制度的优越性，进一步完善民族法律体系，强化对法律制度执行情况的监督检查。要推进民族事务治理的社会化，健全体制机制，完善民委委员制，推动形成党委领导、政府负责、社会协同、公众参与的格局，充分调动、合理发挥方方面面的积极作用。要推进民族事务治理的精细化，善于针对民族地区的不同类型，制定不同的治理方略，并善于运用经济、行政、法律、文化、信息、媒体等多种手段综合施治。

总之，中国特色社会主义民族财政治理的理论体系，初创于毛泽东思想，确立、发展和成熟于邓小平理论，经过"三个代表"重要思想以及党的十六大、十七大、十八大以及十八届三中、四中全会的新发展，已经形成内容丰富、逻辑严密、相对成熟的理论体系，是社会主义市场经济体制改革与马列主义民族理论中国化相结合的最新理论成果，是正确认识和处理我国民族问题、指导民族财政治理与改革的根本指针。在西部区域性主体功能区建设还处于起步阶段、西部资源开发模式创新滞后、少数民族和民族地区经济权益面临削弱、民族团结的经济基础面临挑战的新阶段，我们必须以我党创新和发展了的民族财政治理的理论和观点为直接依据，进一步深化民族财政理论体系创新，推动民族利益协调发展，实现民族团结进步和社会长治久安。

第二章

民族财政治理的国际视角

本章从国际视角出发，试图总结美国、加拿大、英国、俄罗斯、南斯拉夫、印度、印尼等具有代表性的国家在民族财政治理方面的主要特点与做法。

第一节 美国民族财政治理的特点及启示

作为世界各民族"熔炉"的国度和头号资本主义强国，美国异常复杂、持续变化着的民族、种族问题以及人口变化态势，决定了民族、种族问题大量存在且处于一种极为复杂、不断变化之中。一方面，其财政治理架构中并没有考虑民族因素，而是以彻底的分权治理与现代财政制度建构，配合以各种补贴工具得以实现其民族治理政策目标。另一方面，其自由性与开放性相统一的民族治理政策体系和民族治理模式也值得研究。

一 财政治理架构没有考虑民族或种族因素，财政分权有效性的前提是较小的区域发展差异和各种补助工具的有效配合

从总体上看，美国国家结构形式经历了从邦联制（Confederation system）到联邦制（Federalism）的发展演变。1776—1787年美国是邦联制时期，主要权力分散于各州，中央权力十分有限且非常脆弱。1787年美国联邦宪法改邦联制为联邦制，在强调联邦中央权力集中的同时，仍赋予各州相当广泛的自主权。反映在财政关系上，

就是联邦政府通过财政手段即以财政资助等方式，扩大其影响和削弱州和地方的权力，这是美国政府间财政关系一个值得关注的现象。由此可见，中央与地方（财税）关系问题从根本上决定美国国家结构形式，而没有民族、种族因素的作用。作为联邦政体国家，美国联邦政府和州政府的权力范围皆有宪法规制、受宪法保护。法律规定、保障并制约着政府的权力边界、活动范围与行为方式，包括政府财政系统的运行。联邦和州的关系，在宪法上既规定了联邦地位高于州的原则，又强调了联邦和州的分权原则。三级政府的财权也体现了这种既统一又分权，既平等又有先后的原则。与世界上普遍按税种来划分收入不同，美国采用"税源共享、税率分享"的分税方式来划分税收收入。即通过个人所得税、公司所得税和社会保险税为主体的以联邦级为重点的和财产税在地方各层次间的同源分享征收，以及其他诸多税种的各自独立征收的税收制度设计，较好地处理了各级政府间的财力分配关系；三级政府都有主体税收，而且划分主体税种时把税种的性质和不同级次政府的特点很好地结合了起来；美国三级政府之间收入与职责划分清楚，各司其职，各级政府的支出主要依靠自有收入。另外，补助金的比例也呈不断扩增趋势。正如有学者所说，无论是美国公共产品供给效率的实现还是政府间财政关系安排，都是通过强化集权趋势下的分权制度（2005 年联邦政府提供的补助金数额占到州与地方政府收入比重的 1/3 左右）[1] 选择来达成的，美国财政分权之所以能够提升公共产品供给效率，较好地处理了各方面的财税利益需求，是建立在区域间、阶层间无过分悬殊差别的基础上的。美国分权模式下的公共产品供给效率的提高，其实内含了区域之间没有显著的实质性差异这一既成条件。另外，美国虽然没有正式明确以均等化为目标的转移支付，但还是建立了强调健康、教育和福利需求为基础，体现均等化意图、以有条件补助为特征的财政转移支付体系。譬如，为解决几乎所有大城市聚集有大量低收入人口的城市化贫困问题，缓解大

---

[1] 郭佩霞、朱明熙：《民族地区财力与事权配置要义——基于中外历史检验的视角》，《当代财经》2009 年第 12 期。

城市内失业率、贫困率、犯罪率和单亲家庭比例居高不下等问题,美国建立了专项补助(Categorical Grants)、分类补助(Block Grants)相互补充、相互配合的转移支付体系,这既是联邦政府实现其宏观经济政策的重要工具,又增强了整个国家的凝聚力;既解决了亟待解决的现实问题,又缩小了城市内部的贫富差距。即便如此,从总体上看,美国并不倾向于运用拨款补助等形式作为地方财政均等化的政策工具,而主要是通过鼓励人口、资本的自由流动实现收入趋同和服务均等。

二 社会各阶级、阶层的利益关系治理离不开财政制度建设的强有力支撑

对于大多数转型国家(财税)制度建设而言,美国"进步时代"(The Progressive Era,1880—1920)财政制度建设是一个极富启发意义的典型案例。19世纪末期的美国,面临的问题与许多转型期国家制度建设之初的情形极为相似:腐败横行、假冒伪劣、重大灾难屡屡发生、社会矛盾异常尖锐。基于此,美国进行了一系列深刻的制度建设(State Building),建立起了一个功能配套、高效运转的现代国家机器(Regulatory State)。在一系列制度建设过程中现代财政制度的成功转型起到了重要推动作用。在收入方面,成功引入个人所得税和公司所得税。1913年50个州中有42个州批准了宪法第十六条修正案:"国会有权对任何来源的收入规定和征收所得税。"所得税所具有的简单(用一个税种替代了一批税种)、公平(税负依据经济能力分配)、高产(所得税产生的收入比其他任何税种都多)等巨大优势,有助于缓解美国当时面临的严峻挑战、急剧社会变迁引发的尖锐的阶级冲突,而政府缺乏再分配能力以应付种种危机。在支出方面引入现代预算制度。"预算是一个国家在一切骗人的思想伪装都被剥得精光时所显露出的躯体。"[①] 20世纪初的美国预算只是一堆杂乱无章的事后报账单。虽然号称民主,美国民众实际上根本无法对政府行为进行有效监督,腐败现象屡禁不绝。

---

① [美]丹尼尔·贝尔:《资本主义文化矛盾》,上海三联书店1999年版,第277页。

因此预算改革被提上议事日程,并提至是关系到民主制度是否名副其实的大问题的高度。在一些推动者看来,没有预算的政府是"看不见的政府"(Invisible Government),而"看不见的政府"必然是"不负责任的政府"(Irresponsible Government)。"不负责任的政府"不可能是民主的政府。预算改革的目的就是要把"看不见的政府"变为"看得见的政府"(Visible Government)。在这个意义上,预算是一种对政府和政府官员"非暴力的制度控制方法"(Institutional Method of Control Without Violence)。在以上改革理念支撑下和社会各界强力推动下,美国国会1921年通过了《预算与会计法》(The Budget and Accounting Act)。预算改革及其相关制度建设对美国政治经济发展产生了巨大而深远的影响。一方面将各级政府行为的细节全景式地展现在公众面前,有效地遏制了腐败对社会机体的侵害,改善了政府与民众的关系,增强了政府行为的合法性、正当性。另一方面加强了政府内部的统一集中领导机制,提高了政府整体运作效率,造就了一个更加强有力的行政部门主导的政府,促使了美国现代总统制的形成。在这个意义上,财政制度改革在缓解美国社会矛盾,遏制腐败,加大政府透明度,调节收入分配,缓解社会矛盾以及增强国家能力的制度条件等方面居功至伟。进一步说,正是有了以财政制度建设为引擎的国家制度奠基,才能使罗斯福新政这个20世纪最大的反危机案例成功上演,并为当下我国经济艰难复苏,从政府直接投资拉动经济转向为社会提供完善的社会保障、为民营企业提供良好的经营环境,以此消除制约扩大内需的瓶颈、促成就业和民生问题的根本解决,提供极富借鉴意义的政策建议。[①]

三 自由性与开放性相统一的民族政策体系和治理模式引人注目,但在有关"优待"政策上仍未取得社会共识

(一)美国民族财政治理政策体系及其绩效评价

一般来说,美国民族财政治理政策体系主要包括覆盖面最宽

---

① 马海涛、王爱君:《后危机时代经济应对方略研究——从罗斯福新政谈起》,《财经问题研究》2010年第4期。

的、针对所有民族的保护和发展民族文化政策；主要针对黑人和其他少数民族的优待政策——平权措施；针对夏威夷土著民族的割让土地的赔偿政策和针对印第安人民族的保留地和自治政策等四个层面。以下主要对后三个各方面进行简要分析和讨论。

1. 平权措施（Affirmative Action）

平权措施起源于美国林登·约翰逊担任总统期间（1963—1969年），它既是指历时30余年积累起来的对反对歧视少数民族的法律和总统行政命令的总汇，还是指针对一定环境和形势的政策、行动，它要求雇主给予申请工作的人以平等的就业机会，纠正未充分发挥某些群体作用的行为，并要求有关机构制定出应当实现的目标和时间表。① 平权措施自出台伊始就引起了社会各界的热议。批评者认为，一是执行机构资金不足，效率不高。执行平权措施的重要部门是民权局（DCR）（美国卫生、教育和福利部专门设立的一个机构）、国家科学基金会以及国家卫生研究院等。民权局的工作人员数量有限，预算不足，这是美国公众普遍的认识。此外，它主要靠下属的10个地方分局开展工作，而这些分局拖拉推诿的作风是司空见惯的。而国家科学基金会和国家卫生研究院也是完全依靠联邦政府和国会拨款而开展活动的，其经常遇到的问题也是经费不足。例如，1997年国家科学基金会推行24项培养少数民族科研人才的计划，只获得了1.1亿美元的拨款；用以推行教育领域的平权法案《IX法案》每年接受的拨款数额，在相当长的时间内无多大变化，拨款资金主要用于处理有关的申诉。② 二是平权措施在其推行过程中不断遭到批评。1995年美国劳工部的一项调查研究发现，在3000起歧视案件中，只有近100起是涉及要求消除歧视的。不过总的来说，这项调查报告表明人们并未把平权措施视为对白人的歧视。三是美国的司法部门对平权措施采取了抵制立场。平权措施的核心思想是补偿少数民族因歧视而遭受的损失，纠正现行政策中的错误和在教育机构中实行种族多样化。但司法部门尤其是联邦最

---

① 铁木尔：《民族政策研究文丛》第一辑，民族出版社2002年版，第425页。
② 同上书，第432页。

高法院自平权措施启动之日就对其采取了限制行动，甚至持抵制的立场。尽管如此，美国许多有识之士依然认为平权措施是积极的政策。著名社会学家斯蒂芬·斯坦贝格说："平权措施是后民权时代惟一的政策，其不仅把平等视为权利和理论，而且视为事实和结果。"其意图是改变少数民族的社会政治、经济和教育状况。与其说平权措施反对个别歧视事件，毋宁说平权措施呼吁实行变革。

2. 针对夏威夷土著民族的割让土地的赔偿政策

土地赔偿政策主要是针对土著居民有关土地和主权要求而提出来的，它是美国政府对土著居民所失去的土地和主权的一些具体赔偿措施。

3. 针对印第安人民族的，他们除了享受其他少数民族的权利之外，还享受保留地和自治政策

保留地政策根源于欧洲殖民者对土地的大肆掠夺与政府对这种掠夺从允许到限定的政策变化。美国政府于1830年通过了《印第安人迁移法》，将印第安人迁移到政府划定的条件恶劣的地方。在保留地，印第安人享有对土地的集体所有权。1975年政府通过了《印第安人自决与教育援助法》。印第安人在每个保留地都建有自己的部落政府，保留地也作为一种自治单位。由于城市化进程的加快和生活方式变迁等因素，印第安人保留地政策的存续问题也引起普遍争议。

（二）区域化和一体化相结合的民族治理模式

这种模式的主要特点有：第一，美国宪法没有明文规定民族权利而是以公民权代替。在美国，公民只以个体身份参与国家政治，而不带有"民族"背景，"在美国，民族特性不容许成为享有领土主权或政治上单独享有任何管辖权的一种手段。不容许它变成政治组织的排他性手段。政治权利属于个人而非民族群体"。公民权赋予各族群的民众在宪法规定的公民权利的基础上生存与发展，任何族群的成员不会因族裔身份而被剥夺参与政治、接受教育和参加工作的权利；政府也不以族裔身份为理由，优先给予任何人以政治任命或者选举、教育、工作的机会。这样，美国式的平等是属于各个民族的公民个人的平等，而不是各个民族的平等。例如，"从地方政府到联邦政府的组成上，都不实行民族配额制或民族代表制，这

样就能够使在各个方面都拥有优势的种族和民族群体近于垄断性地占有各级政府的职位"①。第二，任何族裔集团都可以在自愿的基础上保持其独特的宗教信仰，用自己的语言出版报刊和书籍，创建自己的学校并保持对其原属国的忠诚。第三，美国政府帮助和支持各移民集团通过各种社会组织机构，扶持其尽快适应美国社会主流文化。第四，不容许任何一个族群生活在一块属于自己的历史疆域内，也不允许外来移民建立不同的民族政体或者实行政治上的自治（除印第安人之外），同时，一体化使得各民族人民共同生活在开放的社会中，每一个人都根据自己的竞争能力来适应美国的社会经济、地域和社会流动。

第二节 加拿大民族财政治理的主要做法及启示

加拿大民族财政治理的主要做法有两个方面，一是民族政策的演变在联邦政府与自治省权限划分上的体现；二是课税纷争与项目融资法案的运用。

一 民族政策的演变过程在联邦政府与自治省权限划分的财政治理体现

在处理和协调民族关系，制定和调整民族政策上，加拿大历经了从"盎格鲁—撒克逊化"到"多元文化主义"曲折、漫长的历史轨迹。加拿大早期的民族政策是盎格鲁—撒克逊化的民族同化政策，它是指加拿大政府从1867年建国到1939年第二次世界大战爆发前所实行的民族政策。这一政策的特点是，政府采取法律、行政的强制手段和其他非强制途径，迫使被统治民族或少数民族丧失原有民族的文化特征，从而在文化上成为统治民族和主体民族的附属，进而达到适应英国式的政治、经济制度的目的。随着英国工业

---

① 宁骚：《民族与国家——民族关系与民族政策的国际比较》，北京大学出版社1994年版，第549—550页。

化、都市化进程的推进，魁北克以法裔文化为主体的传统农业社会产生了根本性变化，少数英裔占据了工业和金融业权势地位并拥有了巨额财富，引起了被沦为英式政治制度和社会体系下"二等公民"的不满和失望。如《法语宪章》的创始者喀米勒·罗哈所言，"魁北克的法裔劳动者在大多数企业中处于不利地位，就是因为那时工作语言不是法语而是英语……经济上的不平等是一切不公正之源；文化上的不平等同样也是如此"[1]。为了缓和与法裔族群的对立情绪，1774年颁布了《魁北克法案》，取消在魁北克实行代议制的规定，允许天主教会自由传教和征收什一税。1867年颁布了《英属北美法案》，试图对联邦与省、地方之间关于税权划分的纷争进行治理，但效果不佳。在同化政策失败后，随着多元文化主义政策的贯彻实施，原有政策内容从保护文化扩展为保护不同文化和不同种族出身的所有加拿大人政治、经济和社会上的平等等实质性内容。联邦政府在1987年起草了多元文化政策的原则、立法和具体政策的方案提供议会通过，并提出建立相应机构和增加拨款来加强多元文化主义的作用。1988年，加拿大众议院一致通过了世界上第一部《多元文化法》，把消除种族偏见和种族歧视，确保所有加拿大人平等地参与国家的政治、经济、社会和文化生活，以及不同种族保留、发展本民族文化的权利与自由以法律的形式固定下来。为了保证多元文化政策的全面贯彻实施，加拿大在机构设置、经费支持和多元文化教育方面进行了创造性的工作。在机构设置方面，首先在国务部下设有多元文化主义局，还规定了联邦政府各机构实施多元文化政策应执行的条款；其次，建立了一些功能性实体，如加拿大多元文化主义中心，加拿大多元文化主义顾问委员会，多元文化主义常务委员会，多元文化主义内阁委员会，多元文化主义联邦—省级部长委员会，加拿大都市联合总会等，以满足各方面工作的实际需要。在经费支持方面，加拿大逐年增加推行多元文化政策的拨款。从1971年最初的159万加元、1981年的830万加元到1988—1993五年间的

---

[1] 罗贤佑、曹枫：《从语言文化看加拿大魁北克的民族问题》，《世界民族》1995年第2期。

19220亿加元。这些经费除大部分用于帮助弱势文化集团进行官方语言训练，促进文化交流，克服文化障碍，以及对移民进行教育、培训和技术教育外，其余则用于促进种族关系和睦和多种文化的调查项目，保护传统语言和文化项目以及资助和参与社区活动项目。

以上分析表明，加拿大民族政策的每一次调整必然体现为联邦政府与自治省权限分割以及财税利益关系的变动或改进。以加拿大与自治省魁北克的财税关系为例，历经长期利益纷争，魁北克在联邦权与省权关系的调整中已经享有了事实上的特殊地位：在经济方面，有权建立本省的福利和发展项目，有权扩大本省的税收份额，当地群体可以入股与魁北克省电力当局组成合资企业，与电力购买者进行股权分享并享受股权投资带来的利润；[①] 在移民事务上，专门设有移民部，有权吸纳移居加拿大移民总量的1/4；在对外关系上，拥有庞大的处理对外关系的机构，并得到巨额的预算支持。与此同时，作为加拿大的主要工业区，魁北克的采矿业、制造业、石棉生产、造纸业及农林业在加拿大经济中占有重要地位。魁北克生产总值为167.09亿加元，占有加拿大生产总值的22.3%的份额，出口额为38.6亿加元。如果魁北克独立，加拿大的经济损失将高达1/4；而魁北克将承担19%的联邦政府债务，这相当于魁北克省生产总值的127%，还将损失每年由联邦政府提供的150亿加元的补贴，也得不到联邦政府的退休金。[②] 由此看来，联邦与地方强有力的经济纽带是魁北克分离主义不能得逞的根本。

二 课税权限划分之争是联邦、（自治）省和地方利益纷争的焦点，新时期的项目融资法案对利益纷争起到了某种平抑作用

19世纪中叶，加拿大联邦政府成立之初就对三级政府的课税权限做出了原则上的划分，根据1867年英属北美法案的规定，联邦政府有权征收任何种类的税种，这引起了联邦与省、地方之间关于税权划分的纷争和改革。为换取省政府停征个人所得税和公司所得

---

① 陈秀山、丁晓玲：《西电东送背景下的水电租金分配机制研究》，《经济理论与经济管理》2005年第9期。
② 杨令侠：《加拿大魁北克省分离运动的历史渊源》，《历史研究》1997年第2期。

税的权力，联邦政府付给各省政府一笔补偿金，后改行转租的办法，即各省政府将所得税和财产继承税等若干直接税的征税权转租给联邦政府，而由联邦政府付给一笔转租费。后又实行代征制，即各省政府恢复开征个人所得税和公司所得税，但由联邦政府代征。而法语区的魁北克省一直没有参与课税权之争而自行征税。"放弃国家财产和放弃征税权力会削弱政府"[1]，魁北克省闹独立的正当缘由也是源自其独立的征税权。安大略和不列颠哥伦比亚省只部分参加代征制，部分自征。除了上述联邦、省在税权划分和资源开发收益分摊等方面的划分外，联邦政府还通过对各省及政府拨款和补助来平抑利益争持。从联邦政府到其他政府部门的资金转移在实行联邦制时就已经开始实施，这也是作为联邦制的条件之一。值得一提的是，1977 年的加拿大项目融资法案，不仅继续了横向税收意义的基本结构和征税协议，包含了有利于落后地区省份的平均化支付制度；还包含了维护省政府财政收入稳定的措施，并向三大社会项目即医院保险、医疗保健和中学教育进行融资。这对理顺各方利益冲突、发挥利益整合起到了很大的推动作用。（1）平均化支付制度。以美国的"各级政府间关系顾问委员会"提出的"代表性税制"为理论依据，从 1957 年起加拿大联邦政府就向税收收入低于规定标准的省份提供平均化支付。该制度采用"平均化公式"，把一省的所有收入源都纳入一个盘子，若某省人均收入的计算结果比人均国民收入水平低，就应得到无条件拨款，拨款金额相当于人均亏损数乘以人口总数。1967 年以来，平均化计划的主要目的是向没有能力从本省经济中获取足够收入的省份提供援助。这些省份虽然通过各种税收仍不足以维持较高的公共开支，所以进行平均化支付计算时，要参照该省征税获取收入的能力，还要结合考虑其开支状况，以保证使每个省在维持平均税率的条件下，有能力向辖区居民提供一定水平的公共福利。（2）对已设定项目的融资。1977 年财政协定决议书的重要议题之一是对三大项目的融资行为进行协调。在三大项目中联邦政府以没有上限的平均法给省级政府拨款，这导致联

---

[1] ［英］约翰·希克斯：《经济史理论》，商务印书馆 2002 年版，第 80 页。

邦政府的开支大幅度上升。联邦政府的该领域的参与削弱了省政府对重点项目的控制能力。为了弥补在这三大项目上支付给省政府的拨款数额，1977 年协定建立了一种项目融资制度。按这项制度，联邦政府的拨款不再直接与省政府的开支相关，而是与该省的经济增长率挂钩。（3）补助计划。在项目融资计划中，有一项重要的成本分担计划没有包括在内。补助计划就是因此而设。1966 年以来，加拿大政府在各省设了三种普遍补助项目，主要有对困难户的公共补助、对儿童福利服务的补助以及预防性的社会服务提供补助。（4）其他费用分担计划。联邦政府与省政府之间就如何通过多方面的、有条件的拨款来达到费用分担协议而进行博弈，这已成为加拿大财政联邦制的鲜明特征。

第三节　英国民族财政治理的主要特点

英国是一个多民族、多宗教的国家。英国民族财政治理的主要做法与特点是：以法律规范为基本遵循的均衡发展、协调发展理念与治理实践，以及为广大社会群体提供以"社会保护"为主导的社会改革的实施。

一　化"有形"为"无形"，把基于各阶层、各群体利益关系的处理寓于均衡发展、协调发展之中

为促进民族利益关系和谐，英国专门制定了《种族关系法》，作为处理民族关系问题的主要法律依据。该法不仅对种族歧视的形式和禁止种族歧视的各领域都做了细致的定义和规定，而且为监督法律实施，还设立了专门的监督组织（议会拨款的非政府组织）和独立的调查评估体系。2000 年修正案及 2003 年修订规划更是详尽地列出了所有公共组织的名单，并规范了公共组织消除种族歧视的规则。[①] 近年来，英国以《种族关系法》为依据，建立了以种族平

[①] 张若璞：《英国如何协调民族关系》，《中国民族》2008 年第 2 期。

等委员会为监督、协调和指导中心，中央政府各部门、地方政府、各种非政府公共行政组织、商界以及各种志愿者团体广泛参与、公共协作的促进种族关系和谐的机制。如果说立法改革体现了政府处理民族、种族问题的政治意愿，那么，通过均衡发展，把区域、社区及其欠发达区域的差异化发展纳入国家规划中，就是这种政治意愿的具体贯彻落实。英国政府早在 1934 年就颁布《特别区域法》，将英格兰的中部、东北沿海、西卡伯兰和威尔士南部四个地区划为"特别区"；开始按照把"工作带给工人"的原则解决地区经济发展失衡问题。该法 1937 年修正案又进一步扩大了特别区的贷款权。该法及其修正案使"移民就业"原则法制化，在减少失业、改善区域经济发展失衡方面功效显著。1945 年通过的《工业布局法》将原来的特别区改为发展区，并扩大了援助地区的范围；同时，通过颁发"工业开发许可证"的方式，严格控制工业区位，以限制已充分发展地区工业企业的布局，为发展区创造发展机会。1960 年政府以《地方就业法》取代《工业布局法》，将原来的发展区改为约 165 个"小发展区"（以失业率超过 4.5%为标准）；当失业率降到 4%以下时，便取消发展区的待遇，以便使有限的资金用在最需要的地区。1966 年通过的《工业发展法》，则大幅度提高了援助的数量。同时将发展区的投资补贴也相应提高到 40%，并将 165 个小发展区合并为 5 个大的发展区，面积几乎占全国总面积的一半。1967 年政府还将发展区中一些经济受煤矿关闭影响的地方定为"特别发展区"，给予更多的优惠。1969 年将临近发展区的地方指定为新的"中间地区"，政府对那里 25%的工厂给予建筑补贴。1972 年英国颁布了《工业法》，该法奠定了英国 20 世纪 70 年代以后相当长一段时间内区域政策的基础，政府采取区域发展赠予金制度，对不同地区发展规定不同的补助标准以有重点地促进区域经济发展。从 1973 年起，政府又将援助范围扩大到服务业，按迁到受援区的服务性企业的就业人数给予固定补贴。到 1984 年，英国又对国家区域政策做了进一步调整。首先，将全国的受援区合并为两类，即发展区和中间区，将原来的特别发展区改为发展区，发展区可取得自动发展补贴；两类地区都可得到选择性地区援助，企业还可以在资本补贴和就业补贴中选择补贴多的一项。1972年颁布的新《工业法》，开始增加对发展区的选择性财政援助。努力引进国外资金解决本国融资问题。1973年，英国成为欧共体成员国后，又将受援区发展成为欧共体主要金融机构的援助对象，吸引了大量的国外资金。如英国从"欧洲社会基金"（用于劳工培训和流动计划）中获得1/3以上的份额；从"欧洲煤钢联盟"、"欧洲投资银行"、"欧共体农业基金"、"欧洲区域发展基金"中也获得了大量的经济援助。"据1990年统计，英国在这些机构中得到的援助资金达24.44亿欧洲货币单位（约合17.5亿英镑），占到成员国总受援金额的14%；而1989—1994年英国政府每年的区域政策性支出仅为1亿多英镑。"[①]

二 通过为弱势群体提供社会保护，为实行以利益整合为导向，观念、政治、制度与社群融合相互配合的改革措施的顺利推进提供广泛的民意支持

二战后英国政府的各项社会改革措施，赢得了跨越或超越各种界限的广大人民的拥护，最大限度地实现了社会各阶层、各群体的利益整合与和谐。"使人感到惊奇的就是我们当时所能动员的范围之广，年轻人和老年人，左翼和右翼的，男人和女人，苏格兰人和威尔士人……""在一系列社会民主主义国家的改革中，英国的改革就其影响而言是最为突出的。"[②] 因此，国家要消除社会紧张状态，使政治制度安然无恙地运行，就必须要增加公共开支，为弱势群体支付生活必需品，提供最低保障。为此，政府有必要设计一种"在实行时能够达到最大限度的公平而又不致引起多大的政治紧张局面的制度"。一旦设计出并开始实施这样一种制度，整个社会就可以在政治稳定的条件下，通过经济制度和政策的调节作用，有条不紊地进行观念、制度与社群融合，走向发展和进步。

[①] 赵颂尧、李春芳：《国外开发借鉴》，甘肃人民出版社2001年版，第96页。
[②] 王海良：《战后英国社会的融合》，载胡鞍钢《和谐社会构建——欧洲的经验与中国的探索》，社会科学文献出版社2009年版，第33—34页。

第四节　苏联、俄罗斯民族财政治理的特点与经验教训

本节对苏联和俄罗斯民族财政治理的总结主要从两个方面展开：一是讨论苏联财政体制对民族财政治理的影响；二是对制度遗产的扬弃及其俄罗斯民族财政治理的基本趋向进行分析。

一　苏联的财政经济体制及其对民族利益治理的影响

从20世纪20年代末开始形成中央高度集权的国家体制以来，苏维埃联邦制国家原则成为空中楼阁。表现在经济关系上，形成了联邦中央对全苏经济和文化建设工作集中领导的部门管理体制，从而加强了联盟中央政府对各加盟共和国的经济建设和文化交易的集中领导和控制。在斯大林时期各加盟共和国已无权独立领导和管理自己的经济文化工作，从而使1924年苏联第一部宪法规定的各加盟共和国独立领导和管理经济、财政、文化教育工作等方面的条文成为一纸空文。在联邦中央高度集权的行政命令体制下，苏联党和政府过分强调全苏统一的国家利益，轻视各加盟共和国和民族地区的特殊利益，致使各加盟共和国与联邦中央之间的利益矛盾与冲突加剧。这在联邦中央与加盟共和国各自在全苏工业总产值中的占比中表现非常明显。1958年全苏工业总产值中，联盟所属工业占69%，联盟与共和国所属企业占28%，共和国所属企业仅占3%；在1986年全苏工业总产值中，联盟所属企业占63%，联盟与共和国所属企业占31%，共和国所属企业仅占6%。[1] 这种利益冲突也反映在财政利益之争上面。由于中央集中管理体制下财权划分边界的不清晰，致使联盟中央与加盟共和国与地方的财政权限一直不稳定。据统计，从20世纪20年代起，联盟预算比重不断增大，到1940年占到75.8%，共和国与地方预算仅占24.2%；到1955年联盟预算占73.9%，共和国与地方预算占26.1%。赫鲁晓夫把中央部

---

[1] 赵长庆：《苏联民族问题研究》，社会科学文献出版社2007年版，第112页。

门管理体制改为地区管理体制后，1960年联盟预算下降到41.2%，共和国与地方预算上升到58.8%；勃列日涅夫执政后恢复了中央对财政集中管理的原则，联盟预算又上升到主导地位，1970—1985年联盟预算的比重一直占52%，而共和国与地方预算处于次要地位。[①]总的来看，20世纪30年代至80年代中期，苏联中央集中计划过多，管理权限过大，而共和国的财政经济管理权限过小且不稳定，这极大地限制了共和国自身发展经济的活力，致使少数民族地区经济利益受到损害，经济结构单一，消费品生产落后，人民生活相对贫困。再加上苏联长期拉平各共和国经济发展水平，而在实际工作中忽视共和国和地区的特殊利益，人为地采取"一平二调"的平均主义做法，既助长了一些落后民族的依赖心理，也引起了一些发达民族的不满，不利于改善民族关系。进入20世纪80年代中后期以来，为迎合改变过度集中的财政体制，扩大地方财力的改革呼声，联盟中央预算占预算总收入的比重呈下降趋势。从1985年的51.4%下降到1989年的39.4%（胡静林，2009）；但在财权下放的同时，联邦中央支出比重却不断上升。这一趋势奠定了中央财政平衡依赖地方财政上缴格局的形成，也预示着中央财政掌控国家财政体系的主动权基本丧失，为后来各共和国独立、自治以及向中央讨价还价打下了基础。

二 制度遗产的扬弃与俄罗斯政府间财税关系改革存在的问题及前景展望

乔治·马丁尼兹·瓦日奎兹在总结转型国家（CITs）的预算和财政管理改革时指出，公共部门预算和财政管理技术的现代化被普遍认为是经济转型试验成功的关键所在，而处理政府间的预算关系是转型国家预算和财政管理改革的重要切入点。"尽管这一问题在一些多民族的转型大国，如俄罗斯、哈萨克斯坦和乌克兰显得更为重要，但对于中东欧国家，如波兰、匈牙利也一直是改革的重要焦点所在……现在几乎所有的转型国家都在进一步推进政府间财政关

[①] 赵长庆：《苏联民族问题研究》，社会科学文献出版社2007年版，第135页。

系的改革，鲜有例外。"① 与此同时，"对于转型国家当前所面临的预算和财政管理实务问题，要在其历史渊源背景下才能得到最好的理解。转型国家公共部门改革的共同起点是苏联的预算体制，这一共同的背景已经将继续成为影响苏联各加盟共和国预算系统和实务的最重要的遗产"②。

针对转轨初期曾出现 30 多个联邦主体截留联邦税款，有的地方政府甚至将该地区 90% 的税款截留等严峻现实，俄罗斯联邦为重树中央权威，以构建"预算联邦制"为主线，推行了一系列重大改革与调整。主要包括：明确中央与地方的事权财权，实行分税制财政体制；根据中央地方经济发展状况，调节收入的方式适时调整地区税收留成；收回并不断强化联邦中央的税收立法权，地方拥有一定的税收管理权；通过转移支付和财政援助平衡地方预算等。从俄罗斯财政体系组成来看，俄罗斯联邦中央政府具有三个行政级次：在联邦中央政府下，有 89 个直接隶属于联邦中央政府的州政府或省政府被称为"联邦主体"；这些联邦主体包括州、自治州、边疆区、共和国、相当于州政府地位的联邦直辖市（莫斯科和圣彼得堡）以及 1992 年年中以前的自治共和国。③ 据此，俄联邦的现行财税体系由三级组成，三级预算各自独立，各级预算资金均用于保障本级政府职能与任务的完成。第一级是俄联邦的联邦预算；第二级是各个民族国家实体和地区行政实体预算，即联邦所属各共和国预算、州预算、边疆区预算、自治州和自治区预算、莫斯科市和圣彼得堡市的市预算，这一级预算又称为联邦主体预算或地区预算；第三级是地方预算，即各地方自治实体的预算。俄罗斯词汇下"中央下辖各级政府的财政管理"，从一个侧面反映出现行体制下俄罗斯联邦缺乏一个强有力的中央财政管理权威。这也是伯德（Bird，1995）、

---

① 於莉、马骏：《公共预算改革——发达国家之外的经验与教训》，重庆大学出版社 2010 年版，第 37 页。

② 同上书，第 16 页。

③ [美] 罗伊·巴尔、克里斯蒂·I. 沃里克：《俄罗斯联邦的政府间财政关系》，载理查德·M. 伯德《社会主义国家的分权化——转轨经济的政府间财政转移支付》，中央编译出版社 2001 年版，第 297 页。

布兰查德和希雷弗（Blanchard and Schleifer, 2000）等人对中俄财政分权比较研究中，广受关注的一个特点：中俄向市场经济转轨中实行的财政分权效果之所以有很大不同，是因为两国在财政分权中的政治制度框架的十分不同的表现使然。中国中央政府政治上的集权有效保证了对地方政府的政治控制；而俄罗斯中央和地方关系没有理顺、政治上蹩脚的民主化使得地方行为不规范，中央政府对地方政府丧失了基本的控制力。1992年签订的《联邦条约》继续对中央政府同89个州政府之间的财政关系进行界定。条约强调，民族共和国在协调联邦中央对外贸易政策以及促进外贸经济发展上，在协调同其他共和国、边疆区、州的关系上，发挥了更加重要的作用（世界银行，1992）。但这项工作没有全部完成。

俄罗斯联邦财政体系的一大特色是，财政收入由政府以及区级政府先行征收后，再被"分享掉"。这种体系安排在1991年苏维埃联盟中，由于一些加盟共和国拒绝向联盟中央上解财政收入，造成中央政府陷入财政危机，直接加速了苏联解体的过程。新的财政预算法对此有所警惕并试图解决，但同样的制度缺陷也滞留在俄罗斯联邦。比如在联邦税收分享制中的分享比例，原则上应由国家杜马决定，但实际上是在州政府同财政部讨价还价的谈判中形成的，由于不透明，通过个别讨价还价而达成的相互妥协的不构成严格意义上的制度体系，其执行效果很难预料。更为担忧的是，俄罗斯联邦获得独立后，州政府即使违反了税收收入分享的协议规定，也可以不受到法律制裁（Litvack, 1994）。国家杜马威胁说要给那些鼓吹进行单向财政资金转移的州政府以及那些单方面决定税收分享比例的州政府必要的经济制裁。但实践证明，一些制裁措施的威慑力更多只是表面的，而不是实际的。这一方面反映出俄罗斯联邦政府对州政府施加经济影响的政策工具的有限性，另一方面这一体系本身所具有的谈判余地较大的内在特性，使得地方各级政府高度依赖于联邦中央政府，这也为财政自主权和财政责任的划分，造成了极大的不确定性。

客观来看，20世纪90年代以来俄罗斯财政制度建构的法律框架正在不断完善。《俄罗斯联邦宪法典》（1993年12月通过）奠定了俄罗斯中央与地方财政关系的政治基础；《俄罗斯联邦税收制度基本原则》（1991年12月通过）和《俄罗斯联邦税法典》规定，在俄罗斯联邦境内实行分税制；《俄罗斯联邦预算法典》明确了中央与地方财政关系的基本原则；此外，还有《俄罗斯联邦地方自治总则》（1995年8月通过）和《俄罗斯联邦地方自治财政准则》（1997年9月通过）等对财政自治问题进行了法律界定。[1]但是，对各级政府的财政支出责任缺乏明确的法律化的界定和划分，是俄罗斯走出旧体制与生俱来的讨价还价模式的最大障碍。一方面俄罗斯公共服务活动在政府间的支出安排，是继承苏联传统、按照"受益地理区域"原则划分的，另一方面根据现行财政制度安排，每一财政年度（最近改为四分之一个财政年度）里，政府必须重新进行一次政府支出责任的划分或重建。政府支出责任的这种变更调整，实际上是充当了俄罗斯联邦内政府政权更替调整的手段和政策工具。俄罗斯联邦各地的具体实践表明，根本没有任何法律去规范各级政府的支出责任，各级政府也不是按照预算级次，履行某项特定的公共服务支出责任。由此所带来的同一公共服务由不止一个政府重复提供、政府超范围提供公共服务的例子屡见不鲜。支出责任上的不断反复的分配与再分配调整可以看作是某种意义上的治理和磨合，但频繁的调整行为对州以及各级政府在财政支出分配和财政收入需要上，形成了极大的心理预期：面对疑虑重重的州政府，联邦中央政府要执行什么样的财政支出职能才能够证明其存在的必要性呢？这样一来，在政府支出责任划分不明的情形下，联邦中央政府可能在不经意间加剧联邦的解体，而这正是俄罗斯联邦中央政府最大的政治担忧。

从以上分析看出，俄罗斯政府间财政关系体制正在步入一个转轨过渡、步履艰难的治理、磨合时期。俄罗斯民族构成、政治、宗教、自然资源分布等方面存在极大地区差异的国情，对进行科学的管理、保证有效的预算制度运行以及实施国家的经济稳定和结构调整政策构成了严峻挑战。国内经济的不稳定促使决策者倾向于采用

---

[1] 孙莹：《俄罗斯经济转轨与经济发展问题研究》，东北财经大学，2007年。

一个更加集权化的、有助于实施宏观经济稳定的财政体制；国内各种强大的政治党派力量相互倾轧、斗争，决定了俄罗斯必然要建立分权型的财政体制。而俄罗斯经济改革的官僚性、强制性和政治性，以及制度改革先于结构改革所带来的微观基础的先天不足，都无法为预算领域提供改革的优良土壤。① 自1992年以来，俄罗斯就不断地重新界定政府间关系体系，并用种种方面掩饰其集权化或分权化交替发展的财政体制演变趋势。在这之间找出一个均衡点以达成某种可持续性、制度性妥协，是包括广大的为数众多的转型期国家面临的众多的挑战中最具有根本意义，也是具有决定性意义的一环。

第五节 南斯拉夫民族财政治理的主要做法与教训

南斯拉夫民族治理给世人极为深刻的教训。从本书论题来看主要有两点：一是区域间、民族间经济利益治理不能损害全国统一大市场的形成；二是支撑落后地区的相关政策治理必须建立在较为广泛的政治共识之上，处理好外部援助与自生能力培育的关系。

一 地区之间、民族之间经济平等要有利于维护全国统一大市场的形成

强调民族平等是南联盟建国的基本原则，也是长期奉行的民族政策的主要准则。1971年宪法修正案规定，共和国是"主权国家"，自治省是"享有主权的联邦宪法实体"。1974年宪法扩大了自治省的权力，使其地位几乎与南联邦的6个共和国相当。"除明确赋予联邦的权力之外，把重要的主权和其他一切权力都划归各共和国和自治省。"② 这就意味着一切重要决策的制定实施必须由各共和国"一致同意"才能付诸实施。这实际上使整个联邦形成了几个

---

① 刘微：《转型时期俄罗斯财政》，中国财政经济出版社2005年版，第154页。
② ［美］丹尼森·拉西诺：《南斯拉夫的试验》，上海译文出版社1980年版，第398页。

权力中心并存的现象，南联邦政府的权威性和宏观调控能力受到极大钳制，手中可用财力极其有限。再加之各共和国和自治省的政治经济目标各异，执行政府统一计划时根据本地区利益随意取舍，而且互相封锁、各自为政，致使全面向市场经济过渡的各项制度安排无法付诸实施。由于各共和国和自治省几乎掌握了所属区域的所有经济控制权，其税收、铁路运输、动力、邮电自成一体，统一的南市场被分割成8个相互封闭的市场。援引南斯拉夫《战斗报》的话说："我们都说我们有八个经济、八个市场、八条分割经济的边界（指六个共和国与两个自治省）。要是只有这么多就好了。然而，连八十八个也不止！"以铁道部门为例，南斯拉夫分成了八个独立的系统，各共和国和自治省的铁路电气化系统和机车型号都不一样，在本地区内自成体系。一列横贯全国的直达列车，要由各铁路运输企业的52个基层联合劳动组织直接做出决定。列车不论行程长短，只要经过共和国或自治省的边界，就必须更换机车，如同是国际列车。这种严重的内耗使南的机车利用率只有发达国家的一半。铁道运输量一再下降，亏损越来越严重。公路运输市场也是分裂的。……对此，《战斗报》指出："长途汽车公司利用各共和国与自治省不同的运费标准赚钱，把南斯拉夫分割得支离破碎，以最骇人听闻的方式破坏了南市场的统一。"[①]

而联邦与各自治省之间由于利益冲突，最终导致财政金融制度瘫痪。1991年年初，斯洛文尼亚和塞尔维亚因为科索沃问题而起冲突，导致塞尔维亚共和国与斯洛文尼亚共和国一度断绝经济联系。此后又对斯、克两共和国在塞尔维亚市场上出售商品设置壁垒（征收特别税），没收斯、克在塞的财产，而斯、克两国也针锋相对地采取了报复措施。同时，斯洛文尼亚还称为了"弥补"因塞与斯中断经济往来而造成的损失，宣布不再为科索沃提供资金，其他共和国也起而效尤，致使联邦援助不发达地区基金名存实亡，同时各共和国也开始截流联邦预算税款。1991年斯、克两共和国宣布独立，

---

① 潘志平：《民族自决还是民族分裂——民族和当代民族分立主义研究》，新疆人民出版社1999年版，第75—77页。

拒绝上缴联邦关税收入，后各共和国又为限制商品外流而互设关卡。至此，南斯拉夫不仅不存在统一的市场，而且统一的财政制度和外贸制度也告瓦解。由此可见，把本民族的利益放在联邦的共同利益之上，以捍卫本民族利益为由各自为政、自行切割市场份额，瓦解国家凝聚力的财经命脉，是南斯拉夫解体的财政经济根源。正是在这个意义上，建立强有力的、有内聚力的统一大市场，夯实财经联系的纽带，是一个国家民族团结和长治久安的根本之策。

二 支持落后地区的政策措施要建立在广泛政治共识之上，正确处理外部援助与内生能力培育的关系

在南斯拉夫6个共和国中，经济和文化发展水平极不平衡。南斯拉夫实行帮助落后地区发展经济的政策，主要体现在对联邦投资政策的倾斜上。最初是将联邦政府所控制的投资基金较多地分配到科索沃等落后地区。1965年改设不发达地区基金，由各共和国上缴1.9%的财政收入给联邦政府，以支援不发达地区的经济建设。在经济上，政府提出了"南各族人民的政治平等必须用经济平等补充完整"的原则，为此设置了"援助不发达地区联邦基金"，规定发达地区每年必须将其生产总值的大约1.6%用于无偿或以低息贷款的方式援助不发达地区，其中科索沃自治省所得的比例最大，平均每天接受12万美元的援助（关凯，2006）。但是科索沃虽然接受了30多年的财政援助，盖起了很多豪华建筑，可却一直是南斯拉夫最贫困的地区。同时，这项政策长期导致了其他共和国的不满，并成为后来两个经济最发达的共和国——斯洛文尼亚和克罗地亚率先脱离南斯拉夫的经济原因之一。南斯拉夫的民族经济政策在帮助落后地区经济发展时，只是人为地平衡地区间经济发展差距，而不注重调动受援地区发展自身经济的主动性和能动性，这就使得受援地区在取得经济进步的同时也助长了消极依赖的倾向。穆勒曾经警告国家社会救助会产生两种结果：一种是救助行为本身，一种是对救助产生的依赖。前者无疑是有益的结果，后者则在极大程度上是有害的，其危害性之大甚至可能抵消前一结果的积极意义。大量经验证明，处理好这两个结果之间的分寸，既重要又微妙，构成一个"穆勒难题"。正是普遍存在的所谓"穆勒难题","在东欧和拉丁美洲,许多独裁政体因为无法解决那些最初曾使他们获得权力的经济和其他问题而轻易丧失了合法性"①。

第六节 印度民族财政治理的特点及启示

本节对印度民族财政治理的主要做法进行分析与讨论。

一 国家对于少数民族即"表列部落"和"部落民"采取了一系列特殊发展政策和帮扶计划,为发展少数民族地区经济以及解决印度民族矛盾、维护社会稳定起到了良好的促进作用

《印度宪法》没有明确规定少数民族的概念,只是对"表列部落"(Scheduled Tribes)做了界定和解释。《印度宪法》最早使用"表列部落"一词并沿用至今。《印度宪法》赋予表列部落在政治、经济、文化、教育等方面一系列特别的权利。《印度宪法》规定对表列部落予以保护,部落民可以享受政府在资金、教育、就业、政策等方面的优惠措施。宪法对非部落民进入和定居部落民地区以及购置财产在法律上给予限制。除了以法律的形式来规定对部落民的保护之外,印度政府还从第五个"五年计划"开始实施部落辅助计划(Tribal Sub-Plan)等一系列国家级的项目来促进部落的社会经济发展,并成立了各种专门机构管理少数民族事务,譬如民族事务部、"表列种姓、表列部落特派员公署"、"落后阶级委员会"等。

为了发展少数民族经济,提高他们的生活水平,印度首先通过法令重新分配土地,限制土地的自由转让。由于历史和民族因素,一部分少数民族曾一度被迫丧失了土地。为了改善这一状况,印度政府重新对土地进行了分配。在20世纪70年代还修改了土地限额,规定土地不能转让,禁止高利贷商人向少数民族勒索土地(或

---

① 於莉、马骏:《公共预算改革——发达国家之外的经验与教训》,重庆大学出版社2010年版,第109页。

牲畜），或以此还债。为了确保少数民族占有权和免受代理商的经济剥削，宪法规定要采取必要的法律进行保护。其次，鼓励、帮助建立各种形式的经济合作组织，如农业、畜产等不同的合作社，并对落后少数民族地区的经济状况进行调查。宪法第三百四十条明确规定：任命调查落后阶层状况的委员会，"总统得以命令任命适当人选组成一委员会，负责调查印度境内社会与教育方面落后的阶层的状况和生产中的困难，并就改进上述情况，对克服存在的困难应采取的措施拨款数额和条件向联邦和各邦提出建议……"①。此外，对少数民族的福利也进行了法律保护。宪法第三百三十九条明文规定联邦对"表列地区"的行政和"表列部落"福利的管理。总统可随时发布命令任命成立委员会，报告各邦"表列地区"的施政情况和"表列部落"的福利事宜。联邦行政权应包括指示有关各邦制定与执行必要的计划，以增进该邦表列部落的福利。印度政府为提高少数民族的教育素质，并改善教育机构和设施，还投入了大量的经费和采取了其他一些积极措施。如印度政府为了保护低种姓阶层的利益，实行"补偿"政策，规定在住房、就业、税收、文化教育等方面给予低种姓的"贱民"一定的优惠和利益。

二 财税制度安排上集权与分权关系处理尚未找到最佳平衡点

印度现行的联邦结构源于《1935年印度政府法案》和独立后1950年颁布的《印度宪法》。印度是一个联合国家，其中央集权程度高于大多数联邦制国家。从政府间财政关系调整看，强调中央集权与控制的分税制模式的20世纪90年代以前，印度在财权上呈现出"中央大、地方小"的"倒三角形"和在事权配置上"中央小、地方大"这样一个和中国极为类似的财力与事权配置状态。这种强调中央权威与计划控制的财政关系安排，对于政治经济社会发展多元化特征非常显著的多民族大国印度来说，取得了较为有效的利益协调与整合功能。一方面它使得印度在民族骚乱、种族冲突、宗教矛盾、政党斗争、经济纠纷等矛盾冲突频发的情况下，保持了国家

---

① 杨侯第：《世界民族约法总览》，中国法制出版社1996年版，第136页。

统一和经济社会总体稳定，并成功地跻身于发展中大国发展模式——"金砖国家"行列；另一方面财政上的高度集权虽然在一定程度上带来了中央"持财政之重"强制扭曲资源分配问题，但也使印度各地的基础设施建设取得了突破性进展，公共产品均衡供给取得显著成效。1991年经济危机爆发以后，印度国内理论界开始反思原有联邦制财税模式的合理性问题。认为政治权力、主权应由中央和地方分享，有活力的联邦制与经济组织的计划控制模式是合不拢的。在此思想指导下，印度联邦政府开始将大量财权下放并尝试"权责回归"改革。据统计，1993年印度约3/4的原属于中央的税收开始逐渐转移到了地方。[①] 分权式改革对引进外资产生了积极作用，使传统的以财政援助为主的中央对地方的控制大为减弱，减少中央与地方之间关于经济和财政的争执。但是，原来集权体制下各地方政府受制于中央权威而展开的"合作"性竞争，开始向着争夺经济资源，提升财政能力为目的的"非合作"竞争转变。这不仅使得整个印度陷入了"基础设施不足—地方加剧竞争—基础设施不足"的恶性循环之中，而且也使联邦中央无法控制各邦之间竞争充斥下的对立情绪，强化了低效率的地方竞争和高强度的地方保护。各地不时响起以民族、种族问题为旗号的"地方独立"呼声，对国家统一与民族利益关系和谐造成潜在的、长远的危害。

三　少数民族教育、就业、资源开发等方面的政策措施值得借鉴

少数民族教育方面：《印度宪法》规定，印度中央政府和各邦政府要根据表列种姓和表列部落人口在总人口中所占的比例，在所有由中央政府和邦政府运营的教育机构和各类组织中，为表列部落保留7.5%、表列种姓保留15%的名额。中央政府还通过立法保障入学率、降低入学分数、设置奖学金、实行入学优待等政策鼓励和发展部落民的教育。政府对部落民的教育投资较大，在每个五年计划中的教育经费几乎占每个计划经费的一半。印度大力发展少数民

[①] 王启友：《印度中央与地方财政关系的变革启示》，《经济导刊》2007年第9期。

族教育的典型是所谓 AEDP 计划。该计划的主要目的是为了扫除部落中的文盲（尤其是妇女文盲），进行成人双语扫盲和功能性教育（Functional Education）。该计划注重与政府教育项目、协会和其他组织的开发活动有机结合。在专业技术、职业技能和其他生存能力方面，该项目还为部落民特别是妇女提供培训，使其能谋职于本协会经营的企业，并为部落民提供农业、园艺、牲畜饲养等方面的培训。印度还有很多其他发展部落民教育事业的部落辅助计划，如部落女孩计划（Girls Hostel）、男孩计划（Boy Hostel）、寄宿学校（Ashram School）和职业培训（Vocational Training）等。这些计划的开展大大地促进了少数民族地区教育的发展。

保障少数民族就业方面：印度政府实施了一系列推动部落民就业的部落辅助计划。第一，国家农村就业计划 NREP（National Rural Employment Program）。该计划通过在农村地区修建持久耐用的社区基础设施，加强政府对农村的投入，一方面使农民获得额外的就业机会、获得工资性收入，保证贫困人口的最低粮食需求；同时也可以改变农村落后的经济、社会基础设施面貌。NREP 的受益人群主要为妇女、表列种姓和部落民。该工程大约产生 10 亿人/日的就业机会，每人/日可获得最低 5 公斤的粮食（实物），各邦同时可根据各自的情况自行制定给付额外现金报酬，且报酬必须直接支付给劳动者本人。第二，农村青年自我就业培训计划 TRYSEM（Training of Rural Youth for Self Employment）。该项目主要是通过商业信贷和政府资助的组合贷款方式向贫困线以下家庭提供小额资金扶持，用于帮助他们形成可以产生收入的资产。政府希望通过这种方式依靠贫困人口自身的能力在农村地区形成大量的微型企业（主要为手工加工业），提供大量的就业机会，帮助贫困人口脱贫。TRYSEM 计划实施的主要方式是动员贫困人口自我组织起来，成立自我帮助小组。与印度潘查雅特（是英文 Panchayat 的音译，意思是"评议会"）这种基层政权体制相适应，该计划主要面向妇女、表列部落、表列种姓以及残障群体，并给予每个群体具体的比重分配。该项目是为符合标准的受益户中至少 1 人提供每年 100 天的就业机会，提供的工作种类主要是能够增加社区资产的劳务，以保证获得最低标准工资。

少数民族地区资源开发的利益保护方面：印度政府规定，部落民有权根据部落地区的情况主导当地的资源开发、任何人不得以任何发展的名义对部落民强加要求或标准；所有开发的项目都应当基于部落民的自身需求，应当尊重部落民对土地、森林等的使用权；应当避免向部落地区引入过多的非部落民族，以防止开发时剥夺部落民对当地自然资源的支配权利；在资源开发过程中，应当注重保护部落民对资源的传统使用权益，不得影响部落地区的自然环境。

总之，基于少数民族各项政策措施的施行，印度保证了国家统一，基本平抑了宗族纷争，维护了各阶层、各群体的权益实现。但是，由于有关法律和政策不能得到很好的贯彻、落实，例如，"补偿政策"本来对低种姓来说是有利的，但是很快遭到其他种姓的猛烈反对，被认为是不平等的竞争，是另一种歧视——"逆向歧视"，结果"补偿政策"不但没有达到保护低种姓的利益的目的，反而加深了其他种姓与低种姓之间的矛盾。另外，宪法虽然规定"保护少数民族不受一切社会剥削与歧视"，"为确保少数民族土地占有权和免收代理商的经济剥削而采取必要的法律措施"，但在一些地方未能很好地落实。如印度政府在每个五年计划中都有一笔用于表列种姓和表列部落民福利事业的拨款。但事实证明，这种拨款远远小于原定指标，而且拨款程序中存在着大量的贪污腐败现象，在计划执行过程中由于受贿而中途停止项目的现象常常发生。政府规定的对表列部落民在教育、就业和银行信贷等方面的优惠对于大多数部落民来说犹如一纸空文。随着工业化的发展，商人、承包商和一些官员相互勾结，凭借权势任意驱赶少数民族，把土地据为己有，失地的部民生活无着，只能靠借债度日或沦为债务奴隶。又如印度政府以实现"发展农村纲要"的名义在少数民族地区搞福利投资。实践证明，有些地方效果不大，真正需要福利待遇的人却无从受惠。宪法规定，保护他们不受一切社会剥削与歧视，但实际上贯彻不力。印度大部分邦存在不同程度的剥削问题。据报道，"在这些邦内，那些被认为文明的民族都有占用少数民族土地和财产的情况，并且对他们进行各种剥削，使一些土著人要么变成债务奴隶，要么被迫流离失所。而土著人又不能及时受到政府的保护"①。由此造成印度部落民负债情况较为普遍。由于上述种种原因导致目前民族歧视和民族压迫的现象仍然大量存在，少数民族的境况并没有得到较大的改善，如目前在印度的达利特人中仍有约 2/3 是文盲，1/2 是农民。②

第七节　印尼民族财政治理实践： 基于资源开发视角

20世纪70年代以来，印尼亚齐地方政府因为矿产开发绝大部分收益上缴中央政府，导致经济社会发展、生活条件改善无望，而与印尼中央政府的利益冲突日益尖锐。以20世纪70年代美孚石油公司在亚齐省建立液化天然气厂为例，印尼中央政府仅矿区使用费及税收就达到数千万元，而地方政府一无所获。亚齐人对此非常不满，他们认为雅加达从他们的自然资源中榨取了大量财富。有学者断言，"爪哇岛被认为是印尼财富的重大消费者，而其他岛屿则是财富的生产者。印尼民族问题主要是由两个问题引起的：爪哇人对印尼政治和经济的统治以及爪哇岛与其他岛屿之间国民收入分配的不公平"③。

一　印尼地方自治法案中的分权式民族财政治理

迫于各方压力和本国政治经济发展需要，1999年印度尼西亚议会通过了有关地方自治的22号法，赋予地方自治政府更大的政治权力和预算支配权，所有自治地方的公共服务、卫生、文教、公共工程等重心下移至地区、市、县和乡镇，中央政府仅保留司法、国防、治安、货币政策等，其他所有职能都划归地方政府，省级政府

---

① 郝文明：《中国周边国家民族状况与政策》，民族出版社2000年版，第327—328页。
② 戴小明：《民族法制问题探索》，民族出版社2002年版，第232页。
③ C.L.夏尔玛：《印度尼西亚的民族、民族一体化与教育》，《民族译丛》1990年第1期。

只被赋予较次要的协调职责。反映到前述民族地方资源开发上，矿业管理进入了一个地方自治的时代。22号法将原属中央政府的一些权力包括矿权管理、税收和产业政策等下放到了地方政府。同年议会通过的关于财政分配的25号法律（2001年执行）明确了中央与地方在矿产资源地方收益方面的分配比例，将使至少25%的国内收入通过中央分配基金转移到地方政府。25号法规定，矿业部门（油气除外）的税收收入20%归中央政府，80%归地方政府（省政府占16%，矿山所在地城市占64%）；权利金分成比例为中央政府占20%，地方政府占80%。这样矿山所在地的省政府和其他地方政府将从征收的税后石油权利金中得到15%的份额，从天然气中得到30%。① 但是以上改革举措并没有平息地方独立的步伐。印度尼西亚国会于2006年7月11日通过了《亚齐自治法》。根据《亚齐自治法》的规定，亚齐省石油和天然气收入的70%将由本省支配，其余30%上缴印度尼西亚中央政府。《亚齐自治法》和亚齐民族问题的解决模式对印度尼西亚的和平与发展具有重要影响。《亚齐自治法》虽然增加了亚齐地方政府支配自然资源开发收入的配额，为促进亚齐省经济社会发展，提高亚齐人民生活水平奠定了法律基础，但能否平息民族分离主义情绪和维护印度尼西亚的国家统一，现在下结论还为时过早。

二 小结及展望

同样，对于印尼激进式分权改革的实际效果也需时间来进一步检验。正如罗伊·巴尔在《关于中国财政分权问题的七点意见》一文中所说的，作为一个人口大国，印尼近年来从上到下重新分配了各级政府职能，将中央政府公务员直接转给地方，地方政府的支出比例从13%提高到40%，通过重新"洗牌"的激进式改革和被世界银行誉为"大爆炸"式的改革"一夜间实现了分权"。罗伊·巴尔还对印尼建立起直接的财政关系而不是通过中层政府建立联系的

---

① 宋国明：《新世纪以来印度尼西亚重要的矿业法规政策及其影响》，《国土资源情报》2007年第10期。

改革方式给予了关注。他认为印尼改革前对下控制能力很强,改革中主要是消减了省政府对下的支出责任,建立起了中央直接对地方的财政关系。① 中央将事权下放地方的过程绕过省级政府,主要出于维护政局的稳定和考虑到过于强大的省级政府所潜伏的威胁。

---

① [美]罗伊·伯尔:《关于中国财政分权问题的七点意见》,载吴敬琏主编《比较》(总第五辑),中信出版社2003年版。

第三章

民族财政治理的历史考察

在我国古代王朝少数民族治理策略中，财政治理政策发挥着独特而重要的作用。本章以中国古代王朝民族财政治理的历史考察为线索，论述中国古代的民族财政治理政策的实践与做法。主要包括：中国古代中央与地方财政治理模式演进、历代王朝对边疆少数民族的治理管辖与税赋治理方式的选择及运用，最后得出几个具有一定现实意义的结论。

第一节 中国历代中央与地方财政治理模式演进及其评价

我国中央与地方财政治理经历了长期的历史演化与变迁。自周朝建立伊始，随即建立起比较完整的国家财政治理制度。

一 秦汉时期国家财政治理制度建构

为加强治理，周实行了包括宗法制与井田制在内的分封制度，即按血缘远近亲疏，"封建亲戚，以藩屏周"。周王朝和地方诸侯国，常以内服与外服划分各自的实际统治区域。诸侯国在封地设有自己的军队和官制，自立法度，独立行使权力。建立在这种制度上的财政是一种分权财政，天子与诸侯"各君其土，各役其民"，各征其税，诸侯国只向王室纳贡而已，没有义务为王室管理财政。这种制度把氏族共同体的血缘性与国家的地缘性很好地结合起来，大大降低了周王室管理国家的成本。"诸侯形同一个个卫星国，对王室有强烈的向心力，形成拱卫周王室内的局面。"① 秦统一全国后，鉴于夏商周和春秋战国群雄争霸的弊病，在中央集权政治体制下，建立了财权高度集中的财政体制，使中央与地方的财政关系发生了一次重大变革。从此，在"大一统"中央集权国家中，财政制度的确立、财政政策的制定、财政法令的颁行、赋税征收减免全由中央决定。清人恽敬曾经说过："自秦以后，所行者皆秦制也。"我国著名财政学家何廉在其《财政学》一书中写道，"关于中国学术之发达，以周秦为最盛，故财政论说之昌明，亦推此时"。历史学家夏曾佑也说过："中国之政，得秦皇而后行"，"自秦以来，垂二千年。虽百王代兴，时有改革，然观其大义，不甚悬殊"。② 总之，以上所提及的"秦制"及"大一统"，即统一的专制主义的中央集权封建国家的政治体制与治理模式，非常有利于中央王朝的建立、维系庞大帝国的统治。"大一统"及其思想谱系和尊重文化多样性的各种制度安排，使得中央王朝在治理、调整各种关系维护"大一统"体制时具有了灵活性。如果只有统一的政治体制和思想体制而缺失其他体制的有效配合，其治理关系就缺乏弹性和可伸缩性，最终也会损害到大一统的政治思想体制。换句话说，建立一个过分单一的模式就可能产生不断冲突的结果，使得各民族、各阶层皆受其害，增加国家的交易和管理成本。但问题是，如此高明的政治制度设计需要经济基础——财政经济制度来实现和维护。而"自天子以外，无尺寸之权"的法权逻辑和"身体发肤，尽归于圣育，衣服饮食，悉自于皇恩"③ 的人身权利和财产权利，使得一切社会成员都必须是"皇泽如春无不被"之下的"王民"、一切财产在最终意义上都是"王者之所有"，这种制度规定远不仅是一种有关皇权至上的意识形态，相反它更是一种极为具体缜密的"制度设置"，这就是所谓的"编户齐民"制度以及相应的赋役制度。④ 这种"编户齐民"制度

---

① 冯俏彬：《私人产权与公共财政》，中国财政经济出版社2005年版，第141页。
② 白钢：《中国政治制度史》，天津人民出版社1991年版，第35页。
③ 《柳宗元集》卷三十七，中华书局1979年版。
④ 王毅：《中国皇权社会赋税制度的法理逻辑及其制度结果》，《华东师范大学学报》（哲学社会科学版）2007年第1期。

以及相应的赋役制度支配下的制度体系，极大地强化了中央财权和财力，防止了财权分散的弊端，但却忽视了地方政权应有的权益维护。加之中国传统社会客观上没有国家以外的组织来平衡和制约行政力量，进而无法在中央与地方之间建立适度的张力，结果是"始皇帝死而地分"。更为重要的是，这种皇权至高无上的逻辑原点支配下的其他一切社会、制度和文化要素都只能屈居于"下位性"的从属地位，都不可能具有自己稍稍独立于皇权政体及其运作方式之外的逻辑理路，更不能根据独立自治的逻辑支点而发展出具有自身完整性的体系性结果。[①]

西汉王朝在处理中央和地方关系时，又以中央集权和地方分权相结合的政策取代了秦朝极端的中央集权。郡守作为一郡最高行政长官，集政、法、军、财诸权于一身，成为郡级官府的权力中心。郡守对郡内政务无所不管，可以较自主地处理赋税和军事。从此之后，这种财政体制（中央与地方财权兼顾）基本上奠定了中国一千余年间财政体制的框架。当然，通过赋税处理各阶层之间微妙的利益关系，实是中央王朝不容忽视的重要技巧和谋略。正如王亚南先生所言，"封建王朝支配阶级中贵族官僚化的成分加重，乃与全部赋税逐渐集中到中央的事实相适照应。就被支配阶级的农民说，究是把赋役直接贡献到专制君主于他们有利，抑或是以私属的名义把赋役贡献给强豪于他们有利，他们似乎很不易抉择，因为他们始终就不曾由任一统治方式得到负担比较轻松的好处。可是，在支配阶级方面，那种转变，就关系很大了：门阀或强豪对赋税多一分的控制，那就不仅意味着中央经济权力的削弱，且意味着政治离心局面的造成"[②]。因此，应根据时势、利益关系的变化而对财政治理进行改进。

二 唐宋时期财政治理制度改进

唐代前期，仍然实行着统收统支的政策，中央与地方的财政关

---

① 王毅：《中国皇权社会赋税制度的法理逻辑及其制度结果》，《华东师范大学学报》（哲学社会科学版）2007年第1期。
② 王亚南：《中国古代官僚政治研究》，中国社会科学出版社1981年版，第92页。

系具有两大特点：一是中央与地方在财政职权划分方面实行集权的财政体制。国家税收由中央统收统支。地方政府只有依法征税、纳税与输税的义务，没有制定税收的权力和擅自支用的权力。二是中央与地方在财政收入分配方面比较均衡，二者不存在激烈争夺的矛盾冲突。唐中后期从安史之乱开始，节度使成为地方上一级行政区划，藩镇割据，王权衰微，中央只好将一部分税收和一部分财权划归地方。税收分为两大类，一类是中央直接受益税，一类是中央与地方分享税，"两税法"收入就是中央与地方分享的主要税收。两税法收入以州为基本单位划分为留州、送使、上供三个部分。留州指留给本州以充费用，送使指送给藩镇以充军费，上供指上缴中央作为中央的财政收入和费用。留州额与送使额根据以支定收（即量出为入）的原则来划分。这就是唐代后期的"两税三分法"。诚如元稹所说："自国家制两税以来，天下之财限为三品，一曰上供，二曰留使，三曰留州。皆量出以为入，定额以给资。"① 这是中国历史上财政体制发生的第二次大变化，体现为中央与地方的财政关系有新的分级安排。②

由于政治集权的缘故，这种分级安排并不稳定。从宋代开始，统收统支的财政集权体制仍然居于主导地位。宋代在加强中央集权的同时，通过颁布和实施各种法规政令，逐步将地方财权收归中央，即所谓"外权始削，而利归公上"，与唐后期中央财政收入不及全国两税总额的一半相比，到了宋朝情形为之一变，全国赋税收入大部分要"辇送京师"。而在地方留用财赋等方面却采取了某些灵活、变通性做法，相对照顾到了州县地方的利益，使两宋时期的中央与地方的财税分配关系，呈现出与隋唐元明清诸代不尽相同的特点。正如马端临所言，"宋承唐之法，大下财赋除其供辇送京师外，余者并留州郡"；"其留州郡者军资库，公使库系省钱物。长吏得以擅收支之柄"。元王朝的政治体制是蒙古草原游牧君主制与汉地传统的封建中央集权制度的融合体，又兼行省、宣慰司、路、

---

① 《全唐文》卷651。
② 《中国财政通史》编写组：《从中国财政史看财政的历史经验与发展规律》，《财政研究》2006年第11期。

府、州、县等，地方行政建置多达五六级，而其中央与地方的财政关系，也呈现出与以往封建王朝不尽相同的新情况。在财税征管体制上，由路府州县和都转运盐使司等具体负责各种赋税征收，再由行省居上统领督办。这是元王朝在疆域广袤，路及直隶州辖区较小，数目较多的条件下，为便于朝廷征集、转运各地赋税，有效地控制全国课税而采取的重要措施之一。而在财政管理体制上，元朝继续沿用高度中央集权体制，地方留用有限而上供朝廷甚多，而且似有三七分成（中央占财税总收入七成）之迹象。明王朝在中央与地方的财税分配上相对较为稳定，并在中央与地方财税分割比例的明确性上有所增强，或为三七开，或为二八开等。[①] 但是，财权上收、加强中央财力的同时，也使得地方留用不足刺激了乱收费、乱摊派等现象。

三　国民政府及以后时期财政治理制度变革

进入中华民国之后，统收统支、高度集中的财政体制随着帝制的推翻而日渐式微，由此开启了中国历史上中央与地方分税制财政体制大变革的先声。1921年北洋政府公布了《国家税与地方税法草案》和《国家费目与地方费目暂行标准案》，旨在厘清中央与地方财权进而达到某种分权目的。但由于集权过重、中央权威不足，"政令不出都门"，地方拥权自重、各自为政，不经中央许可就可自定征收制度，"各省有藩司、盐使、关道以及各种税局，均拥有征税的权力"[②]，甚至发行货币。袁世凯时期强调中央集权，以为"……或以财权集中后，各省自无能为力，中枢之地位，当日益巩固"。"但实际情形是，殊不知各省割据之隐患未除，绝非在财政上略有限制而可置中枢于磐石之安"[③]，结果各省托故截留税源，中央财权旁落，使得北洋时期财政成为中国历史上财政关系最紊乱的时期之

[①] 李治安：《唐宋元明清中央与地方关系研究》，南开大学出版社1996年版，第300—301页。
[②] 金鑫：《中华民国工商税收大事记》，中国财政经济出版社1994年版，第6页。
[③] 马金华：《民国财政研究——中国财政现代化的雏形》，经济科学出版社2009年版，第259页。

一。学者梁启超在论及晚清财政改革之艰难时,更明确以"十八国"(指内地十八省)来形容其时的混乱局面。"今一议及清理,则各督抚攘臂以争,唯恐中央之夺其橐",各省之间也"此疆彼界,划如鸿沟,以一国而成为十八国"。一些西方学者研究晚清的政治权力格局时提出了"地方主义"(regionalism)一词,认为晚清政权尽管形式上仍把一些核心地区保留其中,但其实发挥着部分国家功能的核心地区的"地方主义",此乃"中国近代史上的重要现象"。①而民国初年所谓"地方自治",也只不过是对地方割据的一种修辞性承认而已。②作为当时历史背景下社会经济发展的制度产物,清末财政制度改革在半殖民化的外在压力、传统财政体系和财政观念不能适应社会要求的多重困局下,社会变革与财政体制改革的结合以挽回利权的革命方式推进了清王朝的崩溃。③当然,正如有学者所说,清末民初的财政制度改革也有不容忽视的积极一面,从尝试设新税制到财务行政机构的清理整顿到建立预决算制度,再到建立现代国家金库制度等方面进行了积极探索,对推动传统财政管理制度向近代转型产生了重大影响。④

南京国民政府为建立中央集权制的政治体制,就是要彻底改变北洋政府时期地方割据、混乱不堪的局面。而各系军阀之所以能够拥兵自重的关键在于通过横征暴敛、截留解款、滥发纸币使自己具备实行割据的财政基础。要扭转这种局面,就必须从建立统一的财政体系入手。南京国民政府成立后,在 10 年期间曾三次制定与调整中央与地方的财政收支结构,初步创建了中国现代财政体制。研究认为,整个民国时期的财政改革始终实行损下益上的条块分割财政制度,一方面为树立中央权威,中央政府通过国地收支划分定事权行财权,集中财力控制地方。另一方面地方专权盛行,社会秩序

---

① 史志宏:《晚清财政:1851—1894》,上海财经大学出版社 2008 年版,第 128—129 页。
② 苏力:《道路通向城市——转型中国的法治》,法律出版社 2004 年版,第 67 页。
③ 马金华:《民国财政研究——中国财政现代化的雏形》,经济科学出版社 2009 年版,第 137 页。
④ 项怀诚:《中国财政通史》(中华民国卷),中国财政经济出版社 2006 年版,第 64—68 页。

紊乱，经济环境恶劣，国、地财政收支划分徒具形式。财政所体现出的强制性聚集社会产品的功能表现为中央极力上移财权下移事权、地方极力搜刮扩充财力的局面势在必然。因此在确立集权与分权"度"的问题上的摇摆不定、制度乏力，地方财政失控但中央权威不足、地方尾大不掉使得中央有集权倾向但力不从心，地方则在强大的军事实力下坐享分权之利，成为民国中央与地方财政关系的本质表现和运行常态。尽管如此，民国时期的财政关系改革借鉴了西方各国财政改革的经验，同时结合中国当时国情，在战时推行"虚县"、"虚省"的财政关系模式到三级财政体制的最终确立，在财政预决算制度、公债市场的规范建设、财政管理及监管制度建设等方面进行了大量改革实践，这对推动建立与社会主义市场经济体制相适应的财政关系改革有一定的历史启示作用。正如美国人杨格（Arther N. Young）所言，国民党在"在发展方面的作为自然只能是星星点点的"，但他们"作出非凡的财政变革，要想找到比这更动人的例子是困难的"[①]。

新中国成立后，国家财政逐步走上规范化、法制化的道路，在50年代初就非常注重、积极探索如何正确处理中央与地方的关系问题。在计划经济时期，中央虽然曾实行统收统支体制和以集权为主要特征的中央地方"总额分成，一年一定"体制，但也曾做过向地方分权的改革尝试，对地方财政利益始终给予关注。进入改革开放时期，实行财政分权体制"分灶吃饭"，发展多种形式的地方财政包干制，对调动地方发展经济的积极性和推动体制转轨发挥了显著作用。为适应建立社会主义市场经济新体制的要求，从1994年起实行以分税制为基础的分级财政体制，成为中国历史上财政体制的又一次大变革，显著地促进了中央与地方财政关系的健康发展和市场取向的总体配套改革。几千年的历史经验反复证明，政府间关系是财政分配中必须正确处理的基本关系之一，尤其是在中国这样一个幅员辽阔、人口众多的多民族大国，如何认识和把握经济、社会

---

① 马金华：《民国财政研究——中国财政现代化的雏形》，经济科学出版社2009年版，第267页。

发展客观规律在不同历史阶段上的新要求，通过合理、有效的制度设计和调整改进，调动各级政府的积极性和财政资源潜力，使财政职能在各级政府得到较充分的、相互协调的发挥，是国家决策层和管理部门必须始终高度重视的财政问题，同时也是一个全局性和政治性的问题。

第二节　中国历代王朝民族财政治理的主要做法与特点

中国历代王朝在有效管理范围内，都奉行"一国一制"政策，除了藩国、边远地区之外，全国从中央到地方在制度上基本上要求整齐划一，不允许特殊制度的存在；而王朝末期由于地方势力膨胀，面对各种危机，中央政府既不得不赋予地方更大的权力去"灭火"，也担心地方势力会因此坐大而形成割据之势。这种两难困境，对于任何封建王朝来说，都是无法有效解决的历史性难题。几乎在每一个朝代，为了安抚边远地区的少数民族，都在这些地区建立特别地方行政区域，赋予这些区域较大的权力。因此王朝控制力、版图与赋税之间就有了某种逻辑关系：管辖是王朝版籍的标志，贡赋是表示臣服的象征。行政管辖是王朝版籍的标志，而这种管辖版籍的经济体现则是通过贡赋（税收）的方式完成的。历代王朝对少数民族和民族地区实行的各种治理政策，可从历代王朝对少数民族和民族地区具体实施的管辖方式和贡赋（税收）行为体现出来。[①]

一　秦汉时期民族财政治理政策的设计

西周至春秋战国大一统的思想观念形成后，统治者对于少数民族的征服和压迫剥削被视为天经地义的事。大一统思想观念是这样看待国家君主与少数民族的关系的："凡天子者，天下之首，何也？上也。蛮夷者，天下之足，何也？下也。"把少数民族向周王纳贡"方贿"之物视为"职业"，这不仅说明"蛮夷"、"来贡"是一种

---

① 龚荫：《中国民族政策史》，四川人民出版社集团2006年版，第20页。

定制，且表明他们是属于周天子的臣民。夏、商、周王朝对于周边少数民族的管辖与贡赋开始有了一些极为粗略的规定。夏商周王朝将其管辖疆土分为"甸"、"侯"、"绥"、"要"、"荒"五服。其中，"甸服"为帝王直属领地，近王城的庶民要供饲国马、禾秸，远的庶民要纳粟、米；"侯服"为分给诸侯领土，靠近的庶民要进贡服役，较远庶民要斥候敌情；"绥服"之地要设官治理地方，庶民要纳贡赋、保卫边疆安宁。以上三服内，居住的是华夏族（后称汉族）人。"要服"为夷人居住而"荒服"为蛮人居住、流移。杜预《疏》云："流移无常，故政教随其俗。"要服、荒服二服是边疆少数民族居住之地，其地"声教不达"，"其贡货物"，"各以其贵宝为挚"。

秦、汉王朝在中央机构中设置了管理少数民族的机构和官职，秦设典客、典属邦，汉代设立大鸿胪，掌管归义蛮夷戎狄等事宜。汉代对北方臣服的匈奴国以"蕃国"方式待以客礼；降汉或归附于汉的匈奴、氐羌等族，则分置边郡、建"属国"以辖之，因俗而治，不干预内部事务。对西域臣服的诸族国，设立西域都护管辖。管辖方式是朝廷封赐各族国国王、君长爵号，各族国国王仍统其众、领其地。对西南和南方少数民族一般实行郡县制，派汉官治理；完全为少数民族聚居的地方设置相当于县级机构的"道"，仍保持原来的管理制度，"以其故俗治"。汉王朝对北方塞外少数民族和西羌不征赋税，就是"久居塞内，与编户大同"的南匈奴也"不输贡赋"。但要征调兵役，用以"以夷攻夷"，征伐和平定少数民族的反抗。如晁错上书言："以蛮夷攻蛮夷，中国之形也。"服兵役显然也是一种负担。

二 魏晋唐宋时期民族财政治理政策的改进

魏晋南北朝基本沿袭汉朝体制。但在少数民族地区的管辖设置有所变化，按民族特征和族名来设置郡、县，并以少数民族首领为郡守县令，民不为编户，实行间接羁縻之治。这时期，一些少数民族建立的政权治下的民族多是汉民，一般采用汉族和本民族的制度结合管理，实行"胡、汉分治"。魏晋南北朝王朝对少数民族的索取上，蜀汉对"南中"少数民族的征收，史载"赋出叟、濮，耕牛、战马、金银、犀革，充继军资，于时费用不乏"。晋朝"夷人输賨布，户一匹，远者或一丈"，"远者不课田者输义米，户三斛，远者五斗，极远者输算钱，人二十八文"；南朝对荆州蛮"一户输谷数斛，其余无杂调"，但地方官吏因蛮罪或过失常责罚"賨"钱（指南方少数民族的钱财）。

隋唐王朝对边疆少数民族的管辖，从中央到地方设置管理机构和官职均承袭前朝，同时又有很大发展。在中央设置鸿胪寺，在礼部和兵部也设置有官职管理"四夷"事务；在地方，少数民族聚居地区设置羁縻府、州县。在贡赋方面，唐王朝重视户口版籍，以有版为常、无版为变。民族地区羁縻府州，只要是唐王朝统治势力能有效控制的府州，都要上报户口，列入唐之"编人"（民），就要作为正式户籍而缴纳赋税。从唐王朝势力所至的范围和疆域来看，西域十姓、四镇属于唐安西都护府与北庭都护府的羁縻府州，唐王朝赋税久已有效管辖，其民众谓之唐编户民以外，北方、东北、西南与南方等边疆少数民族地区，纳入唐王朝统一管理、缴纳赋税，经历了一个渐进的控制与反控制的博弈过程。例如，唐初对南诏地区控制力弱，当地无赋役，而在其控制力很强的西原蛮、安西都护府羁縻府州地区，仍然设置有赋税义务。据《文献通考·四裔七·西原蛮》载：文宗太和年间（827—835年），"经略使董昌龄子兰讨平（西原蛮）峒穴，夷其种党，诸蛮畏服，有违命者，必严罚之，十八州输贡赋，道路清平"。边疆少数民族地区的赋税较之内地要轻，只"半输"，如不顾边疆少数民族地区生产力落后之事实，要其全输则会激起变乱。据《资治通鉴·唐纪二十》载"岭南俚户旧输半课，交趾都护刘延使之全输，俚户不从，延佑诛其魁首"。而对于边疆羁縻府州的少数民族，一般不征赋税。但南方的一些较发展地区，或民族首领很恭顺的，也有自愿交纳赋税的。例如，安南都护招抚羁縻州后，其酋领"愿纳赋税"。文宗时，西原蛮"十八州，岁输贡赋"。但即使如此，还是有地方官吏收取重税或强夺。例如，睿宗时，姚州监察使李知古对群蛮"重征税之"。宣宗时，安南都护李涿"为政贪暴，强市蛮中马牛，一头止与盐"。唐朝后期地方官吏的强取掠夺，曾多次激起少数民族的强烈反抗。[①] 总之，对边疆少数民族地区各族民众是否征收赋税及课税轻重程度，一般取决于唐王朝对疆羁縻府州的控制力强弱：控制力强时征税，控制力弱时不征税。"诸边远州有夷僚杂类之所应输科役者，随事酌量，不必同之华夏"；史载回纥诸部"岁贡貂皮以充租赋"；"若岭南诸州则税米，上户一旦二斗，次户八斗，下户六斗。若夷僚之户，皆从半输。番胡内附者，上户丁税钱十文，次户五文，下户免之。附经二年者，上户输羊二口，次户一口，下三户共一口"。不仅如此，唐王朝还规定：羁縻府州"虽贡赋版籍，多不上户部"，即羁縻府州的贡赋如果是当地各民族税赋机关与人员征收，所收赋税不上缴中央政府的户部即财政部，而是交给各自隶属的都督府、都护府用于补给地方军饷给养与一般行政开支。如唐王朝灭薛延陀之后，回纥及敕勒褚部地方，皆置羁縻府、州，任其酋领为六府都督、七州刺史，皆隶属于燕然都护府。回纥酋领迷度任瀚海都督，"岁内（纳）貂皮为赋"。"开元盛时，税西域商胡以供四镇，出北道者纳赋台。"

需要提到的是，唐王朝对岭南诸州减免税赋属于地方税还是中央税问题，史学界有不同看法。在李锦绣看来，判定唐前期一种税收是否为地方税的标准，不在于它是否上供和该地区的费用是否由国家拨给，而在于这种赋税的收支是否列入了国家预算计划和是否要经过国家财政审计机构的钩稽审查。对岭南诸州税米的相关研究对上述两点的回答都是肯定的，史料证明，轻税诸州要将记账及收税的种类、数量等详细情况申报中央，作为金部、度文编制预算的依据以便让国家审计部门检查。轻税诸州的税收支用是由国家预算机构统一支度，以此可知，岭南诸州税米是国家统一税收而非地方税。诸国蕃胡内附者的税银羊及岭南夷僚之户的半输税米，是唐前期对内附的外族部落所采取的不同于华夏税收的"轻税"，这种轻税代替了他们的正税——租庸调。唐前期对内附蕃胡及岭南夷僚的轻税政策，是当时民族政策的一个组成部分。这种轻税作为与租庸

---

① 龚荫：《中国民族政策史》，四川人民出版社集团 2006 年版，第 314 页。

调并列的对少数民族地区的国家税收，一直延续到安史之乱前。①

宋王朝对边疆少数民族的管辖方式基本上是同于唐朝。在中央设置有鸿胪寺，另礼部和兵部也设有管理少数民族和"蕃邦"事务的官职。在地方，北方先后有强大的辽、金，西北有西夏，西南有大理；宋朝主要以设置羁縻州的方式管辖南方少数民族聚居地区。在税赋征收方面，宋朝对边远、落后的"荒服"地区即为王朝统治势力不能有效管辖的边远地区不征赋税，临近内地的羁縻府州、县地区酌量征收；已归版籍设正州、县的少数民族地区同于汉族地区。对此种情势，考虑征收成本、王朝权威诚服程度等方面因素，宋王朝只要求"荒服"地区首领在一定期限内如三年或五年入朝进贡一次方物即可。有的民族居住在荒凉贫瘠的山区，处于较为落后的社会发展阶段，生产力水平低下，亦按照荒服短期对待，不予征收赋税，如咸平元年（998年），宋王朝对处于广南西路东部，边疆地区中间地带的大山区富州（今广西昭平县），沿袭前代税赋制度，按照荒服短期对待，不定租赋。在临近正州、县的羁縻州、县地区仍然需要"民供税役"。具体办法是，蛮民"以诸峒财力养官军"，中央政府不用从内地调拨、运输大量粮食、日用品，由当地民力提供基本财力、物资，可以节省行政成本，此可谓明智之举。羁縻府州、县缴纳赋税的数额不高。一般只输"丁口之赋"，不输其他如公田、民田等赋税杂役。宋王朝对羁縻府州、县的民众的赋税征收办法也做了一些规定。例如，乾道三年（1167年），诏溪峒"瑶人岁输身丁米，务平收，五取羡余及折输钱，违者论罪"。其照顾、优惠之义非常明显。嘉定七年（1214年），宋王朝进一步明确规定了征收数额，"熟户、山瑶、峒丁"，"一夫岁输租三斗，无他徭役"，免收丁口之赋之外的其他赋税，达到了瑶、峒蛮民"皆乐为之用"的效果。因此，不少内地"省民"，为了逃避繁重徭役，纷纷藏田产于瑶人。总之，尽管宋王朝在民族地区羁縻府州、县的赋税收入在其总的经济收入中，所占比例很小，如宋人辰州学者田渭所说：辰、沅、靖三州，朝廷非有望其赋入也。但通过赋税设

---

① 李锦绣：《唐前期"轻税"制度初探》，《中国社会经济史研究》1993年第1期。

置、征收体现其统治力及权威的意图,则是非常明显的。总之,南方是偏安一隅的宋王朝财政收入的重要来源。在南方羁縻州、县地区需要缴纳"丁口之赋"。后来有的羁縻州、县地区,"常赋外复输税";有的羁縻州、县改为正州、县后,其"出租赋如汉民",致使少数民族地区民众不堪重负,起而反抗,又迫使宋政府不得不减轻其赋税,或维持旧制,以稳固其统治。①

三 元明清时期民族财政治理政策的沿革

元初,取民未有定制,元世祖忽必烈时始立法,故"元之治,以至元(1264年)、大德(1297年)之首",就是指这个时候才开始讲求社会经济秩序和财政收支制度。为治理北逾阴山,西极流沙,东尽辽东,南越海表如此广阔的疆土,元朝在政治和行政上实行了蒙汉二元制,即政治、行政制度安排上既有千户制、分封制和怯薛制等蒙古传统制度,也有皇帝制、中书省制、路府州县制等汉法、汉制,还有整合了蒙古和汉制的行省制、站赤制等新型制度。元王朝除西藏外,少数民族是由行省管辖。通过行省制度等有效的军政管辖手段,元王朝将少数民族地区切实纳入封建中央集权的体系之内。与以前郡县制的中央集权相比,行省制度属于专制主义中央集权较为高级、进步的形式。其主要特点在于,在郡县制为特征的中央集权型单一制政体的基础上,增加分工性地方分权的行省设置,这种制度安排能够适应疆域广袤、地方特征复杂等历史条件,保证元朝中央集权在民族区域的贯彻执行,加强了中央对少数民族区域的政治联系和直接管辖。正如《元史·地理志》所言:"岭北、辽阳与甘肃、四川、云南之边,唐所谓羁縻之州,往往在是,今皆赋役之,比之于内地。"② 总之,元朝继承了郡县制的中央集权,但同时又弥补了中央政府与郡县联系环节的缺陷与不足,设置行省作为纽带将中央与地方联系起来。反映在中央与地方的财政关系上,总体上是内重外轻,通过聚富于诸省实现财政高度中央集权。为了

---

① 龚荫:《中国民族政策史》,四川人民出版社集团2006年版,第369页。
② 李治安:《唐宋元明清中央与地方关系研究》,南开大学出版社1996年版,第249页。

解行省制集权之势，又以分封制形成某种分权，这种相互矛盾、极富弹性的体制在财税关系上表现得尤其明显。正如王亚南先生所说："由唐代以至清代中叶，虽然在这一阶段的每个王朝，都分别在它们统治上发生过极大的破绽和困厄，但从整个官僚社会立论，这一阶段的官僚政治，确已前后参差地把它的包容性、贯彻性，乃至对于经济可能发生的弹性，提高到了这种社会形态允许的极限。"就赋税征收而言，"把极有弹性的租税体制作为一个调节的杠杆：在原则上不让步，有土斯有税，有人斯有役；而在实施上不坚持，择其可税者而税之，就其可役者而役之。那就成了恰到好处和面面俱到的灵活妙用"①。

在赋税制度安排上，元朝实行南北不同制、蒙汉不同税的措施。对北方主要征收地税、丁税，南方则征收两税。在处理中央与地方财税关系上也显现出蒙汉二重性、内重外轻，既有对汉地实行以行省制为核心的中央集权制度，同时对少数民族地区如蒙古、云南及江南一些地区实行以分封为特征的分权制。而对于汉族聚居区的管理也因距中央远近而形成不同的制度，"腹里"由中央管辖，其他地区则实行行省制，如此复杂的中央与地方关系反映在财政关系上，也与以往各朝代有所不同。江南三行省负担大部分上贡财赋，而岭北、甘肃等行省不但很少上贡，反而能获取朝廷的巨额经费拨赐，这造成了元代行省上贡与留用，乃至中央与地方税赋分配体制内极不平衡的状况。全国范围内中央与行省间上贡与留用的比例虽然大体是七三开，但70%的上贡数额绝大多数由江南三行省承担。具体到这三个行省向朝廷上贡的数额，肯定会高出70%很多。这就使元代中央与地方的财赋分割中，南方北方待遇高下悬殊，北方受优遇，南方受榨取。最终大大加重了江南三省民众的赋役负担。② 发掘史料发现，通过朝贡、立赋法、定赋额、籍民户等经济的或准经济的、行政的方式进行民族地区治理，元王朝中央政府有较之历代高明、规范的手段和方式。从元代对边疆少数民族设置的

① 王亚南：《中国古代官僚政治研究》，中国社会科学出版社1981年版，第99页。
② 李治安：《元代中央与地方财政关系述略》，《中国经济史研究》1994年第2期。

朝贡制度来看，都较之以前有所完善和规范。朝贡时间上，元朝规定，贡期有一年、二年和三年三种，各民族首领、土官土司，因物、因地而异。这是常贡。在新皇帝即位、生日时，民族首领、土官土司都要进贡朝贺，但须事先得到朝廷准许。朝贡贡品上，一般为土特产。由于各地所产不同，贡品各样。同时，元朝中央本着"宜厚其赐，以怀远人"的原则，凡是少数民族官员进贡都给予优厚赏赐，以达到笼络、绥靖之政治目的。通过中央王朝在民族地区正式订立租赋征收方法，即"立赋法"达到治理目的，这比历代王朝对通过羁縻制度等对民族地区的治理方式都要进步。据史料记载，元世祖忽必烈平定大理，大理旧主"鲜地图"、"条奏治民立赋之法"。后随着治理范围扩大和巩固，"诏定赋租"的进程大大加快。建立户籍是征稽赋税的基础，因此，"籍民户"，弄清民户、田亩数字，才能制定征收租赋的较为准确的数额。为此，元初在民族地区设官定赋税时进行了大规模的阅户籍民工作。这在《元史·世祖本纪》、《元史·张立道传》等中都有详细的记载和说明。元王朝通过阅户籍民等工作，不仅增加了政府赋税收入，而且对民族地区的控制更为深入和强化。《元史·世祖本纪》记载：至元四年（1267年）对民族地区诏谕"编民纳赋税"。从征收赋税的形式看，有金银、粮食、土产和牲畜等。至元中，乌蒙阿谋"岁输嵊马"；至元二十九年（1292年），敕以海南新附四州洞察五百一十九、民二万余户，"免其田租二年"。《元史·泰定帝本纪》记载：泰定三年（1326年），八番岩霞洞蛮来降，"愿岁输布二千五百匹"。民族首领、土官土司如果不缴租赋或抗赋者，则派兵征讨之。据《元史》卷二十《成宗本纪三》记载，大德五年（1301年），"八百媳妇诸蛮，相效不输税赋，贼杀官吏，故皆征之"。但总的来说，元代在较为发达的民族地区征收租赋，对高寒山区或人口稀少的民族地区，则征收很少甚至不征收赋税。另外，遇到战争或其他特殊变故，由本地民众提供军需、粮饷与民丁等，也是中央政府加在民族地区民众头上很重的负担。

正如著名史学家黄仁宇在《十六世纪明代中国之财政与税收》中开篇所言："明代大多数政府机构沿袭唐、宋、元各代之旧，同时也形成了自己的特色。帝国的财政管理也不例外。"① 对边疆少数民族的治理方式上，明王朝在中央机构中恢复设立鸿胪寺，在宏观上掌管少数民族事务，集体职权则在各部之间划分行使，礼部主客清吏司"分管诸蕃朝贡接待给赐之事"；吏部验封清吏司兼管少数民族地区建置的土府、土州、土县等土官；兵部武选清吏司兼管少数民族地区建置的宣慰司、宣抚司、招讨司、安抚司、长官司、蛮夷长官司等土司。在地方治理机构的设置上，明朝既继承和完备了元朝开创的土司制度，又保留有唐宋的羁縻府州制。在西北、北方和东北的民族地区设置羁縻性的卫所，以藏、蒙古、女真等大小民族首领为指挥使、千户、百户等各级武职，其职可以承袭。在吐蕃地区维持其政教合一体制，拉拢和利用各种教派，册封和委任大小民族上层人物进行间接治理。在西南和南方少数民族地区，则在元朝土司制度的基础上，"大为恢拓"，发展为比较完备的土司制度。明朝廷规定了土官和土司的承袭、考核、贡赋、征调等各种制度，且比较完备。明朝实行土司制度对少数民族的治理，比历史上的任何一个朝代对少数民族的治理都更加深入和强化。明王朝对边疆少数民族的索取，制定了一套朝贡与纳赋制度。如制定进贡时间"命三年一贡，著为令"。从明朝的起运存留制度来看，中央财政在国家总财政中所占份额远远大于地方政府所占份额。在米麦等基本农作物方面，地方政府存留的食粮略高于起运中央的数量，但是在地方政府的起运中，还有大量的钞、绢、布、绒等。根据财政史专家孙翊刚先生对弘治十五年（1502年）的起运存留进行研究，二者的比例为：起运数额超过总数额的68%，存留仅占32%。不难看出，中央统揽财政大权，挫伤了地方政府执行国家政策的积极性，导致地方政府消极征税，拖欠成风。在土地税收方面，明朝的耕地中官田，即专由无地少地的农民佃种的土地约占全部土地的1/7，民田则绝大多数为地主官僚所占有。田赋也分两税，按田亩计征夏秋二税。具体税率为：官田亩税五升三合五勺（一勺=1/10合），民田减两升，为三升三合五勺。民田税轻，实际上于大地主有利，

---

① 黄仁宇：《十六世纪明代中国之财政与税收》，上海三联书店2001年版，第1页。

而对佃种官田的农民不利，加大了两极分化，激化了社会矛盾。明王朝后期的"恶税"制度所凸显的专制权力及其私欲的不受制约，从根本上加速了王朝覆亡进程。比如嘉靖时统治阶层的冗滥和贪黩造成的"一切取财法行之已尽"；万历二十四年（1596年）以后"税使之祸"、明代末年的"三饷"之祸等，最终造成"无物不税，无处不税，将县无宁村、村无宁家，内外骚动，贫富并扰，流毒播虐，宁有纪极？此开辟以来所未有之暴也"①。（明朝叶永盛《论税使疏》之语）

清王朝对于少数民族的治理方式，在中央机构中设有"理藩院"。院置院务大臣尚书，左、右侍郎。其属主要有：旗籍清吏司、王会清吏司、典属清吏司、柔远清吏司、徕远清吏司和理刑清吏司。在地方设置方面，在甘青、西南和南方少数民族地区，仍为土司制度。但清代不断进行"改土归流"，至清末大部分土司地区已改设流官，即由原来地方头人统辖改为由中央直接派干部治理，追求治理方式一体化的意图非常明显。对新疆实行军府制，归伊犁将军管辖，于北疆蒙古族实行扎萨克制度，于天山南回部（多为维吾尔族）实行伯克制度（但不世袭）。对西藏藏族，仍实行"政教合一"制度，派往驻藏大臣，利用达赖和班禅及其属僧俗首领进行管理。清王朝对其统治下的民族分为四等对待，满族是皇族，次为蒙古族，其次为汉族，再次为其他少数民族。满族是统治民族，在政治、经济、文化诸方面都享受有特权。蒙古族对清朝有功，优待之。汉族地区人口多、经济发达，必须应用汉族儒士才能维持统治。其他少数民族则是完全处于被统治地位。总之，19世纪80年代清朝政府"因俗而治"政策转变推行边疆与内地政治一体化进程中，取得了一定效果也出现了许多问题，导致了新的冲突和矛盾，对边疆地区稳定造成了不利影响。②

清朝租税、贡赋、徭役情形在各地有所不同。"内属蒙古"为清皇室的直属领地，为皇帝王公屯垦、放牧、供兵役徭役；对广大

---

① 王毅：《中国皇权社会赋税制度的专制性及其与宪政税制的根本区别》，《学术界》2004年第5期。
② 卢梅：《从经营川边看清末治藏政策的演变》，载罗贤佑《历史与民族——中国边疆的政治、社会和文化》，社会科学文献出版社2005年版，第243—259页。

汉族，仍依汉族原有的租税制度和形式进行各种剥削；对西藏藏族和新疆维吾尔族等，仍依其传统而定，除了给予他们以政治上的特权之外，作为俸禄，清朝按照不同官秩分给新疆伯克一定的职分田和专属佃户——"燕齐"。清朝政府不向"燕齐"征收税金，向自耕农征收农作物收获量十分之一的税，向佃农征收约占收获量的一半的税。另外从国库中以"养廉"名目，每年发给阿奇木伯克800铜币，依什罕伯克300铜币。清朝征服天山南部的维吾尔社会之后立即调整了租税制度，新设置的与征税有关的伯克也为数不少，但是当时的征税——从维吾尔人自耕农那里每年征收60万石的谷物只不过是为了解决清朝驻军的粮食补给。即使在财政困难的清朝后期，也没有增加维吾尔人的征税数量。① 由于柯尔克孜族在清军统一西北过程中建立功勋，清朝对其另眼相看……政府允许其照旧在原牧地自由牧放，不征收土地税……柯尔克孜族在新疆进行贸易，给予比内地减少三分之一的税率。② 对于新疆屯田，屯民不仅享受6年起课（6年内免纳赋税）待遇，而且每户拨地30亩即为私产，贷给耕牛、农具、种子及一年口粮，使移民们"到屯即有房间栖止，又有口粮度日，得领地亩、农具、马匹、籽种，尽力田亩，不致周章"③。（《朱批屯垦》乾隆四十二年八月二十六日）对西南和南方少数民族，初承明制，后略有增加，规定了贡赋兵役。具体征收各地不同，各式各样，种类繁多。总的来看，清朝对边疆少数民族的征收赋、役，要较明朝繁重得多。④

第三节　基本结论与启示

本节得出几点结论与启示。

---

① 王柯：《民族与国家——中国多民族统一国家思想的系谱》，中国社会科学出版社2001年版，第166、168—169页。
② 王钟翰主编：《中国民族史》，中国社会科学出版社1994年版，第843—844页。
③ 戴逸：《清代开发西部的历史借鉴》，《人民日报》2000年4月13日第11版。
④ 龚荫：《中国历代民族政策概要》，民族出版社2008年版，第406页。

一 中央与地方财政治理关系即集权与分权关系的处理，是历代王朝治国安民策略中极为重要的利益关系，寻求集权与分权的利益平衡点和相关制度支撑尤其关键

著名史学家周伯棣认为："在封建国家，理论上是中央集权，实际上常常是地方分权；中央对地方，鞭长莫及，便只好分割财权，平分秋色。其次，开国之初，统治力量较强，则中央财政常常压倒地方财政；到了末叶季世，统治力量衰弱，则地方财政又常常破坏中央财政"，"这可以说是普遍规律"。新中国成立以来，就一直非常注重、积极探索如何正确地处理中央与地方财政治理关系，并为此付出了巨大努力和艰辛探索。1994年分税制财政体制改革从根本上改变了中央与民族地方之间财税利益关系，确立了中央与民族地方政府之间财政收支范围和管理权限的基本框架，使中央与地方之间的博弈关系、博弈规则、信息结构发生了很大变化，初步形成了全局意义上的"主—从博弈关系"（leader-follower game），有助于加强中央宏观调控能力，并使中国在处理和解决中央与地方关系的制度化方面有了一个历史性的良好开端。[①] 但在集权和分权问题上，仍然没有形成稳定、可靠的制度性安排。在处理集权和分权的关系中要考虑到，当集中权力时也会把矛盾集中；当集中财力时也会把负担集中。在这个问题上要有高超的政治谋略和处理艺术。

二 为奠定皇权统治合法性的理论基础，历代王朝在财富观上追求财富共享，在制度安排上于"大一统"体制框架内通过制定灵活的财政治理政策以实现一定的政治目的

历代封建王朝都希望自己的统治具有无限生命周期，因此治国策略中协调各种关系，寻找社会稳定、和谐、繁荣的支点就具有极其重要的意义。表现在政治经济策略上，追求政与经、时与势的和谐就成为历代统治者的主要理政理念和策略选择。一方面，在财富

[①] 胡鞍钢：《分税制：评价与建议》，《中国软科学》1996年第8期。

观上追求财富共享，奠定皇权统治合法性的理论基础。董仲舒在《春秋繁露》中写道："大富则骄，大贫则忧。忧则为盗，骄则为暴，此众人之情也。圣者则于众人之情，见乱之所以生，故其治人道而差上下者也。使富者足以示贵而不至于骄，贫者足以养生而不至于忧。以此为度，而调均之。是以才不匮而上下相安，故易治也。"① 也就是说，"富者足以示贵而不至于骄，贫者足以养生而不至于忧"不仅是统治者实施统治过程中必须把握的尺度，同时也是维持统治秩序、构建统治合法性的基本标志。董仲舒建构的政治模式，奠定了皇权统治合法性的理论基础和基本理论模式。其"富者足以示贵而不至于骄，贫者足以养生而不至于忧"的财富共享标准，也成为中国传统治国理财策略的基本要求。另一方面，中国自夏至清历代王朝的统治都是以统治民族为尊贵、优越，被统治民族为卑贱、低下，其民族思想观念是歧视的、不平等的。但基于强化对边疆及被统治民族地区的控制的目的，基于各民族杂居、交错聚居在经济生活等方面各有其特点的事实，不可能强求一统。因此，在继承西周时期"百姓昭明，协和万邦"的思想和孔子提出的"远人不服，则修文德以来之，既来之，则安之"的思想，并将其运用到处理民族关系的问题上，提出了"平等相待"、"怀柔以远"、"因俗而治"、"文教招抚"、"以夷制夷"、"分而治之"等"威德兼施"的指导思想、政策手段，以达到各方归顺的目的，巩固封建专制统治。因此在处理民族问题、制定民族政策上一般都隐含着追求和谐与协调的社会目标。"尽管对少数民族进行行政管理的具体形式有发展变化，但少数民族自己管理自己的原则却是一致的。"②在区域开发与政策经济手段运用上，主张把戍边固疆、开发经济与人口空间合理分布结合，优抚与开发结合，"取"与"予"相结合。秦汉的屯田、固边、移民等多种政策手段的结合运用，始开边疆区域治理之先河并对后世乃至当今产生了极大影响。

---

① 董仲舒：《春秋繁露》，岳麓书社1997年版，第5132页。
② 徐杰舜、韦日科：《中国民族政策史鉴》，广西人民出版社1992年版，第14页。

三 注意各少数民族地区的复杂性和特殊性，从实际出发，因势利导，行政管辖与一定财政治理政策相配合施行灵活、权变的治理之策

中国统一多民族国家的形成基于一个漫长历史过程，战争、人口迁移、改朝换代以及中央政权的一系列制度都曾成为推进传统中国国家整合的直接动力，而历朝"因俗而治"、羁縻怀柔、和亲结盟等政策则是当时中央王朝政权推进边疆地区与封建国家整合的重要举措，民族型政区的划分深隐于这些政策背后，成为统一多民族中国不断整合的制动力量和空间架构，甚至成为向规范政区的一种过渡，对这些地区"因俗而治"体现着王朝政权对其所属居民和区域的统治意志，同时体现着王朝政权对边疆民族地区政治的包容与协作的历史进程。[①] 如秦汉王朝对北方少数民族不设置郡县，因游牧民族较强的流动性，所以不能"以有定之官，治无定之民"，对要服、荒服等边疆少数民族居住之地，"其贡货物"，"各以其贵宝为挚"而不强求与其他地区等同；对南方少数民族则是设置郡、县，因南方是农耕民族，固定居住一地，可以同内地汉族一样设置郡、县，委官前往驻镇管理。又如隋唐王朝对边疆少数民族地区取一种有别于中土之制，"分置酋领，统其部落"，"因其俗而抚驭之"，实行羁縻府州制度。在贡赋方面以户口版籍，以有版为常、无版为变，只要是唐王朝统治势力能有效控制的府州，都要上报户口，列入唐之"编人"（民），就要作为正式户籍而缴纳赋税；对边疆少数民族地区的赋税较之内地要轻，只"半输"，对岭南诸州减免税赋采取两种不同于华夏税收的"轻税"，用轻税代替了正税——租庸调。宋朝对边远、落后的"荒服"地区即为王朝统治势力不能有效管辖的边远地区不征赋税，临近内地的羁縻府州、县地区酌量征收；已归版籍设正州、县的少数民族地区同于汉族地区。从征收成本、王朝权威诚服程度等方面计，宋王朝只要求"荒服"

---

① 周竞红：《"因俗而治"型政区：中国历史上"一体"与"多元"的空间互动》，《中央民族大学学报》（哲学社会科学版）2006年第5期。

地区首领在一定期限内如三年或五年入朝进贡一次方物即可。再如明王朝对东北和西北少数民族地区的管辖设置羁縻卫所、对吐鲁番地区则是依托政教合一和利用各教派领袖进行管理、对西南和南方少数民族地区则在元朝土司制度基础上发展为完备的土司制度，并施之以不同的赋税制度和朝贡方式。元朝则实行南北不同制、蒙汉不同税的措施，对北方主要征收地税、丁税，南方则征收两税。上述诸王朝的施政之策为稳固政权、安抚边疆起到了一定作用。

四 基于少数民族和民族地区的朝贡和税收等财政治理手段，不仅承担了作为这些阶级的代表和王朝统治者之间的交换关系的媒介品质，而且具有了整合"核心—周边"权力关系秩序及其权力传承的政治工具和符号意义

按照 S. N. 艾森斯塔德的看法，随着社会依赖性增加，各种交换机制变得更为重要。而朝贡和税收等正是这些交换机制之重要形式。[1] 如果把中央政府与民族地方之间的关系看作是不同社会阶级之间的交换，或者臣民与作为这些阶级的代表和首领的统治者之间的交换，那么赋税与朝贡等实际上具有了这种交换关系的媒介品质。如果朝贡具有权威象征意义，为了贯彻统治者或国家的目标而对版籍管辖内的经济资源进行大规模的集聚和储存——通过税收手段的所谓"征发"机制，就更是中央政府最重要的交换机制和手段。这种交换具有明显的政治目的，它主要是政治扩张、维持政治关系或为政治目的而征发资源的手段。日本著名历史学家渡边信一郎则把贡纳制看作是"以皇帝权力为中心，整合不同生产方式和生活方式的各个地域，由中心向周边无限扩大的政治空间整合原理"。他认为，"贡纳"原本是诸侯、夷狄对王权表明服从之职，亦名"职贡"。贡纳礼仪本身显示宾主间礼物赠予的互酬性，这种源自西周的政治传统，正是基于互酬性而形成的政治秩序。就贡纳物本身而言，包括"贡献物的集积"与"贡纳物的再分配"，各地方"唯

---

[1] ［以］S. N. 艾森斯塔德：《帝国的政治体系》，贵州人民出版社1992年版，第47—48页。

国所有"、"随土所出"贡纳至中央的地方特产,在王权涵摄下,集中陈列于王廷,成就了天子或国君祭祀时的庄严;由个别邦国而来的贡献物,因共同集积在王廷而具备了"整体"的政治意义。经过这道礼仪程序,各地贡纳物成为"再生产朝廷(王权)这个政治身体"的素材,原本属于无机物的个别贡献物,最后成为构筑朝廷这个政治身体的有机组成部分。因此,贡纳制除了表现为互酬性的政治秩序外,也成为共同构筑朝廷政治身体的原理,贡纳制着重者是其"政治意义"而不是"数量"。① 著名史学家张光直对我国古代帝国统一的逻辑推演也表明了类似治理机制的存在。他认为,拥有相对优势的地域集团(核心集团),以军事征服方式,扩大其支配地域,然后通过政策、制度与组织安排,将各地域整合进以核心集团为中心的政治体系。而象征着地域社会臣服于核心权力的贡纳制经过不断调整后,继续保存在秦汉帝国体制内。所以说,帝国架构下的贡纳制和税收等财政关系治理手段,既体现了一定统治阶级的经济意义,也体现了核心区与边缘区之间的权力主从关系。正是来自相对于各区域社会的核心权力,通过制度化与组织化凝聚本身的实力,达成对周边区域社会的控制,进而通过制度化的建构联系核心权力与地域社会。② 使政治权力的经济实现手段——赋税与朝贡具有了整合"核心—周边"权力关系秩序及其权力传承的政治工具和符号意义。

总之,中国封建社会赋役、朝贡制度所体现的法理及其演进趋向在服务于皇权统治制度的同时,由于法权逻辑所导致的制度制约虚置化、非法征敛的合法化不断突破制度预设的限制,使专制权力之利欲的恶膨胀最终无法抑制,每每走向恶性程度更高之境地的发展道路,使得皇权王朝陷入治乱往复循环的历史困境之中。由于税权乃至整个财税关系的治理成为统一皇权的一个组成部分,这首先成就了中国皇权国家的异常强大,支撑并连通着这个庞大体系中的行政官僚、军队、统一完整的国家经济、深厚的文化等各个领域的

---

① 王德权:《东京与京都之外——渡辺信一郎的中国古代史研究》,载《中国古代的王朝与天下秩序》,中国社会科学出版社2004年版,第188—190页。
② 同上书,第203页。

制度建构。也是同样的原因，统治者为了自己的意志和利益而无限度地加重国民的赋役负担，而亿万国民则对此没有起码的异议权利和博弈能力。中国赋税史尽管有着汗牛充栋的文献，但其理论深度只能永远停滞在说明轻徭薄赋在"民本"政治中的意义、横征暴敛与王朝崩溃之间的相互联系等浅陋的层面，而对于赋税制度公正性与人类正义之间的关系、纳税人权利、公共财政的法律地位、财政监督和会计制度的意义等今天看来财政治理中最重要的理论问题，则一概没有涉及。同时，连建立稍具规则性的财政审核制度等起码的要求，最后也只能在皇权欲求不断膨胀的压力下归于失败。[①] 在这样法权理念支配下的国家政权其所产生的不平等社会制度和不平等民族关系，从根本上决定了治理各阶层、各群体利益关系的各种努力的必然命运。从这个意义上讲，"只要揭露历史上民族不平等和民族压迫的阶级本质，才能正确认识历史，才能明确区分阶级社会的民族关系与社会主义民族关系的根本区别，才能使人民认识和感到我们社会主义民族平等关系的可贵"[②]。基于民族平等关系基础上的政治、经济制度安排有望从根本上实现从"形式上的平等"到"实质上的平等"的历史性跨越。

---

① 王毅：《中国皇权社会赋税制度的法理逻辑及其制度结果》，《华东师范大学学报》（哲学社会科学版）2007年第1期。
② 翁独健：《中国民族关系纲要》，中国社会科学出版社2001年版，第9页。

第四章

我国民族财政治理的时空背景

本章分阶段从 20 世纪 50—70 年代的国家发展战略与体制选择、20 世纪 80 年代的改革开放时空差异、体制改进与利益格局改变以及 20 世纪 90 年代以来体制改革进程的时空变化与利益差异,描述了新中国成立以来区域利益格局变动与政府间跨区域财政资源分配过程与财政治理实践运用,试图为后续分析奠定一个逻辑起点和宏观背景。

第一节 新中国成立初期国家发展战略、体制选择与财政治理

国家发展战略设计从根本上决定了财政治理的政策走势。新中国成立初期重工业优先发展战略深刻地影响着区域利益均衡和财政治理的政策设计。

一 国家发展战略与财政治理均衡空间利益布局

出于对国家能力提升的强烈渴求,新中国实行了以计划经济体制为主导的、基于空间地带偏向的重工业优先发展战略,意图迅速摆脱国家积贫积弱、贫困落后的状态。体制背景上,计划经济体制为样本的苏联范式符合我国中央集权下国家能力提升的战略需要和对西部边远地区社会控制的需要;体制选择以及运行机制上,除扭曲价格的宏观政策环境、计划为基本手段的资源配置制度以及没有

自主权的微观经营制度的"三位一体"的体制模式,似乎别无选择。① 基于此,国家利益分配包括财政资源、人力资源和政治资源,总的来说是从东部地区向西部地区大规模转移。这种利益的空间转移可用图4—1表示。

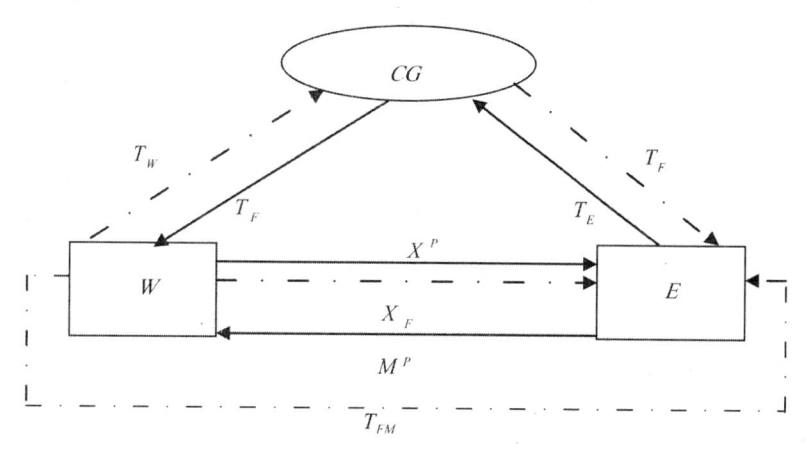

图4—1 改革开放前我国财政资源的空间转移图

用 CG 代表中央政府,E 代表东部地区,W 代表西部地区。上图表明,西部地区以调拨价格向东部提供矿产品等资源型粗加工品(X^P),东部则向西部输入工业制成品(M^P),东部形成的国民收入一部分通过税收形式形成中央财政,中央政府又将其中一部分通过财政转移(T_F)形式向两地区流出,虚线表示西部地区向中央政府缴纳的税收是负的(不考虑隐形转移问题)。

在这种利益交换和均衡模式中,一方面国家通过有计划的、长期刚性的指令性要求,造成各地区、部门、行业间价格差异和资金利税率差异,形成工业—农业价格剪刀差,即以控制初级产品价格来保证中、下游产品的生产,在工业内部又将对加工工业所征收的高税作为重工业的投资补贴。同时,国家又将东部利用西部地区廉价初级产品价值转移所创造的国民收入,以抽税形式加以集中,并

---

① 林毅夫等:《中国的奇迹:发展战略与经济改革》,上海三联书店1994年版,第46页。

通过空间转移形成某种新的分配格局。在这种价格扭曲和东、西部产业结构差异的综合作用下，大量资源价值从我国中、西部能源、原材料和初级产品加工业比例较大的地区转移到东部地区。[①] 另一方面为了保持西部地区较为稳定和均衡的空间利益分布格局，中央政府又对西部地区实施财政补贴。这一时期财政资金流动方向就非常鲜明地说明了这一点（见表4—1）。

表4—1　　　　1953—1979年我国各省区财政资金流动量　（单位：亿元）

东部地区	资金流入量	中部地区	资金流入量	西部地区	资金流入量
上海	-1811.73	黑龙江	-295.62	内蒙古	-110.28
辽宁	-750.39	河南	-75.17	新疆	-77.63
天津	-400.57	湖南	-65.03	贵州	-59.39
江苏	-395.57	湖北	-50.84	广西	-54.50
山东	-357.65	吉林	-33.83	青海	-49.67
北京	-338.64	江西	-24.97	云南	-47.01
广东	-255.76	安徽	-16.99	西藏	-46.44
浙江	-163.56	山西	4.16	宁夏	27.58
河北	-119.57			四川	67.03
福建	8.01			甘肃	51.42
				陕西	24.86

资料来源：黄肖广：《财政资金的地区分配格局及效应》，苏州大学出版社2001年版，第132页。

另据南开大学经济研究所、美国宾夕法尼亚大学地区科学系的研究估计，1953—1978年间，我国国民收入总额用于空间转移的数额为2140亿元，占同期国民收入的5.9%。在转移支付的流动方向上，是从核心区同时流向三个边缘区，而从接受空间转移的三个边

[①] 郭凡生：《贫困与发展》，浙江人民出版社1988年版，第79页；杨开忠：《中国地区发展研究》，海洋出版社1989年版，第146页；魏后凯：《地区经济发展的新格局》，云南人民出版社1995年版，第163页。

缘区顺序看，第一位是西部地区。当然，我国每年巨额国民收入西移而差距却急剧拉大的主要症结在于，按国民收入生产额和使用额所计算的地区转移夸大了自东向西的转移量，在生产要素跨地区流动中也存在着逆向转移，中西部地区受益有限。[①] 自西部开发战略以来，国家对西部地区投资的巨量财政资金，也会通过购买机器设备和原材料形式、[②] 主要税种收入归属机制设置、隐形税负转移等多种回流到东部。

二 小结

总之，这一时期的地区利益分配带有强烈的国家行政指令色彩和低水平均衡分配结果等特征。不可否认，这种国家发展战略、体制选择内生决定的利益分配模式，对利益关系治理和体制改进带来了持久影响和初始制约：第一，与东部地区相比较，传统计划经济体制及其运行模式在西部地区的长期存续，加大了西部地区体制变革成本，陷入了初始制度选择强化现存制度与体制的刺激和惯性的"路径锁定"状态。换句话说，东西部地区体制落差在满足国家战略需求和渐进式改革路径选择的同时，客观上起了巩固西部传统体制的作用，并强化了利益关系治理中的"体制补贴"悖论，即国家用东部市场化（新增部门）创造的财富持续补贴西部现行体制（存量部门），既加大了中央财政压力又会引致发达地区的不满。第二，对西部地区来说，由于以国家战略储备为出发点、"嵌入式"的产业结构与民族地区内生能力和发展水平的关联性不大，西部地区产业在国内产业链条中演变为东部加工工业的一个组成部分，产业链条低端性、依附性强。第三，从利益空间转移特征看，中央对西部地区转移支付主要用于消费性的购买支出而非投入，直接增加了东部地区的国民收入，转移支付的增加并未增加该地区国民收入增量，反而以赋税乘数效应的方式使该地区国民收入随着转移支付

---

① 魏后凯：《中国地区发展：经济增长、制度变迁与地区差异》，经济管理出版社1997年版，第169页。

② 安虎森：《有关地区经济学基本理论的一些思考》，《西南民族大学学报》2008年第1、2期。

T_F 的增加而减少。这种情形在初级产品价格水平的行政控制、东西部不合理的比价结构长期没有改变的情况下不断得以强化,至今远未消除。

第二节 改革开放时空差异、体制改进与利益格局调整

改革开放初期,以农村为重点的改革策略并未造成利益差距过分拉大与分化。而那时的中西部地区如安徽、甘肃等省区,在某种程度上扮演了农村责任到人、包产(山)到户改革的主要角色,较早尝到了改革的"甜头"。更为重要的是,农村改革从自发试验到广泛推行只经过了非常短暂的时期,改革初期所具有的"分享式改进"使得各阶层、群体几乎均等地从中获益。特别是由于农业发展水平起点低,农业增加值占到 GDP 近 1/3 份额的基本事实,使得中西部地区民众从改革中受益相对较大。另外,当时改革效应主要通过激励生产者和管理者的投入积极性,以提高生产效率为主,与区域市场体制发育程度关联性不太大。

与教科书模式中的"雪中送炭、扶老携幼"发展战略指向不同,20 世纪 80 年代国家实施梯度发展战略、选择条件相对好的东部地区作为开放前沿和高梯阶区,并得到优先发展的政策倾斜支持,地区分工与利益分配模式开始发生逆转,即开始了以分配型、低水平地区经济增长向创造型、非均衡地区经济增长的战略转变。

一 20 世纪 80 年代区域非均衡增长战略与区域间财政资金的流动

创造型地区经济增长战略目标主要集中于高效率的地区经济组织、有效率的创新活动,而不是简单地追求资源在空间上的转移。其最直接的结果使得利益的空间转移水平显著降低。据南开大学经济研究所、美国宾夕法尼亚大学地区科学系(1994)的研究表明,改革以来,我国总量意义上用于空间转移的国民收入占

总额的比例，从改革以前的平均5.9%减少为3.2%，说明中央政府在平衡地区利益差距上的力度比以前减弱了；从利益分配的空间结构看，原先的财政资金净流出地区变成了净流入地区。核心区国民收入空间转移支付占国民收入和积累的比例分别减少了12.6%和86%；处于边缘区的西部地区虽仍维持较高的国民收入净流入水平，但国民收入支付占其国民收入和积累的比例分别下降了6.3%和22.8%。

二 体制租金在空间的非均衡分布与财政补损

以上分析初步表明，东部地区利用在体制安排上的先行权获得体制租金，并在宏观政策制定和剩余索取等方面有了更大的话语权和要价权。同时，随着财政分灶吃饭财政体制模式的实施，各地财力及其利益驱动机制开始逐步形成。在机会成本比较、效益优先前提下，中央在大力支持东部沿海发展、各种因素纷纷东涌的同时，也减少了对西部地区的投资力度，致使西部地区利益获取处于相对停滞状态。最直接的体现就是民族地区全社会固定资产投资中国家预算内资金的急剧缩减。研究表明，西部民族地区全社会建设资金中，国家预算内资金所占比重由1981年的28.1%下降到2004年的4.3%，自筹及其他资金则由55.4%上升为73%。2004年全社会用于投资的国家预算内资金为3255亿元，其中西部地区为1094亿元，仅占其全部资金来源的7.9%。[①] 与此同时，现行利益分工格局中，西部地区主要是用价格偏低的能源、原材料等初级产品参与全国的地区利益分工，与东部地区价格偏高的制成品相交换，造成被抽走的"乘数效应"，客观上形成一种"双重利益流失"机制，使得西部地区在低价输出初级产品和高价购买东部产品时都会遭受利润损失。表4—2是中央政府通过财政资源空间上的转移，对利益受损区域的某种补偿与矫正。

[①] 国家统计局课题组：《中国区域经济非均衡发展分析》，《统计研究》2007年第5期。

表4—2　　　1981—1991年中国各省区财政资金流动量　（单位：亿元）

东部地区	资金流入量	中部地区	资金流入量	西部地区	资金流入量
上海	-821.64	黑龙江	147.83	内蒙古	233.01
辽宁	-285.70	吉林	125.75	新疆	193.16
江苏	-321.32	江西	78.05	西藏	186.98
浙江	-209.83	安徽	41.11	广西	116.40
北京	-180.07	山西	34.16	陕西	110.61
天津	-161.08	湖南	8.04	云南	107.04
山东	-57.11	河南	3.20	贵州	97.80
湖北	-45.11			青海	76.22
河北	-27.72			甘肃	71.59
福建	60.21			宁夏	67.89
				四川	67.07

资料来源：黄肖广：《财政资金的地区分配格局及效应》，苏州大学出版社2001年版，第146页。

如图4—2所示，由于体制双轨制的存在，西部地区输入商品中由市场定价的部分明显上升，而出口商品价格仍实施计划价格，从而客观上加剧了西部交易条件的恶化程度。与此同时，中央政府向东部征收税赋相对减少而政策性转移支付的急剧增加，迫使中央政府财政补偿政策开始发生某种微妙的变化。这直接体现在企业所得税优惠政策上。企业所得税减免的实质是对东部生产者提供了生产补贴。这一方面造成了对受减免产品和部门级的优惠待遇，从而造成对其他产品、部门和地区的歧视性待遇；另一方面提高了东部生产者的资本收益率。因为征收企业所得税一般会减少资本企业的收益率，从而造成资本和其他要素向高资本收益率的部门和地区转移。研究表明，1985—1992年，东部由于工业企业享受的税收减免优惠就相当于中西部获得的全部优惠，其数量从19亿元增加到225亿元，年均增加30亿元，该数字比1992年新疆、宁夏、青海省区上缴的税收总和28.1亿元还要多。① 另据世界银行估计，若按照当时外商投资企业的平均所得税税率15%计算，1995年中央财政因税收优惠损失的财税收入约为66亿元人民币，损失的财政收入所换取的利益也基本上被东部沿海地区享受了。②

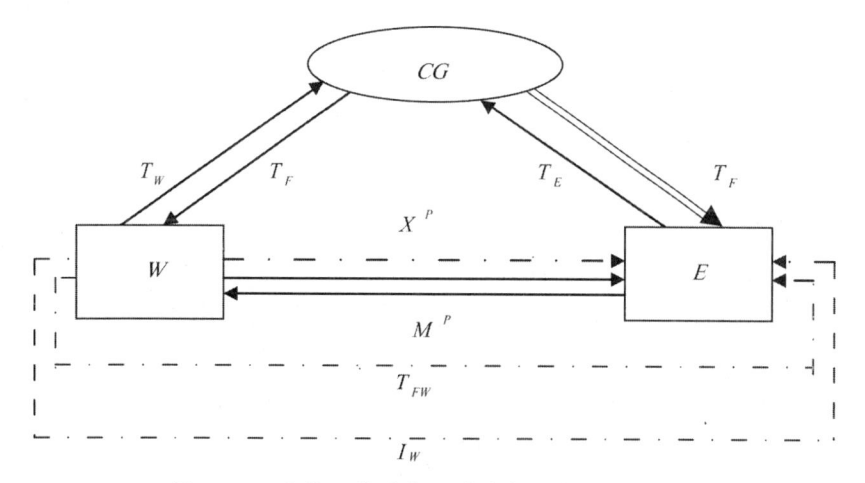

图 4—2　改革开放后我国财政资源的空间转移图

第三节　20世纪90年代以来体制改革的空间差异与财政治理

本节是对20世纪90年代以来体制改革的空间差异与财政治理的讨论与分析。

一　20世纪90年代以来经济体制改革与财政治理

随着改革重点从农村经济转入城市经济，国有企业改革从试点转入全面推开，进一步延伸到金融、财税、生产因素价格等各个方面，地区之间从改革中受益的格局发生了巨大变化。第一，由于东

---

① 陈伯君：《西部开发与地区经济公平增长——继续推进西部大开发战略对策研究》，中国社会科学出版社2007年版，第257页。
② 韩凤芹：《地区差距：政府干预与公共政策分析》，中国财政经济出版社2004年版，第94页。

部地区城市化水平和工业化水平都比较高，因此这一地区开始从改革当中获得较大的收益。如在价格改革方面，我们选择的先从终端产品和直接消费品市场开始进而向上游产业推进的反向价格改革使以重工业和能源原材料等基础产业为主的中西部地区蒙受"剪刀差"利益损失，而以终端产品产业为主的东部地区则以率先放开自己产品的价格在国内市场上获利，且先行建立起市场经济体制，进一步确立了从短缺经济向买方市场转变过程中的竞争优势。在国有企业改革方面，以建立现代企业制度、"抓大放小"、从战略上调整和优化国有经济的布局等为中心内容的改革，使以生产一般性轻加工产品为主的东南沿海地区又获得了一次关键性的优先改革和获利机会。第二，进入90年代以后，我国经济增长主要依赖于资源配置效率的提高。众所周知，由于东西部市场规模、市场开放程度和要素禀赋等方面存在较大差异，在优先开放和财税政策导向下，体制机制创新的"先发优势"使东部从先行改革中获得了巨大的利益增长效应，创造出了有利于吸附资本、人才积累的空间格局和能力，把中西部地区远远地甩在了后面。在空间经济学看来，不同的空间质量不仅会直接影响生产要素的产出，而且会间接影响到其他生产要素的积累并对经济增长发挥促进作用。当本地市场效应、生活成本效应与市场拥挤效应所产生的聚集力大于离心力时，其所产生的循环累积因果机制或"牛皮糖效应"（范剑勇，1996）不断强化、推动可流动因素不断从欠发达的中西部地区流向东部地区。从2005年财政资源净流入省区情况表可看出，国家在财政转移于空间上的努力程度（见表4—3）。

表4—3　　　　　2005年财政资源净流入省区情况　　　　单位：亿元

省区	净收益	省区	净收益
四川	293.98	贵州	169.7
内蒙古	226.9	陕西	149.2
吉林	222.3	青海	124.9
河南	200.3	湖北	124.3

续表

省区	净收益	省区	净收益
黑龙江	199.7	安徽	122.5
甘肃	194.6	重庆	117.5
广西	188.2	宁夏	88.2
西藏	186.7	海南	45.2
新疆	181.1	云南	15.6
湖南	177.0	河北	3.1
江西	180.6		

资料来源：李萍：《中国政府间财政关系图解》，中国财政经济出版社2006年版，第41页。

二 基本结论

以上分析粗线条地描述了新中国成立以来政府跨地区的财政资源重新分配过程和利益格局变动，试图为后续分析奠定一个逻辑起点和时空背景。第一，从国家财政治理总体框架来看，镶嵌于其中的民族财政治理的治理路径及选择，带有强烈的国家意志色彩。也就是说，我国经济转型的过程中内生出了这样一个利益格局以及财税关系治理路径选择：国家战略的推行并通过政府间博弈过程扩充了国家战略，地方政府之间的竞争内生出了各地区域差异化的事实。国家战略是这种内生性的"核"，异质型地方政府是区域差异化的实现条件，而伴随的财政税收体制则是内生性区域差异得以实现的物质基础。[①] 空间利益格局的变动以及随之而来的财政资源转移，以显性、可视的方式表明了中央政府的均衡空间利益关系的政策意图，也可以看作是通过政府干预，试图打破不利于经济增长要素聚集和导致要素漏出的不合理的空间组织结构的一种尝试和努力。

第二，从某种意义上说，利益格局空间转换过程也就是各利益主体权力博弈与市场化进程的空间推进过程。市场化改革的空间不

[①] 何恒远、周立群：《国家战略、地方政府竞争与内生性区域差异化——中国经济转型区域路径分岔的一个分析框架》，《改革》2005年第3期。

同等暗含的一个必然逻辑就是，国家（用转移支付的方式）把东部发达地区市场化改革的成果用来补贴西部欠发达地区发展，能够在很大程度上平衡利益失衡问题、实现区域协调发展。但正如我们所知的那样，分税制体制改革以来，中央财政付出了巨大努力，但对民族地区自生能力的提高没有根本性改变。这就促使我们思考这样一个问题：中央补贴政策的效率究竟如何？市场与政府（财政）之间出现某种替代的拐点何在？对大陆财税问题素有研究的中国台湾著名学者邹继础也发出类似的疑问：如果从制度效率观点分析，假定地区间的财政转移与重新分配的"交易成本"为零，透过垂直或水平重新分配财政资源将对地方发展诱因没有负面的影响，因此能够达到重新分配所达致的应有效应组合。但是，即使重新分配没有负面诱因，也不代表重新分配能提升较贫困区域的长期均衡成长率。[1] 即使不考虑财政重新分配的制度成本，从区域长期均衡成长的实现来看，我们还看不到这种均衡发展迹象的显现。因为保障均衡成长的财政治理与改革，无论从改革过程抑或实际成效来说都还远远不够。再从制度正义性视角分析，正如著名经济学家斯蒂格利茨说的，"对经济体制的评价，不仅是按照最终的结果（尤其是所得的稳定状态的均衡分布），而且也要按照动态的过程——我们是按照机会的均等来评价制度表面的公正性的"[2]。显然，从机会均等来评价制度表面的公正性，区域间巨大的经济发展水平以及背后公共服务均等化水平的鸿沟，无不给后续改革带来前所未有的挑战，也给以利益关系治理为己任的全面深化财税体制改革留下了较大的制度创新余地。

---

[1] 邹继础：《中国财政制度改革之探索》，社会科学文献出版社2003年版，第113页。
[2] 约瑟夫·斯蒂格利茨：《财政学的新视角：近期的成就与未来的挑战》，《经济社会体制比较》2004年第1期。

第五章

我国民族财政治理的一般理论分析框架

本章试图构建一个财政治理的利益相关者及其需求的理论分析框架。分别对财政治理中的利益主体及其规定性、我国民族财政治理中利益主体的需求、利益主体行为假定以及约束条件等进行了界定与阐述。

第一节 财政治理的利益主体及其需求

在经济学层面上，经济发展的规律是生产力与生产关系相互作用的规律，生产关系是由人在劳动中创造出来的，并受到客观条件的制约。如果上升到更高的哲学层面上，社会发展的规律完全可以看成是由利益的有限性与利益关系错综复杂的矛盾冲突与协调来决定的。[①] 利益多元化是社会发展的现实结果，国家公共政策过程中必然会体现多种利益的平衡与博弈，所以协调多元主体之间的利益关系是任何一个社会统治阶级的主要任务，财政治理则是利益关系平衡与协调的总枢纽和总闸门。

一 财政治理中的利益主体及规定性

任何治理要素的分析都要涉及利益主体及其规定性问题。对此我们借助于"利益相关者"理论来进行界定。从现有文献来看，最

---

① 孔爱国、邵平：《利益的内涵、关系度度量》，《复旦学报》（社会科学版）2007年第4期。

早提出"利益相关者"概念的是斯坦福研究院的学者。1963 年该研究院的一个研究小组从狭义角度考虑了利益相关者，认为对企业来说存在这样一些利益群体，如果没有它们的支持，企业就无法生存。1984 年弗里曼在《战略管理：利益相关者管理的分析方法》（*Strategic Management：A Stakeholder Approach*）一书中明确提出了利益相关者管理理论。在他看来，利益相关者是那些能影响组织目标的实现或被组织目标的实现所影响的个人或群体。这一定义不仅将影响组织目标的个人和群体视为利益相关者，同时还将组织目标实现过程中受影响的个人和群体也看作利益相关者，将体制改革纳入利益相关者管理的研究范畴，大大扩展了利益相关者的内涵。随后，利益相关者理论大量引入管理学、社会学、经济学、伦理学等领域中，其研究主体也由最初的企业延伸到政府、社会组织、社区、政治、经济和社会环境等众多方面。对财税关系的利益相关者进行分析，以全面、客观地了解财税关系治理的利益相关者的权力、立场和认知等信息，在此基础上制定的改革措施就可减少实施中的阻力，提高其政治合法性和可行性，这一政策分析方法就叫作利益相关者分析法。

社会主义经济体制改革的基本任务是，通过利益关系的调整，解决社会主义生产力与生产关系之间的矛盾，实现社会主义本质的基本要求，巩固和发展社会主义基本制度。在这一历史进程中，势必要对社会利益关系和利益格局进行重大调整，由此不可避免地会产生不同利益主体之间的利益矛盾与冲突。改革开放初期，由于利益主体角色尚不明晰、利益关系基本不变前提下的均衡发展战略，使得利益矛盾和冲突尚未充分暴露。但随着体制改革涉入"深水区"，对各种利益关系进行深刻调整，必然会引起相对利益得失同存的"非帕累托改善"，并且由于多年来非均衡渐进性边际治理所产生社会各阶层、群体利益矛盾的累积，致使我们目前深化改革过程中遇到了较严重的利益矛盾障碍。比较突出的问题之一就是利益差距过大和利益矛盾与冲突越发凸显。财政治理是各级政权之间及国家与社会主体之间的职、责、权力和相应利益的制度安排长期互动、摩擦和协调的过程，是各种资源和利益重新分配和平衡的过程，是利益相关者之间通过协调、利益让渡和责任分担而进行有利于科学发展体制构建的过程，能否处理好利益相关者的问题，是财政治理与改革能否成功的关键。

财政治理中的利益主体涉及宏观和微观经济的各个主体。具体而言主要有：中央政府、政府部委、地方政府、企业、社会民众五类（见图5—1）。

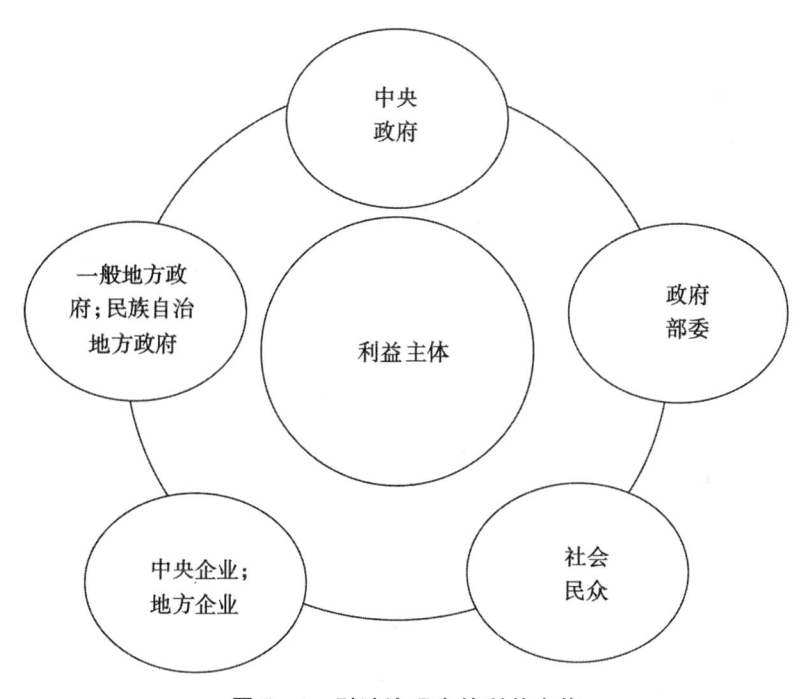

图5—1 财政治理中的利益主体

（一）中央政府

中央政府是管理国家全国性事务的国家机构的总称。它首先是一个空间和政治概念，同时还是一个价值和信念范畴的现象，中央政府是支配社会的各种价值、信念和信仰的核心。我国的财税体制改革是在中国共产党领导下进行的，重大利益关系的治理无一不是由党的政治权力中枢决定并通过行政权力中枢——中央政府去贯彻施行的。中央政府是国家利益的总代表。国家利益是以国家为主体的经济利益，国家要为全国各族人民的利益服务，就要以社会利益代表的身份超越各种经济形式为全体人民的共同利益服务，所以国家利益是以全国人民的共同利益为内容，代表国民经济的全局利益。[①] 国家利益主要是通过作为国家具体化身的中央政府制定实施的体现国家意志的各种法律和政策来表达和实现的。从社会主义市场经济的内在要求分析，一方面政府必须保证本国的分工和交易能够在和平和稳定的环境中进行；为产权奠定法律基础；提供旨在促进社会公平的措施；平抑市场波动和提供有效的制度供给；通过各种手段促进市场竞争的有效性。另一方面必须维护社会主义公有制的主体地位；必须通过各种制度安排和政策措施保证满足人民日益增长的物质文化需要，实现共同富裕的根本目标。具体而言，政府要全面履行经济调节、市场监管、社会管理和公共服务职能；健全宏观调控体系，主要运用经济、法律手段和必要的行政手段引导和调控经济运行，促进国民经济又好又快发展；严格市场监管，推进公平准入，完善监管体系，规范市场执法，形成统一开放竞争有序的现代市场体系；加强社会管理，强化政府促进就业和调节收入分配职能，完善社会保障体系，健全基层社会管理体制，妥善处理社会矛盾，维护社会公平正义和社会稳定，健全突发事件应急管理机制；强化公共服务，完善公共政策，健全公共服务体系，增强基本公共服务能力，促进基本公共服务均等化；组织实施区域协调发展战略，指导、制定区域协调发展规划，督促地方政府过程落实，为区域利益分工、利益冲突与协调提供解决的办法与规则。

（二）政府部委（中央部委及各级政府部门）

《中华人民共和国国务院组织法》规定，各部、各委员会工作中的方针、政策、计划和重大行政措施，应向国务院请示报告，由国务院决定。根据法律和国务院的决定，主管部、委员会可以在本部门的权限内发布命令、指示和规章。《国务院工作规则》（国发〔2008〕14号）指出，各部、各委员会、人民银行、审计署根据法

[①] 洪远朋：《经济利益关系通论——社会主义市场经济的利益关系研究》，复旦大学出版社1999年版，第80页。

律和国务院的行政法规、决定、命令,在本部门的职权范围内,制定规章,发布命令。国务院各部门要各司其职,各尽其责,顾全大局,精诚团结,维护政令统一,切实贯彻落实国务院各项工作部署。其第二十三条规定:各部门制定规章和其他规范性文件,必须符合宪法、法律和国务院的行政法规、决定、命令,并征求相关部门的意见;涉及两个及以上部门职权范围的事项,应由国务院制定行政法规、发布决定和命令,或由有关部门联合制定规章或其他规范性文件。其中,涉及群众切身利益、社会关注度高的事项及重要涉外、涉港澳台事项,应当事先请示国务院;部门联合制定的重要规章及规范性文件发布前须经国务院批准。部门规章应当依法及时报国务院备案,由国务院法制机构审查并定期向国务院报告。鉴于我国少数民族和民族地区利益关系治理的特殊性考虑,民族区域自治作为国家基本政治制度被确定下来。《民族区域自治法》对国务院及其有关部门的职权作了原则性规定。《民族区域自治法》第七十三条规定,国务院及其有关部门应当在职权范围内,为实施本法分别制定行政法规、规章、具体措施和办法。

(三) 地方政府(一般地方政府与民族自治地方政府)

地方政府是指管理一个国家具体行政区事务的政府组织的总称。地方政府和中央政府相比,具有有限的权力,如制定地方税收政策、实行有限的立法等。中国的地方政府除特别行政区以外分为四级即省级、市级、县级和乡级。地方各级人民政府是地方各级国家权力机关的执行机关,是地方各级国家行政机关。在我国地方政府中,民族自治地方政府是一种特殊的行政区域,对民族地区及其政府关系治理是社会主义利益关系治理过程中的一个特殊问题。就目前我国民族自治地方政府设置而言,截至2008年,我国建有民族自治地方155个。其中:5个自治区,30个自治州,3117个自治县和3个自治旗,其总面积占全国总面积的64%,44个少数民族和71%的少数民族人口实行自治。除广西、内蒙古、新疆、宁夏和西藏之外,民族自治地方政府还分布在河北、辽宁、吉林、黑龙江、浙江、湖北、湖南、广东、海南、重庆、四川、贵州、云南、甘肃、青海。也就是说,全国一半以上的省级行政区域内都有民族自治地方政府。我国其他类型政府都会以这样或那样的方式,与民族自治地方政府联系、交往和竞争。民族自治地方政府,就是民族自治地方的行政机关,即民族自治地方的人民政府。民族自治地方政府具有双重属性。一方面,它是民族自治地方的国家行政机关。它同其他一般地方政府一样,都是国务院统一领导下的国家行政机关,都服从于国务院并依法行使行政职权。另一方面,它又是民族自治地方自治机关。自治区、自治州、自治县的人民代表大会和人民政府都是民族自治地方的自治机关。它们之所以是自治机关,从根本上说就是因为它们享有自治权。因此,处理民族自治地方和国家(财税)关系的基本准则是,"一方面,民族自治地方是中华人民共和国不可分离的部分,要维护国家的统一,保证中央人民政府的统一领导和国家政策和计划在各民族自治地方的贯彻执行;另一方面,又要保证民族自治地方自治机关充分行使自治权,照顾各民族自治地方的特点和需要,使自治地方有大于一般地方的自主权"[1]。显然,与其他地方政府相比,民族自治地方政府有其特殊政治定位与职责。这主要归结于两个方面:一是民族区域自治制度,二是民族自治地方特殊的环境。民族区域自治制度是民族自治地方政府存在的根本前提,民族自治地方政府不同于其他一般地方政府的特殊权力,是由于国家实行民族区域自治制度而获得的,是国家在民族区域自治制度框架内授予的。民族自治地方经济、社会、文化环境的特殊性是民族自治地方政府特殊性的根源和客观基础。在民族区域自治制度已然成为我国既定的制度环境条件下,民族自治地方特殊的经济、社会和文化环境,又成为影响民族自治地方政府职能、运行及发展的根本性因素。从这个意义上说,民族自治地方政府的特殊性是由民族自治地方特殊的环境条件产生和决定的。[2]

(四)企业

在我国利益关系治理与改革进程中,企业特别是国有企业改革以其重要性和复杂性始终居于中心地位。国有企业改革的核心是改

---

[1] 阿沛·阿旺晋美:《关于〈中华人民共和国民族区域自治法(草案)〉的说明》。
[2] 周平、方盛举、夏维勇:《中国民族自治地方政府》,人民出版社2007年版,前言第3页。

革政府与企业的利益关系,既包括产权关系也包括财政分配关系。无论是"放权让利"还是"利改税"和"拨改贷",其矛盾指向都围绕国有企业与政府间财税利益分配矛盾的治理而展开,并通过放权让利、逐步松动国有企业的经济束缚,并辅之以一定剩余索取权以求搞活企业,逐步塑造市场化的微观主体。党的十四大把建立现代企业制度确定为国有企业改革的目标之后,改革的重心从调整政府与企业的财政分配关系转向产权制度改革,同时建立起与之相适应的以划分税种为主要特征的分税制,企业承包制基本让位于较规范的"依法纳税、公平竞争"模式,统一税率、公平税负导向下的国家与企业分配关系和企业间公平竞争关系初步确立。与此同时,财税关系在促进企业制度变迁的过程中也逐步形成了以税收为主、较为规范的公共收入制度、财政支出结构也日益向公共化领域倾斜。

(五)社会民众

社会公众参与公共决策是指公民以及由公民所构成的社会团体通过一定的方式和程序,以公共决策主体和客体的双重身份直接或间接参与和影响公共决策过程,表达自身利益要求和意愿的政治行为。我国《宪法》规定:"中华人民共和国的一切权力属于人民。……人民依照法律规定,通过各种途径和形式,管理国家事务,管理经济和文化事业,管理社会事务。"党的十七大报告指出:要"从各个层面、各个领域扩大公民有序政治参与,最广泛地动员和组织人民依法管理国家事务和社会事务,管理经济和文化事业",要"依法实行民主选举、民主决策、民主监督、保障人民的知情权、参与权、表达权、监督权"。2008年国务院通过的《国务院工作规则》第十八条明确规定,国务院各部门提请国务院研究决定的重大事项,都必须经过深入调查研究,并经专家或研究、咨询结构等进行必要性、可行性和合法性论证;涉及相关部门的,应当充分协商;涉及地方的,应当事先听取意见;涉及重大公共利益和人民群众切身利益的,要向社会公开征求意见,必要时应举行听证会。由此可见,社会公众参与公共决策包括财税关系改革等国家财税决策是实现人民民主的重要途径,同时,公民参与可以更好地发挥社会公众对财税关系改革的决策者及其实施机构的监督作用,增强政府财税政策制定及实施的有效性和可操作性，使得财税政策的执行更加顺畅、更深得民心，从而有助于政府公信力的提高。

二 研究财政治理中利益主体需求的重要性分析

英国思想家霍布斯曾经指出："在所有的推论中，把行为者的情形说明得更清楚的莫过于行为的利益。"利益相关者理论认为，正是人们的需求构成了利益的基础。不同的利益相关者有不同的利益需求，都有自身独特的价值和追求目标，即利益相关者的多元化决定了利益需求的多样化，致使利益实现途径的多形化。而各种利益关系相互作用和协调的实现方式关系到利益相关者的利益实现程度，关系到财税关系乃至一切社会利益关系治理的成败。

第一，财政治理从本质上来说是各利益主体之间利益需求引发的各种行为相互制衡关系的有机整合。财政治理与改革涉及各种各样的利益相关者，其决策与实施过程要受到各利益相关者行为的影响，需要关注这些利益相关者的利益需求。事实上，关于财权的每一项规定和关于财力的每一项收支安排，其实都是一种利益的分配。通过这种分配，财政不断建立起连接统一性和独立性、局部利益与全局利益、短期利益与长远利益的桥梁。所以说，财政体制是在维护利益一致性的前提下，通过划分财权和制定规则，把各利益主体间财力配置和利益分配加以规范化的制度。[1] 财政治理过程就是利益相关者在追逐各自利益需求的过程和选择有利于自身的行为决策的博弈过程。从具体实践层面来看，财政活动中的人与物之间的关系属于社会公共资源的配置问题，要求注重社会效率；财政活动中的人与人之间的关系属于利益的分配问题，要求遵循一定的价值标准，注重社会公平与正义。由于利益的分配和协调是财税关系治理的本质体现，因此需要加强对财政活动中的各种利益矛盾和冲突的研究，重视财税关系治理中利益相关者的利益需求，根据利益相关者的利益需求进行合理的利益调整和平衡，并在实践中通过财政手段调节各种利益关系。

---

[1] 贾康：《转轨时代的执着探索》，中国财政经济出版社2003年版，第48页。

第二，关注财政治理主体的利益需求，有利于提高制度遵从度、认可度并减少制度运行摩擦和制度运行成本。利益相关者是财政治理与改革的各有关群体或个体，如果忽视或不尊重各利益相关者的利益需求，会引发这些利益相关者对改革的拥护和支持力度，进而直接影响甚至严重阻碍整个改革过程的利益创造和调整机制的有效构建。因此财税关系治理与改革就需要建立一套改革实施机制来慎重设计和实施改革方案，把由此带来的相关成本费用降至最低。

第三，厘清和分析财政治理和改革的利益主体之间的利益需求，根据其利益需求的程度进行利益分配协调，有助于为推进其他各项改革创造良好的制度环境和政策空间。如在资源开发利益相关者的利益治理与改革中，如果各项政策决策与实施中关注社区居民的现实愿望，并支持他们参与改革决策的过程，让他们共同分享资源开发所带来的利益和成果，社区居民必定会支持资源开发等领域的改革推进，为进一步改革提供强有力的合法性支持。而且资源开发领域改革越是注重利益相关者的利益需求，并根据利益需求程度进行合理利益分配和调整，就越有利于增强利益相关者的凝聚力，使其自觉主动地为资源开发等领域的改革做贡献、更有动力为改革服务，从而为资源开发税、费、租联动改革提供理想环境和空间。

第二节 我国民族财政治理主体的需求分析

本节对我国民族财政治理主体的需求进行界定。

一 中央政府在财政治理中的需求分析

在新制度经济学理论看来，"国家提供的基本服务是博弈基本规则"。其具体目的有两个，"一是，界定形成产权结构的竞争与合作的基本规则，这能使统治者的租金最大化；二是，在第一个目的的框架中降低交易费用以使社会产出最大化,从而使国家税收增加"①。由此看来,对关系社会利益总枢纽和总闸门的财税关系相机治理与改革的基本目标无非是,统治租金最大化和社会稳定及政治支持最大化。中央政府作为利益治理的核心主体,财税关系治理与改革应大体上满足地方政府、企业及其社会民众的利益需求,即首先做大"蛋糕",然后再尽可能地合理切分"蛋糕"。对于处于决策中心的中央政府来说,只有在利益治理合目的性与合规律性的基础上才能使社会经济不断增长和政治、经济及其他产出最大化,才能使财税制度创新供给者和大多数利益主体、社会成员之间的共容性利益(encompassing interests)大于冲突性利益,或者利益主体之间存在利益的一致性或相互包容性,并且当各方利益发生冲突时有寻求一种新方案的动机和共同信念,使各方均能接受新的方案并从而在更高层次上获得利益相容。"没有共同的利益,也就不会有统一的目的,更谈不上统一的行动。"② 中央政府可以作为超脱地方政府间利益争端的公正裁判,在各方博弈结构中充当信息沟通与冲突平滑的作用。当然中央政府必须对地方政府、企业及个人的不当利益行为予以纠正和调整,保证利益博弈程序有序、规范与公正,从而促使社会福利总水平最大化。

基于财政治理框架构建方面,党中央、国务院希望通过财税关系改革能够围绕推进基本公共服务均等化和主体功能区建设,加快构建有利于科学发展的财税体制机制。加快完善税收制度,坚持简税制、宽税基、低税率、严征管的原则,优化税制结构,公平税收负担,规范收入分配秩序,促进经济健康发展;按照调动中央和地方两个积极性的原则,健全中央和地方财力与事权相匹配的财政体制,完善财政转移支付制度,加大一般性转移支付力度,规范专项转移支付,提高地方政府提供基本公共服务能力,加快建立县级基本财力保障机制,增强基层政府提供基本公共服务能力;健全预算制度体系,逐步形成由公共财政预算、国有资本经营预算、政府性

---

① [美]道格拉斯·C. 诺斯:《经济史中的结构与变迁》,上海三联书店1994年版,第24页。
② 《马克思恩格斯全集》第8卷,人民出版社1995年版,第13页。

基金预算、社会保障预算组成的有机衔接、完整的政府预算制度体系，提高预算编制的科学性和准确性。

基于财政治理中的政策运用方面，党中央、国务院希望发挥财政政策促进经济社会发展的调控作用，突出财政政策实施重点，着力实施有利于扩内需、保增长、调结构、惠民生、促稳定的政策措施；更加注重推动经济发展方式转变和经济结构调整，发挥财政政策作用直接、运用灵活、定点调控的优势，加大"三农"投入，加大推动自主创新和培育战略性新兴产业力度，支持发展环保产业、循环经济、绿色经济，加大统筹城乡区域协调发展力度；更加注重扩大内需特别是消费需求，优化政府公共投资结构，落实结构性减税政策，加大国民收入分配调整力度，增加城乡劳动者劳动报酬，增强居民特别是低收入群众消费能力，切实保障困难群众基本生活，增强消费对经济增长的拉动力；更加注重改善民生、保持社会和谐稳定，把更多财政资源用于加强经济社会发展薄弱环节，用于改善民生和发展社会事业，特别是要支持解决教育、就业、社会保障、医疗卫生、保障性住房建设、环境保护等方面涉及群众切身利益的问题。

基于民族财政治理与改革方面，党中央、国务院希望能够把加快少数民族和民族地区发展摆到更加突出的战略位置，既要投入更多资金，又要给予更优惠的政策；既要帮助把经济搞上去，又要帮助发展各项社会事业；既要继续发挥中央政府作用，又要坚持抓好各地区对口支援工作，更有力地支持革命老区、民族地区、边疆地区、贫困地区发展经济和改善民生，集中财力办大事、办推进改革、建立制度和长效机制的事。

改革开放伊始，国家制订的六五计划（1981—1985）除继续按沿海、内陆地区部署外，在"地区经济发展计划"一章中特别补充了对"少数民族区域"经济发展安排的内容。"计划"除了要继续支持和切实帮助少数西部民族区域发展生产，繁荣经济，并在农牧业、工业、民族贸易等方面做出安排和部署之外，还特别强调了国家对西部民族区域的具体财政支持措施：定额财政补助每年递增10%给予少数西部民族区域以扶持，同时对少数西部民族区域和经济不发达地区每年拨专款 5 亿元，作为支援经济发展的资金；支援少数西部民族区域和经济不发达地区资金 25 亿元，比五五计划时期的 3 亿元增加 22 亿元。

——1984 年 10 月中共十二届三中全会通过的《中共中央关于经济体制改革的决定》，标志着我国经济体制改革进入了全面改革的新阶段。为适应这种形势，西部民族区域的发展突出了改革开放的新内容，针对体制转换的新问题，注意了优惠政策的调整和衔接。《决定》指出，对经济还很落后的一部分革命老根据地、少数西部民族区域、边远地区和其他贫困地区实行特殊的优惠政策，并给予必要的物质技术支援。

——1990 年 12 月中共十三届七中全会通过的《中共中央关于制定国民经济和社会发展十年规划和"八五"计划的建议》中提出，要积极扶持西部民族区域经济发展，充分发挥西部民族区域的优势，把西部民族区域的资源开发和社会经济发展妥善结合起来，逐步改变西部民族地区经济相对落后的状况，使之同全国的经济发展相适应。八五计划首次提出区域合理分工和协调发展问题，并要求建立和发展平等互助、团结合作、共同繁荣的社会主义民族关系，坚持和完善民族区域自治制度，巩固和发展全国各民族的大团结。八五计划还指出，国家要继续贯彻执行扶持西部民族地区、贫困地区、老根据地和边疆地区发展的各项现行政策，要继续对这些地区给予财力、物力和技术力量的支持，并将安排一批矿山、水利、交通和工业项目，以带动这些地区的经济发展。西部民族地区与非民族地区的利益冲突，通过民主协商、贯彻民族政策和进行民族政策的教育，予以妥善解决。

——1993 年 11 月中共十四届三中全会通过的《中共中央关于建立社会主义市场经济体制若干问题的决定》，对市场配置资源基础性作用下财政改革的方向和目标提出了明确要求。《决定》指出，要合理划分中央与地方经济管理权限，发挥中央和地方两个积极性，通过实行分税制财政体制以符合和适应市场经济新体制的总体设计和基本要求。《决定》同时还指出，要扶持贫困地区特别是革命老区、西部少数民族地区、边远地区发展经济，中央和地方都要关心和支持这些地区的社会经济发展。

——1995年9月中共十四届五中全会通过的《中共中央关于制定国民经济和社会发展"九五"计划和二〇一〇年远景目标的建议》（简称《建议》）认为，由于多种因素，地区经济发展差距有所扩大。从战略上看，沿海地区先发展起来并继续发挥优势，这是一个大局，内地要顾全这个大局。发展到一定时候沿海多做一些贡献支持内地发展，这也是大局，沿海也要服从这个大局。这是邓小平"两个大局"思想在国家发展规划中的首次明确体现。《建议》指出，从"九五"开始，国家要更加重视支持内地的发展，支持中西部不发达地区的开发，支持西部民族区域、贫困地区脱贫致富和经济发展，实施有利于缓解差距扩大趋势的财政税收政策，调节区域收入差距，促进西部民族区域经济的持续发展和社会的稳定和谐。《建议》提出了西部民族区域发展的财政税收政策措施和产业政策导向。主要包括：实行规范的中央财政转移支付制度；优先在中西部地区安排资源开发和基础设施的建设项目；积极鼓励国内外投资者到中西部地区投资；理顺资源性产品价格体系；有步骤地引导东部某些资源初级加工和劳动密集型产业转移到中西部地区；东部经济发达地区要采取对口支援等多种形式帮助中西部地区和西部民族区域发展经济。

——2003年10月中共十六届三中全会通过的《中共中央关于完善社会主义市场经济体制若干问题的决定》指出，要通过财政促进区域经济协调发展的机制，健全公共财政体制，明确各级政府的财政支出责任，进一步完善转移支付制度，加大对中西部地区和西部民族地区的财政支持。《决定》指出要建立健全社会利益协调机制，妥善协调各方面的利益关系，促进社会公平和正义。通过财政宏观调控促进区域经济协调发展、加大对西部民族区域财政支持的思想，在2005年10月中共十六届五中全会通过的《中共中央关于制定国民经济和社会发展第十一个五年规划的建议》中更为具体化和系统化。《建议》指出，国家要继续在经济政策、资金投入和产业发展等方面加大支持；健全扶持机制，按照公共服务均等化原则，加大国家对欠发达地区的支持力度，加快革命老区、西部民族地区、边疆地区和贫困地区的经济社会发展。与此同时，《建议》对西部民族地区（既是限制开发地区、禁止开发区域，也是边疆地区、贫困地区）作为问题集中和突出的"空间"予以重点支持和照顾。

——2007年10月党的十七大明确指出和突出强调东中西部区域协同发展战略。在推动区域协调发展中，重大项目布局要充分考虑支持中西部发展，鼓励东部地区带动和帮助中西部地区发展，加大对革命老区、西部民族区域、边疆地区、贫困地区发展扶持力度。并对深化财税改革、实行有利于科学发展的财税制度、完善宏观调控体系提出了新的具体要求。主要包括：围绕推进基本公共服务均等化和主体功能区建设，完善公共财政体系；深化预算制度改革，强化预算管理和监督，健全中央和地方财力与事权相匹配的体制，加快形成统一规范透明的财政转移支付制度，提高一般性转移支付规模和比例，加大公共服务领域投入；完善省以下财政体制，增强基层政府提供公共服务能力；实行有利于科学发展的财税制度，建立健全资源有偿使用制度和生态环境补偿机制。

——2013年11月中共十八届三中全会通过的《中共中央关于全面深化改革若干重大问题的决定》指出，"财政是国家治理的基础和重要支柱，科学的财税体制是优化资源配置、维护市场统一、促进社会公平、实现国家长治久安的制度保障。必须完善立法、明确事权、改革税制、稳定税负、透明预算、提高效率，建立现代财政制度，发挥中央和地方两个积极性"；"完善一般性转移支付增长机制，重点增加对革命老区、民族地区、边疆地区、贫困地区的转移支付"。

——2014年12月中共中央、国务院印发的《关于加强和改进新形势下民族工作的意见》中指出，要完善差别化支持政策，进一步完善一般性财政转移支付增长机制，率先在民族地区实行资源有偿使用制度和生态补偿制度，充分发挥政策性金融作用，加大银行、证券、保险对民族地区的支持力度，支持民族地区以建设丝绸之路经济带和21世纪海上丝绸之路为契机，在口岸建设、基础设施互联互通等方面给予扶持……

综观三十多年来中央政府在民族财政治理方面的一系列文献精神发现，中央政府把财政治理看作是调节中央与地方之间、区域之间利益关系的一个重要政策工具，通过财税关系改革旨在建立一个能充分考虑全社会各个利益群体的利益表达、利益包容与利益实现机制，从而为推动科学发展和社会和谐提供财税体制机制保障，为构建和谐社会实现国家长治久安提供物质基础和财力保障。

二 政府部委在财政治理中的需求分析

政府部门（中央部委及各级政府部门）作为公共财政支持的公共服务部门，是作为政策具体贯彻者和国家意志在某个领域的代表者身份出现的。从理论上看，政府所承担的是公众受托责任，其所代表和追求的应该是公众及社会利益而非自身或小群体的特殊利益。国家民族事务委员会是主导我国民族工作的主要政府部门。鉴于我国民族利益关系治理复杂性、协调难度大以及政策性强等因素的考虑，我国创造性地设置了国家民委委员制度，借以发挥部门整合机制与协调机制合力。截至 2007 年年底，国家民委委员单位共有 24 个。其中包括对区域发展、财政治理与改革发挥核心作用的是国家发展和改革委员会、财政部、中国人民银行、国家税务总局等部委。国务院办公厅《关于转发国家民族事务委员会兼职委员单位及其职责和国家民族事务委员会兼职委员名单的通知》（国办发〔2002〕39 号）中对兼职委员单位的主要职责界定为，全面贯彻党的民族政策，坚持和完善民族区域自治制度，巩固和发展平等、团结、互助的社会主义民族关系；根据本部门的职能，积极采取有效措施，支持、帮助少数民族和民族地区加快发展，促进各民族共同繁荣；加强联系、相互沟通，及时了解民族工作情况，对做好民族工作提出建议和意见。对涉及财政经济体制改革与财税关系治理的各委员单位分工及其职责的专门界定如下。

——国家发展和改革委员会的主要职责是：促进区域协调发展，负责民族地区国民经济和社会发展的重大战略研究；协调编制民族地区中长期发展专项规划、国家民委系统基本建设年度计划；解决少数民族和民族地区经济社会发展中的特殊问题；支持兴边富民行动和扶持22个人口较少的少数民族整体发展；在国家资源开发、生态环境建设和安排国家基础设施建设项目等方面向民族地区倾斜；协调解决民族地区经济运行中的重大、特殊问题；指导民族地区的国有企业改革；积极引导和安排发达地区对民族地区的对口支援，促进企业间开展互惠互利的经济技术合作；按照同等条件、优先扶持的原则，支持民族地区的企业技术改造、资源开发与综合利用和中小企业发展。

——财政部的主要职责是：拟定支持民族地区经济社会发展的财政、税收政策及有关建议，制定民族贸易和民族特需用品等扶持少数民族经济发展的税收优惠政策；制定对民族地区财政转移支付制度，指导省、自治区对民族自治州、县的财政转移支付。

——人民银行的主要职责是：研究拟定支持民族地区经济社会发展的金融政策；贯彻落实国家对民族贸易和民族特需用品生产企业实行的技改贴息贷款、流动资金贷款优惠利率等政策。

——国家税务总局的主要职责是：研究拟定支持少数民族地区经济和社会发展的各项税收政策措施；贯彻落实党中央、国务院支持少数民族地区经济和社会发展的各项税收政策措施。

——国家民族事务委员会的主要职责是：贯彻执行党中央、国务院关于民族工作的方针、政策，当好党中央、国务院在民族工作方面的参谋助手；研究并提出有关民族工作的方针、政策和发展战略，拟定国家有关民族事务管理的法律法规，健全民族法律体系；组织开展民族理论、民族政策和民族问题等重大课题的调查研究，开展民族政策、法规的宣传教育并监督贯彻执行。组织对有关国家民族政策、民族问题的研究；监督实施和完善民族区域自治制度建设，监督办理少数民族权益保障事宜；分析民族地区经济运行情况、经济发展规划，研究提出民族地区经济发展的特殊政策和措施。组织调查研究牧区、边境地区、贫困地区少数民族经济发展中的有关问题，配合承办民族地区扶贫事宜。组织协调民族地区科技发展、对口支援经济技术协作和民族贸易、民族特需用品生产；为适应体制改革基于民族地区利益要求，国家赋予其调查研究少数民族地区体制改革工作中的特殊情况和问题，参与制定有关的特殊政策和措施的新职能。[①]

以上分析表明，由于政府部委的功能定位和职责差异使得各有关部委财政治理的利益需求并不一致。其中，国家发展改革委侧重于财政治理对民族地区国民经济和社会发展的重大战略规划执行情况的影响以及各级宏观调控政策的支持力度，并负责国家重大战略规划与民族地区国民经济和社会发展重大战略规划的协调、沟通，以保证民族地区与全国其他地区的协调发展，关注财政治理与改革中，国家资源开发、生态环境建设和国家基础设施建设项目等方面向民族地区的利益让渡和倾斜力度，并对资源开发中整个资源产品的价格直接或间接调控，希望运用租费税等经济手段与货币政策、财税政策、产业政策的协调配合，不断增强调控资源、环境与民族地区经济的针对性和有效性。与其他部门协同制定民族地区、人口较少民族地区的对口支援工作规划。制定支持民族地区的企业技术改造、资源开发与综合利用和中小企业发展的规划；财政部和国家税务总局注重发挥对民族地区财政转移支付制度中的系数设定、调整以满足民族地区财力需要，并指导省、自治区对民族自治州、县的财政转移支付制度的改革进程、力度，力求在保证民族地区财税体制机制特殊性要求的情况下，尽可能地与国家财政关系框架保持基本吻合，统筹运用财税收入、支出、管理、平衡等总量、结构上的影响，逐步建立有利于科学发展的民族财政治理基本框架；人民银行通过信贷杠杆调整，贯彻落实民族贸易和民族特需用品生产企业实行的技改贴息贷款、流动资金贷款优惠利率政策；国家民委以党中央、国务院在民族工作方面参谋助手的身份，通过例会机制、联系机制、帮扶机制、激励机制等工作机制，与其他职能部委一道参与民族地区经济发展规划的制定，研究民族地区经济发展的特殊政策和措施、少数民族地区体制改革工作中的特殊情况和问题，参与制定有关的特殊政策和措施，组织研究牧区、边境地区、贫困地区少数民族经济发展中的有关问题，配合承办民族地区扶贫事宜，

---

① 司马义·艾买提：《民族工作的探索和实践》，中央党校出版社1998年版，第75页。

组织协调民族地区科技发展、对口支援经济技术协作和民族贸易、民族特需用品生产等。

三 民族自治地方政府在财政治理中的需求分析

按照国家所赋予的行政职责来看，地方政府应该代表全国人民对公共资源的共同和长远利益，要坚决贯彻执行中央重大决策、方针政策，依法履行其职责行使其权力，提供与当地经济、社会、文化和环境相适宜的公共产品并力求组合效应最大化。民族地方政府对财税关系治理与改革总的基本要求是，事权与职责相匹配，财力与事权相统一，财权与效率相协调。针对民族自治地方政府来说，财税关系框架内的财税权益需求、行为方式、实现机制及其满足程度，从根本上还要受国家利益与民族利益以及各民族之间的利益关系协调机制的影响。从民族地区（特别是民族自治地方）与国家（更确切地说是中央）的关系来看，尽管我国宪法对各自职权及利益分割做了较为系统的规定，但面对中央国家权力机关和行政机关与地方权力交叉的财政、税收、资源开发等具体问题时，会产生激烈矛盾与冲突。以税收及其税权落实为例，《民族区域自治法》规定，"上级国家机关的决议、决定、命令和指示，如有不适合民族自治地方实际情况的，自治机关可以报经该上级国家机关批准，变通执行或者停止执行"。如2004年财政部、国家税务总局正式公布了《关于取消烟叶外的农业特产税的通知》，决定从2004年开始正式取消除烟叶外的农业特产税，目的是为了减轻农民负担。但根据调查表明，在广西壮族自治区的很多地方，农民种植甘蔗和水果的特产税分别是山糖厂和水果收购商负担的，取消特产税后，甘蔗和水果的收购价格并没有因此而提高，仍然受市场供求关系的调节。这意味着在这些地方取消农业特产税，果农和蔗农并没有得到多少实惠，但地方财政收入却因此减少了不少。[①] 因此，地方政府应考虑对这一规定变通执行或停止执行，但在取消"皇粮国税"氛围下

---

① 段晓红：《从民族财政体制的演变论财政自治权的法律保护》，《中南民族大学学报》（人文社科版）2007年第4期。

部门法律法规的颁行，使得《民族区域自治法》相关规定的执行失去了主流意识形态的支持而消解于无形之中。再从民族地方政府所管辖的区域来说，存在着多层面、多维度的利益关系问题。有作为全国整体组成部分的民族自治地方利益与少数民族群体利益之间的关系，实行区域自治和行使自治权利的少数民族群体与该自治地方政府辖区内的其他各民族群体之间的利益关系，联合行使自治权的少数民族群体之间的利益关系，不同层级的国家行政区划体系与行使自治权利的少数民族群体之间的关系。[①] 此外，还有国家在民族自治地方所办企业利益与当地少数民族之间的利益关系，（新疆等地）兵团、油田和地方之间的利益关系和矛盾问题。[②] 所以，基于民族地区利益关系体系包括了政治权利关系、经济利益关系以及社会文化权利关系等多重复杂利益关系，民族自治地方政府在进行财税关系治理与改革决策时，除了要考虑一般利益关系之外，必须充分考虑到民族自治地方这些复杂的利益关系。

少数民族和民族地区的利益欲求及其实现必须在国家宪法和法律体制下得以进行。以宪法为核心、以民族区域自治法为主干，包括其他国家法律法规有关民族问题的规定以及民族自治地方自治条例、单行条例和补充规定在内的民族法律法规体系，是我国少数民族和民族地区行使权利的法律依据。也就是说，我国的少数民族既享有作为中华人民共和国公民的个体性权利，国家一切法律法规关于中国公民权利的条文均适用于少数民族公民；同时，少数民族和民族地区享有作为人们共同体的集体性的特殊权益，即自治权，国家宪法、民族区域自治法保障少数民族自治权的实现。尽管在财政、税收、资源开发等具体权益得不到保障或保障程度不够，但这是我国基于利益格局根本调整过程中、依法治国理念逐步落实过程中存在的共性问题，而不仅仅是少数民族和民族地区权利落实和利益诉求存在的特殊问题。从民族财政治理中民族地方政府的利益需

---

① 周勇：《探究中国"区域自治"和"民族自治"结合之路》，载王铁志、沙伯力《国际视野中的民族区域自治》，民族出版社2002年版，第167页。
② 马丽霞：《天山南北坡经济带开发问题研究》，中国经济出版社2007年版，第245—248页。

求来看，其权利诉求基本上是在国家宪法和法律体制内进行的，或者说是要求国家对宪法和法律规定的兑现，并不存在对国家宪法、法律体制及其财税体制的挑战（马国华，2006）。换句话说，我国社会主义制度决定了现阶段的利益矛盾是根本利益一致前提下的非对抗性矛盾，现行国家体制与制度安排给少数民族和民族地区预留的权利空间可以在保证国家基本制度建构理性需要并避免出现大的利益冲突的前提下，逐步达到各阶层、各群体利益整合与治理，最终实现共同富裕。

四 企业在财政治理中的需求分析

作为要求自身利益最大化的利益相关者，企业对财政治理的基本要求是，财政活动能够为其提供一个合意的公共产品与公共服务的组合。在同等情况下，虽然更多的产品与服务数量意味着更好，但是也意味着更高的税收负担水平。所以，微观主体期望的是与其税收能力和税收意愿匹配的产品与服务的组合。不同的微观主体对政府提供的公共产品的组合要求是不同的。理论上，政府财政决策时应使每个微观主体的利益诉求得到同等对待，但同等并不意味着要向每一个主体提供一组公共产品，而是以"典型选民"的要求作为制定财政政策的依据。[①]

1994年建立了以增值税为核心的新的流转税制，将国有、集体、私营企业所得税统一合并为内资企业所得税，并用税法规范企业税前列支项目和扣除标准，基本上理顺了国家与企业的分配关系并构建了企业间的统一税负、公平竞争关系。但客观地讲，国家与企业的财税分配关系还不合理，统一税负、公平竞争关系还很不充分、很不完善。一方面，由于企业面临产权关系改革不到位、市场竞争不充分等基础约束，因企业"基因"的不同，可能得到政府庇护的程度会有所不同。从政府角色定位看，企业运行规则的制定者与监督者身份的双重兼任、追求管理绩效与自身利益的双重目标、管理职责与投资职责的双重缺失、新旧双重职能的并存，都会对企

---

① 邱作文：《分权体制下地方财政的激励与约束》，中央财经大学，2009年。

业行为产生一定影响。从企业与政府的利益关系特点看,也存在着一定的利益目标冲突。企业通过政治权力获得高额经济利益,政府通过行政垄断获得政治利益;企业力求依附政府获得优惠利益,政府扶持和控制企业获得地方利益;企业巴结政府官员想获得关系利益,政府运用权力寻租获得个人利益等,都会从不同层面、不同方式反映到财税关系体系中来。由于企业与政府角色定位、关系定位以及利益关系定位原因并由此导致的企业与政府之间利益关系的不和谐、不对称,不仅不利于真正市场微观主体的塑造,还对全国统一大市场的维护产生了很大损害。世界银行高级经济学家沙安文(Anwar Shah)曾就此指出,地方政府为了吸引劳动力和资金或许会实施损人利己的政策,在此过程中竖起壁垒妨碍商品和其他要素的流通,如果政府管理功能的分散可能造成潜在的地方政府间经济关系的不和谐。然而值得注意的是,中央政府本身也可能实施有害于内部共同市场的政策。① 因此,他指出,最有效的地区协调发展的政策是采取建立合作制的方式,通过全国最低服务标准的确立和国内贸易障碍的瓦解来实现生产要素的自由流通,并且广泛推广信息科技。

五 社会民众在财政治理中的需求分析

辩证唯物主义认为,历史活动实现是社会民众的事业,社会民众是社会物质财富和精神财富的创造者,是推动社会发展和变革的决定性力量。科斯洛夫斯基在其《伦理经济学》一书中开宗明义地讲道:"人是经济社会制度的最强大的和最好的动力。"社会主义和谐社会理论认为,构建社会主义和谐社会,必须把以人为本贯穿始终,要从广大社会民众的要求和愿望出发,把人民群众的整体利益放在首位,充分实现广大人民群众的根本利益,做到发展为了人民、发展依靠人民、发展成果由人民共享,促进人的全面发展。坚持以人为本的实质,是把实现好、维护好、发展好最广大人民的根本利益作为一切方针政策和各项工作的根本出发点,要尊重人民群

---

① 沙安文、乔宝云:《政府间财政关系——国际经验评述》,人民出版社 2006 年版,第 32 页。

众的主体地位，充分发挥人民群众的积极性、主动性、创造性，要让经济社会发展的成果惠及全体人民。与此同时，要反映和兼顾不同群体利益，协调好各方面的利益关系，并关心每个人的利益要求，关注人的价值、权益和自由，满足人们的发展愿望和多样性的需求。以人为本，体现的是整体、群体和个人利益的有机统一。既不把个人权益置于社会的首位，也不是只重视整体而忽视个体价值和权益。

以人为本作为构建社会主义和谐社会的首要原则，是社会主义社会一切体制设计和利益关系治理的逻辑起点，必须要体现在经济社会发展和利益关系治理的各领域、各环节。从逻辑上看，"人民主权"和"以人为本"是我国社会主义市场经济体制和社会主义新型民主政治的基石。我国30多年的改革开放的宗旨就在于，重构社会主义市场经济条件下的现代财税体制影响社会利益关系框架的建构。财税体制设计如果不能将其内化为政府活动和利益关系治理的基本制度规则，财税关系治理与改革很可能就会流于形式。一般来说，经济或社会管理体制作为经济制度的具体实现方式，不仅包含管理经济和社会发展的内容，还体现利益主体间的相互关系和运作方式以及更深层次的结构要素。体制的运作关键取决于构成体制的组织结构和要素结构的内在联系，即具体的"制度"游戏规则。① 从制度设计的要求看，内化于"体制结构因素"之中的人民主权原则和以人为本原则，就是社会民众享有"主权"及宪法赋予的一切权利与义务，积极参与公共决策，以公共决策主体和客体的双重身份直接或间接参与和影响公共决策过程，表达自身利益要求和意愿。而财政关系治理与改革体现人民主权和以人为本原则，就是将上述权力内化为具体的财政制度：预算的民主化；完善的多级政府财政分配关系；兼顾公平与效率目标的现代税制；完善的宏观调控体制与地区经济的协调发展等。

包括财政体制在内的经济体制改革的本质，是对利益关系及其内部结构的重构和治理，都要体现促进和实现人的全面发展的根本

---

① 刘玲玲、冯健身：《人民主权——财政体制设计的逻辑起点》，《财政研究》2005年第11期。

要求。在这个意义上,财政的功能不只是体现在经济领域,更为重要的是体现在社会领域,最终落实在社会和人的发展上。财政的社会发展动力要通过优化涉及人的发展的各项收入支出来实现。[①] 通过制度创新与利益关系重构使各族民众得到切实的经济利益、政治权利、文化权益。尊重所有人的基本需要、合法权益和独立人格,为人的生存发展创造良好的社会条件和环境,尤其是着重解决好就业、收入分配、社会保障、看病、子女上学、生态环境等社会民众最关心、最急迫的实际问题。这要体现在以人为本原则的经济社会发展的各个领域和环节上,也要体现在财税关系治理与改革的动态过程中。正如阿玛蒂亚·森所说:"经济学从根本上说不是关于商品的科学,而是引领人类生活的科学。这种生活包括制造商品和使用商品,但其与商品的生产、交换和消费并不相同。对商品世界的兴趣是派生出来的,根本的考虑还是我们所过的或是不能过的生活。"[②]

第三节　我国民族财政治理的主体行为假定

我国传统财政理论虽然没有明确提出主体行为假定问题,但实际上暗含着"利益一致性"假定,即个人利益、地方利益与国家利益具有高度一致性,如果出现不一致时,个人利益绝对服务并服从于集体利益和国家利益。这种主要是由传统计划体制和公有制所有制结构所决定的利益行为假定,及其内生服务于这种体制要求的财政制度安排,在当时财力、物力有限的约束条件下,可以集中力量办大事,对国民经济恢复和发展、建立相对独立完整的国民经济体系发挥了很大作用。随着我国社会主义市场经济体制逐步建立和完善,"利益一致性"假定已经与现实严重不符。因此,设定符合实际的行为假定有助于对行为主体做出较为准确的分析,以便制定有

[①] 陈龙:《从"社会集中分配论"的逻辑体系看未来财政研究的方向》,《财政研究》2010年第9期。
[②] 黄如金:《制度、行为与发展——构建和谐社会的经济学思考》,《光明日报》2009年12月22日。

针对性的措施加以矫正和约束。

一 受约束的"经济人"

受约束的"经济人"即财政治理中的利益主体是追求自身利益最大化的"经济人",但其行为受到利益内在规律的约束。"如果人都是天使,就不需要任何政府了。如果是天使统治人,就不需要对政府有任何外来的或内在的控制了。"① 就政府主体而言,作为国家公正正义的表达形态,政府具有双重身份:一方面是社会公正正义的代表,是真正的"形而上",属于"上层建筑",因此没有自身道德和价值的个性表达;另一方面又是世俗组织,同样需要占用和消耗资源,必然存在道德和价值的个性表达。这是政府作为社会公正正义表达形态的内在矛盾。② 在现实经济生活中,政府体系是由多层级政府机构及众多部门所组成。每个层级政府及部门既是这个政府体系的组成部分,按此定位,其应该是国家和全社会利益的代表。但每一层级政府及部门因服务于特定人群,因此又是特定群体利益的代表者。更重要的是,每一个政府部门又是由个人组成,因此又存在机构及个人的特定利益问题。所以,个人、团体及其部门利益在很多情况下与国家与公共利益并不一致,政府部门也不同程度地从部门利益、个人利益出发,在政策制定和行政过程中凭借经济资源的巨大配置权力必然表现出利己偏好。也就是说,政府自身利益本身是一个复杂的目标函数,其中不但包括政府本身应当追求的公共利益,也包括政府内部工作人员的个人利益,此外还有以地方利益和部门利益为代表的小集团利益等。这样,由公正正义的法律基础决定的政府双重身份使其行为陷入进退两难之中:既是社会利益的整合者,又是自身利益的维护者。这种双重身份使政府在财税关系治理过程中,有可能会偏离全社会公共利益的价值取向而出现"公共利益内部化"现象。即作为行为主体的政府往往并不是以公共利益最大化为目标,而是受一些阶级、阶层(集团)、部门、

---

① 汉密尔顿、杰伊·麦迪逊:《联邦党人文集》,商务印书馆 1995 年版,第 264 页。
② 吴俊培:《和谐社会财政政策研究》,《财贸经济》2009 年第 5 期。

地区的影响，服从于社会中的某些特殊利益（其中主要是统治阶级的利益），以至于有学者认为"政府决策总是满足那些相对小的集团"（Olson，1969）。反映在财税关系治理上，以争夺财政预算权为主线的利益矛盾和利益冲突，常常导致"公共利益内部化"行为，即部分公共利益通过财政决策转化为内部决策人或执行人的利益。[①] 统治阶级、阶层及利益集团通过控制财政预算权而尽可能获取更多的公共资源，并承担尽可能少的财政责任；而丧失预算参与权的阶级、阶层则与之相反。所以说，各级政府行为目标都面临着利益形式的主观性和内容的客观性这一对矛盾的约束，其行为的边界与底线就是保证其目标实现。"如果能给纳税人带来价值的行为处在允许财政当局征税的范围之外，利维坦的嗜好就受到了限制。"[②] 从政府与微观利益主体的角度而言，在追求自身利益最大化的行为假定下，无论是收入政策还是支出政策，都将向地方政府所要求的方向靠拢。出于政治利益需要，地方财政收支政策将向有利于显示政绩的指标方向靠拢；出于经济利益需要，地方财政收支政策将向有利于部门利益和个人利益的方向靠拢。在存在目标差异的情况下，无论哪个方向上的"移动"，结果必然是微观主体承担了更高的税收负担和享用了较少的公共服务。[③]

二 具有多重利益需求的"经济人"

承认利益主体的"经济人"假定，更多的是从经济利益这一人类最基本的需要和人类行为最基本的动因来考虑。但这一假定并没有把人的全部需要和全部动因都涵盖进来。也就是说，这种假定只看到了人性的某一方面或人类行为的某一个动因，而忽略了激发人的行为动因的多种因素。需求的多样性和层次性要求必须对单一属性的"经济人"假定进行某种升华。正如前述所知，社会越是发达，各行为主体所追求的利益形式越是多样化，不仅仅追求经济利益，而是综合考虑政治利益、文化利益乃至宗教利益，以期实现多

[①] 陈龙：《需要、利益和财政本质》，《财政研究》2009年第7期。
[②] 布伦南、布坎南：《征税权》，中国社会科学出版社2004年版，第58页。
[③] 邱作文：《分权体制下地方财政的激励与约束》，中央财经大学，2009年。

种利益组合效应的最大化。"经济人"利益需求的多样性和多层次性的财政行为主体假定,改变了原先过于简单化地处理个体间的相互作用,将个体规定先验化、凝固化的缺陷,扩大了财政研究范围,要求注重人与人、人与自然之间相互关系的研究,分析这种相互作用的形成、运作、调控的条件和途径,实现经济理论从简单的抽象向更加贴近于现实的复杂抽象的转变,特别是要求财政运用动态博弈的理论研究各种利益的冲突和转化,并以多重利益分析为起点,注重研究多重利益的整合与转化问题。①

不仅如此,具有多重利益需求的"经济人"假定使得作为财政行为主体的政府和个人所代表的公众、群体(部门或集团)及个人的三种角色显性化,由此客观反映公共利益、群体利益和个人利益等多重利益关系。由于财政活动中存在着各种不同的利益,在现实财税实践中,极易导致政府和个人目标与行为之间产生偏差。这种偏差所导致的利益的不一致性会引发各种利益冲突并出现某种利益转化。承认、重视对各种利益冲突和利益转化的研究,并通过相关制度设计,调整利益分配关系,尽可能减少由利益冲突和利益转化而带来的社会整体利益的损失,从而促进社会的发展和公共利益的实现,这是社会公共政策的核心内容和真谛所在。从这个意义上看,对财政行为主体的多维假定,有助于把握利益冲突和利益转化促使各种利益寻求动态的平衡状态,有助于打破仅从经济层面研究财政功能及其运行机理的思维定势,有助于打破财政学、价值哲学等其他人文社会科学之间树起的道道壁垒,树立财政制度的价值关怀,为经济社会发展提供有效的动力和平衡机制支撑。

三 具有机会主义动机与倾向

在新制度经济学看来,所谓机会主义是指在非均衡市场上,行动者追求收益内化、成本外化的逃避经济责任的投机行为。经济学家威廉姆森指出,机会主义的存在"使得经济组织的问题大为复杂

---

① 陈龙:《财政基本假定:从"单一利益人"到"多重利益人"》,《经济研究参考》2010年第31期。

化了"。机会主义产生的最深刻根源,是行动者的个别利益与其他利益主体之间存在着利益上的不一致性。由于行动者个别利益与其他利益主体之间的利益差别是普遍的,因而机会主义的存在也是普遍的。就财政关系上的机会主义而言,中央政府在进行政策抉择时,通常倾向于采取更有利于自己的政策,当中央政府有意无意地将自己的管理者利益强调到不恰当高度,以致损及全局利益或地方利益的时候,中央政府的机会主义就产生了。比如中央政府利用"制定规则的权力"把利大税重、有利可图的企业上收而把濒临倒闭的企业下放地方;再譬如,为了提高"两个比重"中央单独提高分享财税收益比例等。如果中央滥用自己的自由裁量权,地方政府将采取降低征税力度的策略对付中央。① 地方政府所具有的双重代理角色,即社会利益整合者与自身利益维护者,使其机会主义表现形式更为复杂,即地方政府除了由地方代理人人格二重性引发的机会主义外,其无限强化地方利益的冲动,也容易对全局利益产生冲击。比如前几年"官煤"撤资事件使得地方利益得以强化的同时,还严重影响了国家可持续发展战略的顺利推进。中央和地方政府财政关系上的机会主义,就其本质而言,是在软化了的制度环境约束下,二者不同效用函数之间的冲突。政府机会主义的存在,使政府在不同程度上背离了其必须坚守的根本宗旨——公共性,而在某种程度上类同于唯利是图的企业。政府机会主义的后果,是造成财政资源配置扭曲,政府行政的公正性受到损害,政府拥有的最重要资源——合法性权威,也会大大地降低。②

第四节 我国民族财政治理的约束条件

我国民族财政治理运行是在一系列约束条件之下进行的。本节

---

① Ma Jun, "Modeling Central-local Fiscal Relations in China", *China Economic Review*, No. 6, 1995.

② 黎民、赵频:《我国中央与地方政府间财政关系上的机会主义及其抑制》,《公共经济评论》2006年第9期。

对政治性因素、积极性因素、政策性因素以及社会性因素进行分析和讨论。

一　民族财政治理的政治性因素约束

在宪政经济学看来,"财政首先或从根本上说是一种政治的和法律的制度,然后它才是一种经济制度,有什么样的政治和法律制度,就有什么样的财政制度"[①]。阿特金森、斯蒂格利茨在《公共经济学》一书中写道:"……对政策改革程序的设计,同样必须考虑政治约束条件。……为了说明政治可行性概念的内容,我们必须考虑政策与政治结构和政治制度的关系";"在对改革前景的任何现实的估计中,必须考虑这些非常实际的政府行为特征,以及更广泛的政治结构"。[②] 因此,政治性因素约束构成一国财政治理与改革的基本约束。影响我国民族财政治理的政治性因素有以下几个方面:第一,政府制度。中国是单一制中央集权国家,地方政府与中央政府首先是上下级关系,遵循下级服从上级的政治传统,其次才是在特定制度框架内的竞争对手。在地方政府间也是如此,上级政府在政治上和行政上享有绝对权威,例如,可以通过考核评比的方式以及某些考核指标不达标就对下级政府工作"一票否决"的制度来迫使下级政府官员听命,也可以在党管干部的原则下,通过官员任免与调动来影响下级政府的决策。第二,政治制度安排。我国作为社会主义国家,党对国家和社会生活的领导贯穿和渗透于全部政治生活和社会生活。社会主义国家的基本国情决定了党的权力处于国家权力的最高层次,其地位是在政府(包括立法、行政和司法)之上的,从而发挥着最高的决策和领导的作用(李景鹏,1995)。党不仅是一切政治权力的真实源泉,而且是政治权力运行的最强大推动力。对于地方政府及其各级官员来讲,应尽力争取拥有足够资源来改善公共服务、提高百姓生活水平、保证社会治安与稳定,以此来获得地方民众的支持,进而得到上级首肯。第三,民族自治地方在

[①] 詹姆斯·M.布坎南:《民主财政论》,商务印书馆2002年版,第215页。
[②] 阿特金森、斯蒂格利茨:《公共经济学》,上海三联书店1994年版,第738—740页。

国家政治架构中的地位和权利分享机制。"政治中最本质的东西即国家政权机构"①,"'政治'意指力求分享权力或力求影响权力的分配"②。在一个多民族统一的国家里,国家权力在各民族间的分享和分配是影响利益关系的一个重要变量。按照我国学者宁骚的说法,如果国家权力被集中于某一族体那里,也就是仅仅由某一族体垄断地占有国家权力而排拒那些被视为"异类"的族体在权力分配中占有适当的份额,那么族际冲突就几乎是不可避免的。相反,如果按照公平和公正的原则进行国家权力的分配,国内各族体通过共同分享权力而意识到民族国家是由国内各族人民共同拥有和缔造的,那么族际冲突就可能不至于激化为暴力冲突。③ 第四,立法制度的发展。立法本身也是一种利益分配方式。立法制度是否健全和成熟,对财税关系的规范和类型选择都有着直接的影响。当一国立法过多地出自于政府行政部门之手而不是出于公意——通过国家最高权力机关授权,那么通过立法达成利益分配的公正性、合法性就值得怀疑。

二 民族财政治理的经济性因素约束

第一,体制转换的空间非同步。作为着重从总体上对社会经济生活的运行进行宏观调节的财政,不仅要伴随着整个经济体制的模式转换完成自身的转变,还要在这个转换过程中作为一个内在的跃动机制,推进模式转换的平稳进行。它既可以通过对社会经济生活中各个方面经济关系的协调为经济体制的模式转换形成良好的外界环境,又能够通过自身的根本转轨为经济体制的模式转换创造内部动因。由此所带来的利益分化、冲突加剧等制度性紊乱必然在民族财政治理中体现出来。改革开放以来,西部民族地区经济发展通过国家动用东部市场化(新增部门)创造的财富持续补贴西部现行体制(存量部门)的方式取得并引发地区发展中的"体制补贴"矛盾,是财税关系构架和治理中必须面对的一个矛盾焦点。这种矛盾

---

① 《列宁全集》第19卷,人民出版社1959年版,第107页。
② [美]艾萨克《政治学:范围与方法》,浙江人民出版社1987年版,第16页。
③ 宁骚:《论民族冲突的根源》,香港:《中国社会科学辑刊》1995年夏季卷。

是我国体制转型空间上的不对称、不同步所必须面对的"副产品"。从理论上讲,"我们的国民经济应该是个脉络贯通的整体。当一些地区的经济体制改革大大超前以后,如果其他地区落后太多,而且迟迟不能跟上,那就有可能引起地区间的体制摩擦。我们还是应当从经济体制改革入手,让那些在改革方面落后一步的地区紧紧跟上去。这包括内地原来经济条件比较差的地区,也包括东部原来经济基础比较好,但因改革落后而地位有所下降的地区。只有这样,才能使全国走向共同富裕。否则,简单地拉平贫富差距,可能会损伤发达地区的元气,对其他地区也不一定有利"[1]。第二,民族地区经济发展水平。民族地区经济发展水平滞后不仅表现在总量上更表现在结构上。相对于东部发达地区而言,民族地区在所有制结构、产业结构等方面有着显著差异。国有企业为主体、公有制起基础作用是其经济基本面的真实写照。譬如,西北、西南作为国家能源基地及原材料基地,其安全稳定对整个国家经济安全运行至关重要,对这些关系到国计民生的经济命脉产业,实行以国有企业为主体并进行垄断式管理以确保国民经济安全运行,可能是一种次优选择。由于能源、原材料等基础产业一直处于优势主导地位,民族省区生产总值大部分来自国有垄断的能矿产业,而且这种格局在近十年来被进一步强化。研究显示,1987年西部地区采掘业和原材料工业的产值比重仅比全国平均水平高出0.4%,为18.3%,制造业的产值比重为76.6%,仅低于全国平均水平1.9%。到1997年西部采掘业和原材料工业比10年前提高了8%,高于同期全国平均水平7.5%,而制造业则比10年前下降了9.7%,低于全国平均水平9%。2007年以来西部采掘业和原材料工业中的大型企业和国有企业比重都高出制造业一倍左右。石油和天然气开采业产值的98.70%被国有企业控制,94.85%由大型国有企业创造。而在石油加工、炼焦及核燃料加工领域,国有企业占据了行业总产值的80.24%,大型企业占65.2%。[2] 由此可知,西部地区产业结构因资源类工业比重的提

---

[1] 《薛暮桥晚年文稿》,上海三联书店1999年版,第46页。
[2] 刘庆岩、孙早:《国家意志、发展战略与市场制度的演进——改革开放以来中国西部地区的经济发展轨迹及展望》,《财经研究》2009年第3期。

高而具有明显的"重型化"倾向和规模结构上"大型化"的格局。居高不下的大型国有企业比重提高了西部民族地区非国有企业进入的经济壁垒,还使得民族地区非公有制经济发展严重滞后,在整个国民经济中所占比例过低,从而导致市场化程度低、体制转轨与经济发展缓慢。以民族省区发展速度最快的内蒙古为例,民营企业户数仅相当于广东的13.2%、浙江的13.7%、江苏的12%,注册资本仅相当于广东的8.1%、浙江的16.3%、江苏的13.4%,注册资本超过1000万元的私营企业不足浙江的1/10、江苏的1/14。① 在经济转轨时期,非公有制经济在相当大的程度上承担着整个社会经济组织重构的重任,但与国有经济成分相比,民营经济在税收、信贷、专项投资工程投标等方面有较大差异。第三,民族地区财政经济状况。根据全国少数民族和民族自治地方国民经济和社会发展统计公报,2012年我国民族自治地方生产总值、全社会固定资产投资总额与财政收支总量分别为54079亿元、46514亿元与25385亿元,大约分别占全国总水平的9.38%、12.74%与15.08%。2013年,全国民族地区经济总量由1952年的57.9亿元增加到64772.1亿元,按可比价格计算,增长了258.5倍;城镇居民人均可支配收入由1978年的307元增加到22699元,绝对收入增长了22392元;农牧民人均纯收入由1978年的138元增加到6579元,绝对收入增长了6441元。② 为弥补民族地方财力缺口,中央财政付出了巨大努力。据统计,1978年至2008年中央财政向民族地区的财政转移支付累计达20889.4亿元。2013年,中央财政安排民族地区转移支付同比增长10.5%,中央财政安排扶持人口较少民族发展专项资金、兴边富民行动专项资金、少数民族特色村寨保护专项资金比2012年分别增长13.1%、50%和53.8%。从财政收入及其结构来分析。2005年民族自治地方财政收入(扣除国家补助)总额为1026.4亿元,占全国财政总额的3.24%,占全国地方财政总收入的6.8%,这个比例与民族自治地方人口占全国总人口13.3%的比例相比差距

---

① 梁双陆:《边疆经济学》,人民出版社2009年版,第294—295页。
② 罗黎明:《加快民族地区经济社会发展,推动小康社会同步实现》,《经济日报》2014年9月21日。

很大。从收入项目结构上来看，非税收入占据着非常高的比例且有逐年上升之势。据统计，1994—2001 年民族自治地方的税收收入占财政总收入比例从 91.09% 下降到 82.17%，到 2005 年更是下降到 52.33%。① 从所有制结构来看，公有制经济对税收的贡献率非常大，而非公有制经济规模小、产值低，对税收贡献率不高。从收入部门结构来看，民族自治地方公共财政严重依赖第一、二产业，特别是严重依赖以采掘工业、原料生产工业、初级产品加工附加值不高的工业门类，使公共财政收入增长的潜力受到很大限制。有些民族地区财政收入甚至严重依赖于个别生产部门，如 2000—2002 年云南省财政收入有 60% 来自于烟草产业。

从财政支出及其结构来分析。（1）由于地处边疆、幅员辽阔、地广人稀，财政供养人口相对较多，社会管理成本高，财政负担重。（2）自然环境差，地处高寒地区，烤火期长，烤火费等相关费用较高，并使得经济建设成本数倍于内地。（3）两种语言、两种文字、两套人马并行，还要考虑相应的民族文化、民族习俗、民族节假日等因素，相应增加了财政开支，导致民族省区政府运作成本偏高（见表 5—1），相对庞大的上层建筑规模使得经济基础不堪重负，严重影响要素收益率，使要素积累、流入较为困难。② （4）民族、宗教性财政开支性因素是其他地区极少甚至是没有的。（5）尚未解决温饱的贫困人口多，扶贫任务艰巨。据国家民委统计数据显示，2007 年年末民族自治地方农村绝对贫困人口 773.6 万人，占全国农村绝对贫困人口（1478.8 万人）的比重为 52.3%，比 2006 年（44.1%）上升 8.2%；贫困发生率比全国（1.6%）高 4.8%。低收入人口占全国低收入人口（2840.7 万人）的比重为 52.1%，比 2006 年（44.7%）上升 7.4%；低收入人口占农村人口的比重比全国（3.0%）高 9.2%。绝对贫困与低收入人口合计数量占全国（4319.5 万人）的比重为 52.2%，比 2006 年（44.5%）上升

---

① 李俊清：《中国民族自治地方公共管理导论》，北京大学出版社 2008 年版，第 196—197 页。

② 中央党校经济研究中心课题组：《西部大开发的经济学思考》，《经济研究》2000 年第 6 期。

7.7%；两项合计占农村人口的比重比全国（4.6%）高14%，比上年同口径数据（12.9%）高出1.1%。① 以上数据的背后，则是民族地区人口受教育程度低的严峻现实。按照地区划分的劳动力受教育程度，2004年我国文盲率为6.2%，而西部地区为14.2%；全国接受初中教育的人口比例为45.8%，西部为33.2%；全国接受高等教育的人口比例为7.2%，西部为6.7%。②（6）边境线长，强边固防的建设任务重。（7）民族地区是我国大江大河的重要源头和生态保护重地，地方财政支出中用于环境保护的压力较为沉重。以新疆为例，2005、2006年自治区财政用于环境污染治理投资总额占当年GDP的比重分别为1.51%和1.05%，高于同期全国平均水平。③

表5—1　　　　我国民族八省区政府运作成本表④　　　　单位：%

	内蒙古	贵州	广西	云南	西藏	青海	宁夏	新疆	全国
政府运作成本占财政总支出的比例	21.04	20.09	21.55	25.11	20.60	23.50	16.02	24.60	20.87
政府运作成本占地方财政收入的比例	51.72	57.33	46.55	61.55	317.46	117.95	53.80	70.80	35.27

说明：政府运作成本为财政支出项目中行政管理费、公检法司支出和行政事业单位离退休经费总和，总支出为当年地方财政支出合计数，地方财政收入为当年地方财政总收入扣除中央转移支付数额部分。

三　民族财政治理的政策性因素约束

譬如，在价格政策方面，我国虽然实行了由市场来决定商品价格的市场价格机制，但在原材料和资源型产品价格上长期实行行政控制。原材料输出是"计划经济"、加工品输入是"市场经

---

① 《民委公布2007年民族自治地方农村贫困监测结果》，中央政府门户网站。
② 楼继伟、王永林编：《中国公共财政：推动改革增长构建和谐社会》，中国财政经济出版社2009年版，第158页。
③ 财政部财科所研究报告：《经济增长与环境保护的和谐之路——新疆可再生能源开发利用调查研究》，2008年第104期。
④ 李俊清：《中国民族自治地方公共管理导论》，北京大学出版社2008年版，第401页。

济",是国家价格政策体系行政控制、利益区隔的真实写照。原材料等初级产品的价值转移必然形成民族地区经济机体长期处于"出血"的状态,难以形成自我增值、积累与扩展的功能。因此,国家对民族地区资源型产品实行计划低价,而对东部加工型产品实行竞争性高价,一低一高不仅不合理,而且在事实上造成民族贫困地区反为发达地区经济"献血"而非人们普遍认为的反向"输血"现象。日渐增长的财政转移支付反而强化了这种认识上的错觉。再以民族地方财政收支政策为例。中央政府为振兴民族自治地方经济而出台的西部大开发减免税收政策,在当前反而导致了民族自治地方财政收入的减少。不仅对企业的税收优惠很多都由地方政府承担,而且本应让本地企业受惠的政策也出现大量政策外溢现象。而中央出台的生态环境保护政策、资源开发限制政策乃至主体功能区政策,使得部分民族地方的相关产业发展被限制甚至禁止,造成地方公共财政收入出现很大空缺。正如学者洪远朋所言,不可否认,调整和改变发展战略或政策已经成为影响利益分配变动的一种重要手段。

四 民族财政治理的社会性因素约束

第一,自然、地理因素。民族地区的自然、地理因素可用"多、长、大、边、穷"来总结和概括。所谓"多",是指民族成分多,少数民族人口多。据第五次全国人口普查,2000年全国少数民族人口为10643万人,占全国总人口的8.41%;所谓"长",是指广大的国土、众多的民族、灿烂的文化。我国自古以来就是多民族地区。在我国领域内出现和形成国家之后,又逐步形成多民族的国家,到了秦汉便正式形成具有全国性的多民族国家;[①] 所谓"大",是指5个自治区、30个自治州和120个自治县(旗)的面积约占全部陆地国土面积的2/3,另外作为民族区域自治政策的补充形式,全国还建立有1173个民族乡;所谓"边",是指全国2万多公里陆地边界线中的1.9万公里,135个边境县(市、旗、区)

[①] 田继周:《中国历代民族政策研究》,青海人民出版社1993年版,第405页。

中的 107 个都在民族地区。边境 2000 多万人口中近一半是少数民族。有 31 个民族与国外同一民族跨界而居。其中有 8 个在境外建有独立的民族国家，有 4 个在邻国建有以该民族为主体的行政区；所谓"穷"，是指贫困人口基数大且在全国的占比偏高。以上所谓空间经济学意义上地理的"第一性质"① 是我国民族地区最基本的客观现实，必然在财政治理中，特别是在事权与财力匹配、基础财政困难等问题上得到直观体现。在空间经济学看来，与地理位置直接相关的运输成本带来的收益差异会直接影响区域福利水平。第二，区位因素。在空间经济学看来，区位是由空间位置所标志的经济利益差别。从我国经济社会长远发展来看，西部民族地区的区域功能可以定位为：我国的资源富集区、水系源头区、生态屏障区、文化特色区、边疆地区、贫困地区。集这么多的"区"于一身，既表明了民族地区的独特优势和特色，也充分说明了加快民族地区发展的复杂性和艰巨性。这种区域定位必然在民族地区要不要发展、经济增长与社会发展平衡、发展方式转变与生态安全等问题上有所反映，并会集中地、持续地在财政治理与改革中凸显出来。第三，人口因素。一般来看，随着社会人口的增加，政府的管理级次、职能要相应地扩大和增加，以便使政府提供服务范围扩大和受益范围更加明确。这在一定程度上影响财政治理与改革中更倾向于分权式改革，反之亦然。新中国成立以来，西部少数民族人口呈快速增长态势。已由 1964 年的 3118 万人增加到 2000 年的 7519 万人，平均年增长率为 2.48%，高于西部总人口年平均增长率（1.75%）的水平。与此同时，在全国平均人口密度为每平方公里 321 人的情况下，2000 年几个主要民族省区的人口密度都非常低。如西藏 2.1

---

① 在克鲁格曼看来，区域福利差异分布主要受到三类因素影响。第一类是地理的"第一性质"（first nature）。由于存在运输成本，拥有要素禀赋、矿山资源、良好气候、交通枢纽和贸易港口等区域易于形成产业集聚，进而影响区域福利水平。第二类是地理的"第二性质"（second nature）。需求、供给和创新知识的接近以及规模经济等因素，导致产业集聚在一起生产和销售能节约成本，获得更多的利润。这些构成产业地理集聚的"第二性质"，且能自我强化的因素，同样影响区域福利水平差异。第三类是社会基础制度（Social Infrastructure）。社会制度和政策决定了经济运行的环境。

人，青海7.2人，新疆12人，内蒙古20人。[①] 地域辽阔、人口相对分散、封闭落后的发展状态，抬升了经济建设与公共产品提供成本，制约了具有一定购买力、产业集聚与城市化水平的区域市场的形成。第四，民族、宗教性因素。作为一种特殊性的社会关系，民族关系的实质是权益分配关系，其核心是对各种相关民族权益的正确处理和分配。[②] 中国"多元一体"的民族生态决定了国家结构的特殊性，民族地方的民族利益、宗教信仰以及国家统一等因素是影响民族地区利益关系体系中的极为敏感的重要因素，也在一定程度上影响财政治理中的政策考量和分配比重。以至于学者王绍光认为，财政转移支付是中央政府解决民族问题或宗教问题的一种有效工具。

[①] 王桂新：《21世纪中国西部地区的人口与开发》，科学出版社2006年版，第93—95页。

[②] 杨建新：《关于民族发展和民族关系中的几个问题》，《西北民族研究》2002年第1期。

第六章

我国民族财政治理的
演进逻辑与特征事实

本章是对我国民族财政治理的演进轨迹与特征事实的分析。首先对"统收统支、高度集中"财政体制、包干制财政体制、分税制财政体制、公共财政以及全面深化财税体制改革背景下的民族财政治理轨迹进行了分析。在此基础上，对我国民族财政治理的特征事实进行了初步观察与总结。最后对"体制外"财政因素对民族财政治理的特殊补充作用进行了分析。

第一节 我国民族财政治理的演进轨迹

本节对"统收统支、高度集中"财政体制、包干制财政体制、分税制财政体制、公共财政以及全面深化财税体制改革背景下的民族财政治理轨迹进行分析。

一 "统收统支、高度集中"财政体制下的民族财政治理（1949—1979年）

正如对我国财政问题素有研究的美国财政学家理查德·M.伯德所言，理解中国当前的财政制度，必须充分理解其制度的发源。20世纪50年代初期，国家在全国范围内逐步建立了统一领导、分级管理的财政体制，建立了中央、省区和县市三级财政，奠定了财政分级管理的基础。在这一体制下，实行"划分收支、分级管理"的办法，对收入进行分类分成，即将财政收入划分为中央、地方的固定收入与规定比例分成收入和中央调剂收入三类，支出则按行政隶属关系制定预算，地方预算每年由中央核定。与此同时，国家也授予民族自治地方一定的财政自治权。1952年国家在编制五年计划的总体战略部署的同时，出台了《中央关于民族地区的五年计划的若干原则性意见》和体现民族自治地方财政权限的《民族自治地方财政管理暂行办法》，对民族自治地方财政自治权问题进行了初步探索。1957年11月，主管财经工作的陈云同志为国务院起草并经第一届全国人民代表大会常委会原则通过的《关于改进财政管理体制的规定》，对民族自治区财政问题进行了原则性说明。① "二五"计划时期，为配合国家试行财政与工业和商业体制相配套、适当扩大地方企业的财政权限的治理思路，经过中央民族事务委员会和财政部的长期酝酿、草拟了体现民族自治地方财政权限的《民族自治地方财政管理暂行办法》。该办法于1958年6月经全国人大常委会第97次会议原则批准，同年6月13日由时任国务院总理周恩来批准公布执行。这是我国第一部以立法形式出现的、专门针对民族地区的财政管理体制办法，该办法既贯彻了国家财政统一领导、分级管理的基本原则，又体现了民族自治地方财政享有一定的自治权的精神，初步奠定了我国民族地区财政管理体制的基础，为地方自治历史传统较少的统一多民族国家实行有限度的区域自治，做出了基本的理论预设和初步实践，对适合民族地区实际的财政体制框架设置做出了创造性探索，对后来财政体制治理有很大的理论和实践指导意义。

作为对1958年正式执行的《民族自治地方财政管理暂行办法》的政策响应，1963年12月，国务院批转了财政部、国家民委《关于改进民族自治地方财政管理体制的报告和关于改进民族自治地方财政管理体制的规定（草案）》（简称《规定（草案）》），该草案对《暂行办法》做出了完整具体的规定，明确了民族自治地方实行有别于其他地区的财政预算管理办法。《规定（草案）》决定："民族自治地方在执行国家税收法令时，对于某些需要从税收上加

---

① 《陈云文选》第3卷，人民出版社1986年版，第104页。

以照顾和奖励的，可以减税或者免税。必要的时候，可以根据税法的基本原则，结合本地区的特点，制定本自治区的税收征管办法，报国务院执行。"还决定从 1964 年起实行"核定收支、总额计算、多余上缴，不足补助，一年一定"的财政体制，并在这一年开始实施针对民族地区的财政"三项照顾"政策，即从 1963 年起，国家对边远山区、边远牧区的民贸企业，在自有资金、利润留成、价格补贴三方面实行照顾政策和财政超收分成、全额留用的政策。这些规定、政策的颁布和执行，有力地促进了民族地区的经济和社会发展。

由于"文化大革命"的影响，国家有关民族财政治理的经济政策无法很好地贯彻落实，民族区域自治制度与政策也遭到破坏和践踏。据统计，从 1949 到 1965 年，民族自治地方的工农业总产值年平均增长率为 10%以上，但"文化大革命"十年期间年均增长率降低到 4.6%。"75 宪法"居然删除原来"54 宪法"中有关民族区域自治的重要规定，特别是民族区域自治权的具体规定。就民族地区而言，国家实施的差别化政策措施基本上采取了"能维持的维持、能执行的执行"的原则。1968 年起国家财政实行"收支两条线"办法，就民族地区财政支出需要给予了专项照顾和必要支持。"文化大革命"后期国家设置了实施至今的，主要用于六个边境省区发展生产、文教和卫生事业的边疆建设事业补助费政策和 1988 年停止执行的，主要用于修建边防公路、电信和某些基础设施建设的边疆建设专项补助投资政策。以上政策措施在一定程度上满足了民族地区财政资金的需求。

二 包干制财政体制下的民族财政治理（1980—1993 年）

根据十一届三中全会有关决议精神，1980 年 2 月国务院发布了《关于"划分收支、分级包干"财政管理体制的暂行规定》。《规定》指出，除了对北京、天津和上海等继续实行"总额分成"办法外，对其他各地方实行了多种形式的"划分收支、分级包干"体制。与对广东、福建实行"大包干"体制，对河北、辽宁等 15 省区实行"划分收支、分级包干"体制相区别，对内蒙古、新疆、西藏、广西、宁夏等地区实行民族自治财政体制，保留了原来某些规定；对少数民族较多的云南、青海、贵州三省比照自治区办法执行。从理论上看，"划分收支、分级包干"财政体制是按照事权与财权相统一的原则设计，收支范围根据企事业单位的隶属关系划分。该体制模式首次承认了中央与地方各自的利益边界，是我国财政体制走向分级管理的重要一步。① 在补助数额和分成比例上，确定中央对民族地区的补助数额由"一年一定"改为"一定五年不变"，五年内增收的部分留给地方，保持了政策和制度的连续性，同时也便于地方政府制定和执行长远规划，发展各地的地方性事务；国家把针对民族自治地方的包括民族机动金、预备费各项特殊照顾一并打入包干基数，不再单独逐年核拨；《规定》还对民族八省区实行每年递增10%的定额补助制度。有了以上体制改进，党和国家的民族政策在财政上得到了较充分的体现。据统计，从1980年至1988年，中央对八省区的定额财政补助累计为506亿元。② 另外，这一时期国家还对民族地区设置了具有长远意义的专项补助政策。这包括：专门用于少数民族地区和经济不发达地区发展经济、文化、卫生事业的"支持不发达地区发展基金"（九年中国家共拨付约30多亿元用于少数民族地区）；用于发展边境地区生产建设和发展文教、卫生事业的"边境事业补助费"（十年共拨付约12亿元用于少数民族地区）；用于修建边防公路、电信以及某些基础设施建设的"边疆建设专项补助投资"（十年共拨付约17亿元主要用于少数民族地区）等专项补助基金。1982年到1985年，财政体制在"划分收支、分级包干"的基础上又做了一些适应性改革。这时期的财政体制改革是在纠正"左"的错误、拨乱反正的基础上进行的，对搞好民族地区财政、增强经济活力起到了积极作用。

1985年开始，国家实行"划分税种，核定收支，分级包干"具有六种不同形式的财政包干体制。该体制在原有基础上进一步划分了各政府的事权，并以此作为核定收支范围和数量的依据，同时顺应和符合政企分开的企业制度改革趋势。该体制继续实行对民族自

---

① 高培勇：《公共经济学》，中国社会科学出版社2007年版，第397页。
② 黄光学：《当代中国的民族工作》下，当代中国出版社1993年版，第209页。

治区和视同民族自治区待遇的三省定额补助以及专项补助办法，即按原来核定的收支基数，支大于收的部分实行固定数额补助。而各有关省区在制定本省区财政管理体制的规定中，对所辖的自治州、自治县的定额补助都分不同情况做了相应的规定。与此同时，为配合第二步利改税试点的顺利实施，国家充分考虑民贸企业原来留利水平较高的实际情况，对民族贸易企业征收所得税和核定企业留利问题进行了专门规定。另外，从1986年起国家设扶贫贴息贷款和以工代赈资金，其中很大部分用于少数民族地区。但1986年国家迫于中央财政收支矛盾十分尖锐、宏观调控能力严重弱化的现实压力，决定对民族自治地方定额补助递增10%改为5%；1988年国家颁发的《国务院关于地方实行财政包干办法的决定》，从体制效应看，实际上是运用物质刺激手段发挥利益激励的功能，使地方政府可以从增收或多收中留一部分数额。基于以上考虑，国家对民族八省区取消了定额补助递增比例的照顾，将每年递增5%改按1987年递增10%后的补助数额固定下来，每年给予定额补助。

随着市场在配置资源中作用的扩大和中央财政调控地位的日益突出，包干型财政体制的弊端开始显现：固定上缴基数、超收多留直接导致中央财政收入占比下降，威胁宏观调控能力；片面强化地方利益机制刺激了地方政府发展见效快、利税多的项目建设，从而导致地方封锁和地方保护主义盛行；中央与地方财税关系的确定是按照行政管理程序，采取中央财政与各省区逐个谈判、逐个落实的办法，虽然在中央财政与地方财政之间试图建立起一个利益分配上的契约关系，但这种契约关系又缺乏约束性，讨价还价、压低收入基数、抬高支出基数甚至故意隐瞒收入等现象不可避免。而基数的确定实际上意味着把历史造成的某些不合理因素制度化和长期化，在一定程度上加重了区域间苦乐不均的状况。[1] 为了给下一轮财政体制改革营造较为稳定的宏观经济环境，1993年6月中央政府出台《中共中央、国务院关于当前经济情况和加强宏观调控的意见》，

---

[1] 高培勇：《公共经济学》，中国社会科学出版社2007年版，第397—398页。

《意见》明确要求停止和取消一切困难性、临时性的减免税。这样，国家实施调整价格、增加职工工资和其他经济改革措施引起财政收支的变动，除国务院另有规定者外，一律不调整地方收入留成上解比例及补助数额。此轮宏观调控和财经秩序整顿，在稳定经济平稳运行、规范财经纪律的同时，对主要靠中央临时性补助得以运行的民族地区财政治理带来很大的影响，加剧了民族地方财政收支紧张的被动局面。

三 分税制财政体制背景下的民族财政治理（1994—2001年）

我国现行财政关系框架是1994年分税制改革后形成的。由于现行《预算法》及其他法律中没有对我国财政关系进行明确界定的相关条款，有关财政治理的规定主要体现在国务院制定的《实行分税制财政管理体制的决定》之中。作为新中国成立以来涉及范围重大、调整力度最强、影响最为深远的一次政府间财政治理与改革，1994年分税制改革的基本原则是："存量不动、增量调整、逐步提高中央的宏观调控能力，建立合理的财政分配机制。"在传统包干体制确定的地方上解和中央补助基本不变、不触动地方既得利益的情况下，结合税收关系治理，对收支关系从增量分配的视角进行了重大改革与治理。分税制财政体制改革主要包括以下内容：（1）支出划分。中央财政主要承担国家安全、外交和中央国家机关运转所需经费，调整国民经济结构、协调地区发展、实施宏观调控所必需的支出以及由中央直接管理的事业发展支出。地方财政主要承担本地区政权机关运转所需支出以及本地区经济、事业发展所需支出。（2）收入划分。分税制财政体制改革将维护国家权益、实施宏观调控所必需的税种划为中央税；将同经济发展直接相关的主要税种划为中央与地方共享税；将适合地方征管的税种划为地方税，并充实地方税税种，增加地方税收入。（3）税收返还制度。以1993年为基期年，按分税后地方净上划中央的收入数额，作为中央对地方的税收返还基数，基数部分全额返还地方，并与消费税和增值税（75%）的增长率按1∶0.3系数每年递增返还。（4）配套改革和其他政策措施。结合税收关系改革实施《企业财务通则》和《企业会计准则》，合理调整和规范国家与企业的利益分配关系，并同步进行税收管理体制改革。（5）过渡期转移支付。1995年经国务院批准旨在均衡区域财力差异的《过渡期转移支付办法》开始实施。其指导思想之一便是重点缓解地方财政运行中的突出矛盾，体现对民族地区的适度倾斜。过渡期转移支付制度除了对全国30个省区按统一因素、统一公式计算转移支付之外，还建立了对民族地区的政策性转移支付，以解决民族地区财政困难的突出矛盾。《过渡期转移支付办法》将八个民族省区和民族省区之外的民族自治州纳入政策性转移支付，选用"财政供养人口人均财力"、"财政供养人口"、"1979年以来的财力递增率"三项综合性指标，作为增加对民族地区转移支付数量核定的基本依据，转移支付系数则视中央当年财力情况加以确定。对于民族自治州的政策性转移支付，根据该民族自治州"财政供养人口人均财力"与本省地州级"财政供养人口人均财力"和全国地州级"财政供养人口人均财力"水平分别确定。各地享受转移支付额的计算公式为：

某省区转移支付补助数＝（该省区标准支出－该省区财力－该省区收入努力不足额）×客观因素转移支付系数＋政策性转移支付额

政策性财政转移支付系数与数额是根据有增长弹性的收入满足支出的程度确定。有增长弹性的收入满足支出的程度根据各地地方本级收入和中央核定的税收返还占标准支出的比重确定。用公式表示为：

满足程度＝（该地区地方收入＋中央对该地区税收返还）／标准支出×根据各地收入满足程度确定政策性补助系数

具体情况是：满足程度在60%—100%之间，系数为0.04；满足程度在20%—60%之间，系数为0.06；满足程度在20%以下，系数为0.08。

1995年实施《过渡期转移支付办法》的重要意义在于，该

《办法》中的客观因素考虑了各地方行政区域内的少数民族人口。在政策因子中把民族省区和自治州辖区内的人均财力、转移支付系数、省区的财力增长率、自治州相当于全国地州以及本省地州人均财力的水平等因素纳入了政策性转移支付的范围之内。这一制度安排保证了大多数民族省区享受较多的过渡期财政转移支付资金。

总之,尽管分税制并不能马上解决原有多级财政体制中存在的所有问题,而以"大一统"为导向的分税制改革与民族地区财政体制差异性之间的矛盾也会在很长时期内存在,有时有较为激烈的冲突,但其优越性是显而易见的:一是兼顾了中央与地方两个积极性,既突出了中央财政利益也考虑到各级地方财政的实际情况;二是基本建立了各级政府各司其职、各负其责、各得其利的约束机制和费用分担、利益分享的归属机制;三是在一定程度上促进了产业结构调整和地方政府经济行为的合理化。[①]

四 公共财政体制框架下的民族财政治理(2002—2011年)

随着经济环境的变化,在稳定分税制财政体制基本框架的基础上,国家对分税制财政体制及转移支付制度采取了一系列治理和完善措施。(1)实施所得税收入分享改革。财政收入空间分布不均衡、区域财力差距不断扩大是企业所得税分享改革的一个非常重要的原因。因此,中央因改革所得税收入分享办法增加的收入全部用于对地方主要是中西部地区的一般性转移支付,为资金稳定增长机制的建立奠定了坚实的物质基础。据统计,2002—2007年期间,因为所得税收入分享改革集中的增量资金为6380亿元,[②]这对保障中西部地区政府机关单位职工工资发放和机构正常运转、减缓地区间财力差距扩大的趋势、统筹地区间协调发展发挥了重要的财力支撑作用。同时,为了妥善处理区域财税利益分配关系,跨区域经营企业集中缴纳的所得税中地方分享部分,按公司(子公司)所在地的企业经营收入、职工人数和资产总额三个因素在相关地区间分配,

---

[①] 高培勇:《公共经济学》,中国社会科学出版社2007年版,第399—400页。
[②] 谢旭人:《中国财政改革30年》,人民出版社2009年版。

其权重分别为 0.35、0.35 和 0.3。（2）出口退税负担机制改革。（3）证券交易印花税、金融保险营业税分享办法改革。自 1997 年起，国家将证券交易印花税收入分享比例调整为中央 80%、地方 20%。后因印花税税率由原来对买卖双方各征收 3‰调高到 5‰，调高税率增加的收入全部作为中央收入，因此证券交易印花税中央与地方分享比例折算为中央 88%、地方 12%。2000 年国务院再次决定，从当年起分三年将证券交易印花税分享比例逐步调整到中央 97%、地方 3%。中央由此增加的收入主要用于支持西部贫困地区发展，并作为补充社会保障资金的一个来源。（4）财政转移支付制度的调适与完善。2002 年实施所得税收入分享改革，建立了转移支付资金稳定增长的机制，过渡期转移支付同时改称为一般性转移支付。现行中央对地方的转移支付主要可分为两类：一是财力性转移支付，主要用于增强财力薄弱地区的财力，促进基本公共服务均等化。包括一般性转移支付、民族地区转移支付、调资转移支付等。二是专项转移支付，是中央政府对地方政府承担中央委托事项、中央地方共同事务以及符合中央政策导向事务进行的补助，享受拨款的地方政府需要按照规定用途使用资金，实行专款专用。专项转移支付包括一般预算专项拨款、国债补助等。2006 年中央财政将民族省区和民族自治州以外的 44 个民族自治县全部纳入了转移支付范围，实现了对所有民族地区的全覆盖；后又连续通过调整转移支付统计口径、形式和优化结构，着眼于提高转移支付规模的稳定性和可预见性，按照"政策不变、力度不减"原则进一步完善并于 2010 年实施新的民族地区转移支付办法，新办法指出，2010 年起中央民族地区转移支付总规模按照前三年全国增值税收入的平均增长率滚动递增。资金分配区分民族省州和民族自治县两部分：民族自治县转移支付规模在上一年度各自补助数基础上，统一按照前三年全国增值税收入平均增长率滚动递增，转移支付总额扣除用于民族自治县后的部分，在 8 个民族省份和 8 个民族自治州之间分配。其中，70%按照因素法进行分配，30%考虑各地上划增值税贡献因素进行分配。表 6—1 是 2000 年以来中央对民族地区转移支付的额度及增加比例。

表 6—1　　　　2000 年以来中央对民族地区转移支付水平

年份	2000	2001	2002	2003	2004	2005	2006	2007	2008	2009
额度	25.5	33.0	39.1	55.4	76.9	159.1	155.6	173.0	276.0	276.0
比上年增加比		29.2	18.4	41.9	38.7	107.0	-2.2	11.2	59.5	

注：2006 年比 2005 年有所下降，主要原因是 2005 年地方上报的上划中央增值税收入预计增量高于实际增长率，导致 2006 年清算时扣回较多。数据来源：根据李萍《财政体制简明图解》，中国财政经济出版社 2010 年版，第 73 页相关内容整理。

五　全面深化财税体制背景下的民族财政治理（2012 年至今）

2013 年 11 月党的十八届三中全会指出，"财政是国家治理的基础和重要支柱。科学的财税体制是优化资源配置、维护市场统一、促进社会公平、实现国家长治久安的制度保障。必须完善立法、明确事权、改革税制、稳定税负、透明预算、提高效率，建立现代财政制度，发挥中央和地方两个积极性"。要"完善一般性转移支付增长机制，重点增加对革命老区、民族地区、边疆地区、贫困地区的转移支付"。"按照统一税制、公平税负、促进公平竞争的原则，加强对税收优惠特别是区域税收优惠政策的规范管理。税收优惠政策统一由专门税收法律法规规定，清理规范税收优惠政策。"2014年 12 月，中共中央、国务院印发的《关于加强和改进新形势下民族工作的意见》中指出，要完善差别化支持政策，进一步完善一般性财政转移支付增长机制，率先在民族地区实行资源有偿使用制度和生态补偿制度。因此，现阶段民族财政治理须抓住重点、解决突出问题。具体而言，就是要紧扣民生抓发展，重点抓好就业和教育；发挥资源优势，重点抓好惠及当地和保护生态；搞好扶贫开发，重点抓好特困地区和特困群体脱贫；加强边疆建设，重点抓好基础设施和对外开放。抓好了这些重点工作，就能把政策动力和内生潜力有机结合起来，形成加快发展的强大合力。①

---

① 人民日报评论员：《加快民族地区奔向全面小康的步伐——三论学习贯彻习近平中央民族工作会议重要讲话精神》，《人民日报》2014 年 10 月 11 日。

第二节　我国民族财政治理的特征事实

我国民族财政治理具有一般性财政治理的特性，又具有自身的一些特点。

一　财政治理的法定性和非法定性相结合

《宪法》是为国家财政收支体系的建构发挥其功能的指导性准则，规定各个层级的政府机构财政资金取得和使用的权力，以实现国家的分配和调控功能。① 因此，《宪法》及其宪法性法律中关于民族区域自治政策和处理民族利益关系的基本规定，是民族财政治理的基本法律依据。支持民族地区发展的法律、政策和民族地方政府制定的相关地方立法和地方性政策不得违反《宪法》和《宪法》关于民族区域自治基本原则的规定。《宪法》第 4 条分 4 款规定了我国民族政策和处理民族财政治理的基本原则和政策：各民族一律平等；保障各少数民族的合法权益，维护和发展各民族平等、团结、互助关系；国家帮助各少数民族地区加速经济和文化发展；各少数民族聚居的地方实行区域自治，设立自治机关，行使自治权。第 112 条至第 122 条进一步明确规定了民族财政治理过程中民族自治地方享有的各项具体权利。第 117 条规定指出，"民族自治地方的自治机关有管理地方财政的自治权。凡是依照国家财政体制属于民族自治地方的财政收入，都应当由民族自治地方的自治机关自主地安排使用"。第 118 条规定了民族自治地方自主安排地方性经济建设事业的权利，"民族自治地方的自治机关在国家计划的指导下，自主地安排和管理地方性经济建设事业"，"国家在民族自治地方开发资源、建设企业的时候，应当照顾民族自治地方的利益"。第 122 条规定了民族自治地方在经济、文化建设方面有得到国家帮助的权利："国家从财政、物资、技术等方面帮助少数民族加速发展经济

---

① 刘剑文：《走向财税法治：信念与追求》，法律出版社 2009 年版，第 1 页。

建设和文化建设事业。"总之,《宪法》及民族区域自治法及其相关规定,是国家支持民族地区财政经济发展立法和制定政策的基本法律依据。

  1994年全国人民代表大会审议通过《中华人民共和国预算法》(以下简称《预算法》),国务院相应颁布《预算法实施条例》。作为财政基本法律制度,《预算法》成为后续财政关系改革和财政政策确立以及财政管理的基本依据,同样也是目前国家立法层面最具有法律效力的财政治理与改革的法律文件。《预算法》第一章"总则"第八条规定,国家实行中央和地方分税制。《预算法》第四章"预算编制"第三十一条规定,中央预算和有关地方政府预算中安排必要的资金,用于扶助经济不发达的民族自治地方、革命老根据地、边远、贫困地区发展经济文化建设事业;《预算法》第十一章"附则"第七十七条规定,民族自治地方的预算管理,依照民族区域自治法的有关规定执行;民族区域自治法没有规定的,依照本法和国务院的有关规定执行。由此看来,作为最具有法律效力的财税关系改革与治理的法律文件,《预算法》对于财政关系框架中的"内核"诸如财权与事权匹配、税权划分、转移支付制度等内容并未涉及。虽然我国也将"有一级政府,有一级预算"写进了《预算法》,但实际上,由于事权与财权不匹配,税率和税基均由中央政府决定,中央政府通过大量转移支付控制地方政府的收支行为,地方政府几乎没有相应财政自主权。就目前广为关注的地方债务问题而言,虽然《预算法》第二十八条明确规定禁止地方政府发债,但我国地方政府债务特别是西部地方政府债务的存在,且潜伏着巨大风险已是既成事实。[①]《预算法》对现行地方债务来源复杂、透明度差、监督缺失,潜伏比中央债务大得多的债务风险明显缺乏法律约束力。我国财政学家刘尚希认为,1994年分税制改革仅仅解决利益的分配问题,风险分担尚未纳入财政体制框架中来。这都是《预算法》修订及后续体制改革中必须考虑的重要议题。

  [①] 中国社会科学院财政与贸易经济研究所:《走向"共赢"的中国多级财政》,中国财政经济出版社2005年版,第170—173页。

为了规范政府收支行为，强化预算约束，加强对预算的管理和监督，建立健全全面规范、公开透明的预算制度，保障经济社会的健康发展，2014年8月31日，十二届全国人大常委会第十次会议表决通过了关于修改预算法的决定。新《预算法》已于2015年1月1日起正式实施。预算法通常被称为"亚宪法"，对于国家治理具有重要意义。修改后的预算法完善了全口径预算管理、地方政府举借债务、预算公开等方面的内容，并强化了人大对预算的监督审查，以最严密的制度笼子，管好国家的钱袋子。这必将对提高我国民族财政治理水平产生长期深远的影响。

就民族财政治理的非法定性而言，主要包括中央民族工作会议精神，中央关于新疆、西藏工作座谈会精神，以及其他民族地区发展的支持意见。为了响应以上重大决策部署以及会议精神，相关部委出台相关的财政治理举措。而这同样具有很高权威效力。

二 财政治理步骤上的渐进性和利益整合力度上的边际增量性

中国经济改革的过程多多少少像一个随机行走（random walk）的过程。[1] 表现在利益关系治理方面，我国经济转型中利益调整具有典型的局部性"试验—推广"特征，即新的资源配置方式和利益激励机制在率先改革的区域和部门（东部发达地区）和新成长的以民营经济份额的提高和多种所有制经济共同发展的格局率先在沿海地区形成，然后逐步向内地其他区域和部门延伸。[2] 这种"试验—推广"尽管在某种程度上降低了利益调整带来的风险，保证了改革过程的可控制性和稳健性，但局部性改革本身的推广依赖于国家对于不同领域和不同区域的强制性与行政性的隔离与割裂，在不同部门、不同区域造成了竞争机会和市场环境的不平等，割裂了市场机制的整体性，导致不同区域和经济领域的发展与改革的非均衡性与利益的非对等性。虽然没有规范的政府间财政关系，但在1994年

---

[1] 张维迎：《市场的逻辑》，上海世纪出版集团、上海人民出版社2010年版，第121页。

[2] 吴敬琏：《让历史照亮未来的道路：论中国改革的市场经济方向》，《经济社会体制比较》2009年第5期。

之前通过财税体制为地方政府提供激励并促进地方政府之间的竞争，最终促进了各种市场竞争主体的形成。1994 年分税制财政体制改革整个过程是相对平稳、有序、可控的：中西部地区可以从中央增加的收入中获取转移支付，极力支持改革举措；发达地区通过保留税收返还等不规范的财政体制，同时在财税收入增量中能获得不菲的份额，大大降低了对改革的抵触动机与行为。总的来说，这种改革创造了中国独一无二的税收返还体系，反映了现在纳入政治经济重大规则已经运用到财政体系中来（Ahmad 和 Brosio，2006）。但不可否认的是，这种改革方式会拉长改革时间跨度，使得利益治理与改革具有不彻底性、不稳定性和不合理因素制度化等倾向，还会产生治理的路径依赖，并在后续改革中不断自我强化。"初始的体制选择会提供强化现在机制的刺激和惯性，因为沿着原有的体制变化路径和既定方向向前走，总比另辟蹊径要来得方便一些。"[①] 因此，一旦路径依赖形成，仅靠财政制度本身很难有效克服，除非借助于强大外力推动，而这可能与经济体制改革的初衷不符，加大了财政治理难度。

三 财政治理政策取向上的实用性

统一体制在民族地区的适应性困难通过短期政策性手段予以解决。也就是说，在治理性手段选择上一个非常明显的特点是，通过中介性的沟通体系——政策来实现某种特定的治理目标。即使就财政治理的法律体系而言，除了规范体系之外，还有其他许多非法律的、准法律的东西包括各种规章制度都在发挥某种不可替代的治理性作用。正如美国经济学家约翰·麦克米兰在评价中国改革时说，中国的改革政策既具实用主义，又具适用主义。[②] 政策调整和制度规范、法律规范相结合"实用主义"的政策取向和做法，使我国财税关系治理与改革在某些方面取得了巨大成功。但实用主义理念主

[①] 吴敬琏：《路径依赖与中国改革》，《比较》1995 年第 3 期。
[②] [美] 约翰·麦克米兰：《市场设计：经济理论的政策应用》，《比较》1999 年第 8 期。

导的短期政策作为，极有可能诱使矛盾与问题不断积聚，久而久之产生某种积重难返的负面效应。总之，我国政府间财政关系改革是在法律位阶较低、缺乏严格意义上的"法"而更多的是表现为政策治理这样的一个形式与内容相统一的情形下得以进行的。严格来讲，基于政府间财政关系的相关法规只具有法的形式特征，而实质内容更多的是政策。因此，相关政策制定、执行符合"法治国家"的精神实质，是财政治理要关注的基本问题。

四 财政治理的历时性与共时性的相互交织

时间的一维性造成了一切事物发展的历时性（long-term）特征。历时性特征指同一事物或同类事物在时间维度上的发展与深化，它可能围绕着某个核心内涵在形式上不断演化。一般地，我国民族财政治理在改革开放与财政理念变迁两个维度上螺旋上升，呈现出相应的动态历时性特征。作为改革的逻辑起点，民族区域自治政策承载着民族统一、发展繁荣的历史重任。民族区域财政自治政策作为服务于计划经济体制的统一财政制度的重要组成部分，为地方自治历史传统较少的统一多民族国家实行有限度的区域自治，做出了基本的理论预设和初步实践。其后随着财政改革理念的不断深化和国家发展战略的深刻需要，民族区域财政制度也随之不断治理和完善。这种动态历时性本身是一种从初始条件、初步探索到不断调整、完善和深化的过程，改革完善的系统性、周全性在逐步增强。民族区域财政制度发展与国家战略和改革历程的共时性特征：共时性的本意在于说明非因果关系事件在时间上的同步性，这里用来指民族财政治理与国家改革开放决策的同步性。我国民族财政治理，表现为与改革开放的静态共时性特征。民族财政治理与国家发展战略、经济体制改革的需要、民族问题认识的不断深化交织在一起，相互影响、相互促进。

五 民族财政治理实行"国民待遇"，但为例外制度安排留下一定空间

从新中国成立特别是改革开放以来民族财政治理的治理轨迹中

可以发现，在民族利益平等、互助和各民族共同繁荣为基本原则、民族区域自治为制度保证的基本制度与政策体系框架下，国家在不同历史时期，在体制、政策等方面，对民族地区的支持是不间断的，只是根据实际需要在作用方式方法、重点程度上有所差别。不管是统收统支体制下对民族地区财政管理体制的特殊规定，还是包干制下民族地区实行不同于其他地区的财税体制都体现了一定的特殊性和灵活性。这在分税制改革以前非常明显。1994年分税制财政体制改革则使一般民族自治地方与一般行政区的财税关系上趋于一体化，只有西藏自治区特殊的财政治理框架得以延续。为了照顾西藏特殊的政治、经济、文化和自然环境，中央对西藏一直施行特殊的财税政策，使其享有高于一般民族自治地方的财税自主权。计划经济和转轨经济时期，西藏实行相对独立的税收制度。分税制财税体制改革之际，西藏也与全国同步试行分税制。1994年中央第三次西藏工作座谈会之后，赋予西藏一系列财税优惠政策，实行"税制一致、适当变通、从轻从简"的税收政策，西藏进行了民主改革以来力度最大、范围最广、影响最深的税收制度改革，而且第一次实现了西藏与全国税收制度的接轨和基本统一。[①] 2001年中央第四次西藏工作座谈会，中央确定实行"核定基数、定额递增、专项扶持"的财政补贴政策，税收实行"税制一致，适当变通，从轻从简"的政策。除关税、海关代征消费税和增值税（以下简称海关代征税）、增值税以外，在西藏地区征收其他中央税和共享税的具体办法，由自治区政府做出规定，报国务院批准后实行。地方税种的开征，税目、税率的确定和减免税的权力仍由西藏自治区掌握，报财政部、国家税务总局备案。实行分税制后，除关税和海关代征税以外，在西藏地区征收的其他中央税和共享税的中央部分全部返还，作为日常资金调度全部留给西藏。关税和海关代征税是中央财政的收入，为了照顾西藏特殊的困难和需要，对西藏进口的属于西藏自用的商品，实行先按国家现行规定征收缴纳中央财政，后定

[①] 安玉琴：《分税制条件下西藏财税政策体系及其实施机制研究》，载国家民委起草"规定"领导办公室《新形势下民族区域自治政策研究》，中国社会出版社2003年版，第49页。

额返还的办法。在西藏自治区建立中央金库。西藏的区外联营企业在当地缴纳的所得税,由西藏自治区与所在地政府协商返还西藏财政。[①]

"差异化—差异化逐步收缩—过渡到统一的分税制财政体制"的改革取向表明(见表6—2),在统一框架内容内,允许特定区域差异性制度安排存在的价值理念和改革逻辑,既显现出民族财政治理模式统一于国家不同时期财政体制模式总体框架、服务于国家总体发展战略的目标理性需要,也表现出一定的区域性的财政治理与创新的可能路径和趋势。但这种改革路径——趋近"国民待遇"的一般民族财政治理的治理路径,与民族区域自治制度与政策不对称。新中国成立以来,特别是计划经济时期,与民族区域自治制度相适应,在统一财税关系框架内赋予民族自治地方"准联邦"的财政权和分配制度,保障了宪法和民族区域自治法赋予民族自治地方财税自治权的落实。但在分税制框架下,第一,财税变通权、减免权规定的缺位或偏少,导致宪法、立法法和民族区域自治法赋予民族自治地方的财税变通权、减免权虚置。计划经济和转轨经济时期,依据宪法和民族区域自治法,财税体制框架都赋予民族自治地方税收办法制定权和减免权,保障了少数民族的平等权利和合法权益。但在分税制框架下,为体现税权统一的要求,在新的《企业所得税法》里赋予民族自治地方企业所得税中属于地方分享部分的减免决定权。第二,财税分配例外安排的缺失,导致新中国成立以来一般民族自治地方财税分配例外安排历史链条的不完整。计划经济时期和转轨经济时期,财税体制框架分别赋予一般民族自治地方"统收统支(关税、盐税除外),或地方固定收入和自治区的调剂收入全部划给自治区,或5年内收入增长部分全部留归地方"的财税分配例外安排,但在分税制框架下这种例外安排被取消。

[①] 中央文献研究室、中共西藏自治区委员会:《西藏工作文献选编(1949—2005年)》,中央文献出版社2005年版,第484页。

表 6—2　　我国民族财政治理的演进轨迹与运行特点

时间	阶段特征	主要标志	运行特点
1949—1978	统一领导、分级管理	1958 年《民族自治地方财政管理暂行办法》	贯彻统一领导、分级管理的基本原则，同时体现民族自治地方财政享有一定的自治权
1979—1983	差别化财税体制	1980 年《关于划分收支、分级包干财政管理体制的暂行规定》	确定中央对民族地区的补助数额由"一年一定"改为"一定五年不变"，五年内增收的部分留给地方；国家把民族机动金、预备费一并打入包干基数，不再单独逐年核拨；对民族省区实行每年递增10%的定额补助制度
1984—1993	新旧财税体制转换、差异收缩	1985 年实行"划分税种，核定收支，分级包干体制"	对民族自治地方定额补助递增10%改为5%；1988年国家对民族八省区取消了定额补助递增比例的照顾，将每年递增5%改按1987年递增10%后的补助数额固定下来，每年给予定额补助
1994—2003	实行统一的分税制财政体制	1993 年《关于实行分税制财政管理体制的决定》	收入方面，民族自治地方都与其他省市同等对待；支出和事权分割方面，民族地方除了承担内部事权之外，还承担大量外溢性事权，代理部分中央事权；财政转移支付方面享受照顾比例系数
2003—2011	深化改革期的财税体制	以建立公共财政为契机，推动新一轮财税体制改革	通过资源税等的改革调整民族地区财政收入结构；优化民族地区财政支出水平；逐步优化转移支付系数与结构；推动民族地区财税管理水平不断提升
2011 年以来	全面深化财税体制	建立现代财政制度	财政是国家治理的基础与重要支柱；完善一般性转移支付增长机制，重点增加对革命老区、民族地区、边疆地区、贫困地区的转移支付

第三节 "体制外"财政因素对民族财政治理的补充作用[①]

新中国成立以来,除了历次财税体制改革所做出的具体规定之外,中央财政还采取了大量财政制度与体制外其他关涉民族地区利益关系的财政治理行为(即需要财政最后支付成本),这些特殊体制安排和政策措施,在缓解财政体制在民族地区适应性紧张的同时,对理顺民族财政治理、推动民族地区经济发展和社会稳定发挥了重要的特殊补充作用。

一 "体制外"财政治理的主要内容

这些体制外的财政因素形式多样、用途各异(见表6—3)。有用于补助正常开支之外特殊开支的如少数民族地区补助费;有用于边疆建设的如边疆建设事业补助费;有用于民族地区突发、敏感事件以及特殊亟须处理问题的如民族工作经费;有用于扶助人口较少民族生产发展的如少数民族发展专项资金;也有用于扶持民族地区企业特殊生产需要的,如民贸网点建设和民需商品定点生产企业技改贷款和正常流动资金贷款贴息与民族地区乡镇企业专项贷款贴息等。另外,自治地方(区、州与县)逢十周年大庆行为,不仅是中国特色民族工作的主要组成部分,更是民族地区利益关系治理的难得机遇。另外,各级人大(民委)、政协(民委)与统战等关涉民族事务的部门,更要充分发挥各自利益表达、利益调控、利益整合的特殊补充作用,以便于发挥我国财税体制内、外相结合,机制创新与政策应对相结合,党委—政府—社会各界齐抓共管等多个层面的有机协调与配合的工作格局和制度优势。

[①] 马应超:《"中国特色社会主义民族财政经济理论体系的建构与深化"总报告》,载中共中央党校科研部《2009年度全国党校系统重点课题优秀调研报告集》。

表6—3　　　　我国民族财政治理的"体制外"财政因素

形式与名称	主要内容、政策来源及执行情况说明
少数民族地区补助费（1955— ）	1979年国家民委、财政部《关于少数民族地区补助费的管理规定》指出，该项费用是在正常经费以外用于解决有关少数民族一些特殊开支的专款，重点用于少数民族发展生产、文化教育、医疗卫生方面某些特殊困难的补助开支。每年指标由国家民委向财政部提出建议，指标确定后由国家民委同财政部进行分配
边疆建设事业补助费（1977— ）	重点支持边境地区经济和社会事业的发展、解决战备和战争遗留的问题。每年总额为4000万元，后逐年有所增加，其中60%—70%用于民族自治地方。改革开放以后除了分配给部分业务主管部门外，主要部分列入了地方财政包干基数。1994年分税制财政体制实施以后，在税收返还资金数额中予以保留。后随着国家计划投资体制的变化改为贷款，每年由国家计委向各主管部门安排投放
民族工作经费（1980— ）	《民族工作经费管理暂行规定》指出，民族工作经费是民族工作的专项补助资金，属中央财政专项资金，纳入国家民委部门预算统一管理。实行预决算管理，按照"总量控制，分类管理"的原则，由国家民委编制经费预算，经财政部批准后执行。主要用于处理解决少数民族和民族地区突发性、敏感性及影响经济社会发展亟须解决的特殊问题补助；民族自治地方重要纪念活动补助；地方民族工作部门开展业务活动补助；改善少数民族生活基本条件困难补助；民族政法、文化、宣传和教育等方面特殊困难补助；少数民族人才培养、培训经费补助；少数民族扶贫工作补助；民族院校教学科研业务补助等
少数民族发展专项资金（1992— ）	2006年财政部、国家民委关于印发《少数民族发展资金管理办法》的通知指出，该项资金是中央财政专项用于推进兴边富民行动、扶持人口较少民族发展、改善少数民族生产生活条件的扶贫资金。主要用于改善生产生活基础条件、培训劳动技能、推广生产技术、发展具有资源优势和地方特色产业。1998年改为无偿使用。2002年开始从"少数民族发展资金"中安排一部分资金专门支持人口较少的民族发展。2005年资金规模达到了1.12亿元。1998—2005年累计安排资金总规模达到30多亿元；2009年中央财政在少数民族发展资金中安排"兴边富民"行动补助资金达4.84亿元

续表

形式与名称	主要内容、政策来源及执行情况说明
民贸网点建设和民需商品定点生产企业技改贷款和正常流动资金贷款贴息（1964— ）	财政部、国家民委关于印发《民族贸易企业网点改造和民族特需商品定点生产企业技术改造贷款财政贴息资金管理暂行办法》的通知指出，为扶持民族贸易和民族特需商品生产发展，满足少数民族群众的特殊消费需求，经国务院批准，对部分民族贸易企业网点改造和民族特需商品定点生产企业技术改造贷款实行财政全额贴息，中央财政和地方财政各负担一半。"十一五"期间贴息贷款规模增加到每年5亿元
民族地区乡镇企业专项贷款贴息（1993— ）	1993年财政部、国家民委《少数民族地区乡镇企业贴息贷款项目贴息办法》指出，该专项贷款主要用于民族八省区以及四川、甘肃等省的少数民族自治地方乡镇企业。"八五"期间由中国农业银行在中国人民银行核定的乡镇企业贷款总规模中，每年新增1亿元的专项贴息。从1996年开始每年增加到1.2亿元。项目专项贷款按现行利率计算的第一年利息由中央财政和省级财政各负担一半，以后年度利息由企业负担
乌昌财政体制（2005— ）	在乌昌党委的领导下，乌鲁木齐市和昌吉州两地财政合并成立乌昌财政，实现了乌昌财政的统一。为促进乌鲁木齐与昌吉州经济一体化在财政体制上的区域性创新，必将对打破行政割据、推动经济一体化发挥重要促进作用
自治区、州、县逢十周年大庆	是中国特色统筹民族地区利益关系的重要组成部分，更是加快民族地区发展、推动利益协调的重大机遇。如内蒙古成立60周年大庆时，中央财政安排了14.8亿元、总投资30.6亿元的13个重大投资项目；新疆、宁夏、广西成立50周年，国家出台了加快发展的政策性文件

二 "体制外"财政治理的主要形式

从以上"体制外"财政因素各自存在形式来看，大多是基于少数民族事务自身需要而存在，如教育、卫生和医疗经费等，具有内部事务属性，需要自身财力给予支持但无力保障。如少数民族地区补助费、少数民族发展专项资金、对民贸网点建设和民需商品定点生产企业技改贷款和正常流动资金贷款贴息和民族地区乡镇企业专项贷款贴息都属于此种性质。还有一类如边疆建设事业补助费、民族工作经费，主要为民族地区突发性、敏感性事务所设。这类事务具有一定公共风险属性，需要基于集体一致性行动由中央财政予以妥善解决。这样，基于民族财政治理框架内，再辅以体制外财政因素等多种形式，可以有效兼顾我国民族治理关系所具有的复杂性、多维性以及普遍性、广泛性特性。

第七章

我国民族财政治理的决定因素及绩效分析

本章对内生于国家财政治理框架的民族财政治理的决定因素及绩效进行深入、系统分析。制度层面主要从分税制财政体制下事权划分与财力匹配程度、收入划分及其归属机制设置、民族地区转移支付制度三方面对分税制财政体制对民族财政治理的内在机理进行了深入论证，并揭示了其内在决定效应。政策层面从西部大开发税收政策、民族区域自治政策对民族财政治理的效应方面进行了较为深入的论述。

第一节　现行财政体制与民族财政治理绩效分析

本节从分税制财政体制下事权划分与财力匹配程度、收入划分及其归属机制设置、民族地区转移支付制度三方面对分税制财政体制对民族财政治理的内在机理进行深入论证，并对其治理效应进行讨论。

一　事权划分与财力匹配程度的分析

（一）中央与民族地方事权划分基本状况

合理划分各级政府事权与支出责任，是建立财力与事权相匹配的财政体制的基础，也是提高民族财政治理能力与水平的基础。所谓事权，是指各级政府基于自身的地位和职能所享有的提供公共产品、管理公共事务的权力。政府间事权划分的前提是政府职能范围的明确界定，只有在市场与政府职能得到明确界定、各级政府职能得以清晰定位的条件下，才能保证政府事权划分的科学性和合理性。① 1985 年国务院《关于实行"划分税种、核定收支、分级包干"财政体制的规定》对各级政府财政支出范围做了比较明确的划分，1994 年分税制改革基本上沿用了这方面的有关规定。② 1994 年国务院《关于实行分税制财政管理体制的规定》指出：中央财政主要承担国家安全、外交和中央国家机关运转所需经费，调整国民经济结构、协调地区发展、实施宏观调控所必需的支出以及由中央直接管理的事业发展支出；地方财政主要承担本地区政权机关运转所需支出以及本地区经济、事业发展所需支出。但实际上，除少数事权如外交、国防等部门主要属于中央政府外，各级政府的职责并没有明显区别，事权重叠交叉，地方政府拥有的事权几乎全是中央政府的事权延伸或细化，以致形成同一事务各级政府"齐抓共管"的局面。

考察民族地区事权划分现状发现，民族自治地方除了承担内部事权以外，还要承担外溢性事权与代理性事权。外溢性事权包括如基础教育、扶贫、沙漠治理等，因其收益不仅惠及本辖区更会外溢周边居民或地区，因此需要中央政府按照外溢性程度承担相应份额的支出责任。代理性事权即民族自治地方代理的本应由中央政府承担的事权，如边境安全、生态保护等。这类事权关系国家整体利益，有很强的全国范围受益性质，需要中央承担职责。由于各级政府间事权划分没有明确的原则和制度规范，不同层次政府之间事权游移、财权上收现象非常普遍，即便属于全国性公共服务的基础教育、公共卫生、国道建设甚至国防和海关建设等，也要求民族地区地方财政提供配套资金。③ 从理论上看，民族地区代理中央政府某

---

① 马海涛：《政府间事权与财力、财权划分的研究》，《理论前沿》2009 年第 10 期。

② 谢旭人：《关于中央与地方事权划分若干问题的思考》，《财政研究》1995 年第 1 期。

③ 王元：《边疆少数民族地区事权财权划分情况调查——以内蒙古自治区呼伦贝尔市为例》，《经济研究参考》2005 年第 27 期。

些事务是出于以下考虑：一是财政支付成本的考虑。在职能既定的情况下，就全国性的安全与稳定工作而言，打击"三股势力"，承担民族和宗教工作，维护全国的社会稳定，负责边疆反间谍工作、开展隐蔽战线的斗争，必要时要出动武警、国防武装等国家机器，边疆文化宣传等，都是属于中央政府的主要职能。中央政府从事上述事权需要承担成本支付，但交由民族地方政府去完成必会降低成本。因为民族地方特别是边疆民族地方政府在敌情了解、地形熟悉、人文社会环境的掌握上更有优势，交由地方政府去做可能更有效率、成本更低。因此中央出于成本上的考虑而将某些中央性事权委托给民族地方政府代理。二是政治上的考量。政府各级事权划分除了经济上考虑外，政治因素也是一个重要因素。以新疆为例，新疆边界线长达5600多公里，占全国陆地边境线的1/4，与周边8个国家毗邻，全疆共有32个边境县和25个口岸，与国家间的边界划分、水资源利用等方面的不确定性因素较多。由于历史原因，中国与部分西部周边国家特别是印度的边界线并没有划清。西部边疆乡一级政府在某种程度上甚至也承担了中央政府保证国土完整、安全的基本职能。例如乡政府鼓励农牧民能坚持长期在这种地方放牧，日久天长，这种未定明显国界的地域就属于中国国土了。因此地方农牧民事实上承担着巩固边防疆土、争夺模糊和真空地带的神圣使命。诸如此类现象在边疆地区比较普遍。[①] 又如，新疆地区水资源短缺，通过加入世界水权协议，开发新疆地区国际河流为我所用，这种工作不可能由中央政府直接办理。三是地缘上的考虑。国土面积和边境线等地缘因素是中央委托地方政府某些事务的依据之一。例如，新疆阿拉山口是中国向西开放的重要口岸，是中国能源资源的重要通道，因而客观上需要新疆口岸承担国家能源进口的职责。而与边境安全有关的诸多事务，更离不开地方政府的协助，如反恐、缉毒、跨边境重大疫情的防御、跨界民族交流管理等。

更进一步，根据中央授予地方代理事权的显著程度，可将代理性事权分为两类：一类是显性代理性事权，该项事权有法律法规的

[①] 许毅：《对促进西部地区农村经济发展的思考》，《财政研究》2006年第6期。

明确要求。包括国家安全与稳定、经济发展、环境保护、公共突发事件之处置以及社会发展等。一类是隐形代理性事权，是指应由中央政府履行但没有到位所造成的地方政府承担的部分中央职责，包括自然灾害应急处理和环境保护等。而对地方政府事权外溢性的划分依据是这种地方事权是否有明显的外溢性，根据外溢性大小，即该项事务职责缺失具有较大或较小的负面效应，又可分为外溢性大的地方事权和外溢性小的地方事权。以新疆为例，新疆政府事权中具有较大外溢性的事权可能有：基层政府正常运转；重大社会治安工作（包括向内地派驻警员或工作组协助打击少数民族语系犯罪分子，收教在内地违法的新疆籍少年犯等）；生态保护（包括建设"危险物处置中心"，艾比湖和塔河流域治理等）（见表7—1）。实际上，由于自然、地理等客观因素，新疆事权承担的事实在其他民族地区都普遍存在。新疆事权划分是我国其他民族地区事权承担的一个缩影。

表7—1　我国民族地区事权与财政支出情况：以新疆为例

	特殊因素	事权性质	中央补助手段	认可情况
国土面积大、人口居住分散形成的特殊支出	各级政府及职能部门人员相对少、人均办公、取暖等成本相对高	内部事权	均等化转移	
	各级政府运行的运输成本高	内部事权	均等化转移	
	学校设置分散、教育成本高	内部事权	均等化转移	
	交通、水利、通信、电力等基础设施建设成本、维护费用高	内部事权	均等化转移	
少数民族人口多、民族成分复杂形成的特殊支出	广播、电视、报刊收入少，相对成本高	内部事权	均等化+专项	
	政府行文、会议成本高	内部事权	均等化转移	
	多种语言教学，形成教育成本高	内部事权	均等化转移	
	宗教事务管理支出多	外溢性事权	专项转移	认可
	民族文化、医学保护成本高	外溢性事权	专项转移	

续表

	特殊因素	事权性质	中央补助手段	认可情况
行政区划特殊形成的特殊支出	伊犁州副省级待遇，石河子以及三个新建市县级地级待遇特殊支出	内部事权	均等化+专项	
	克拉玛依执行企业工资特殊支出	内部事权	均等化+专项	认可
维护任务繁重形成的特殊支出	维护稳定的经常性防务支出多	隐性代理事权	专项转移	
	南疆"4211"工作机制特殊支出	代理事权	专项转移	认可
生态保护特殊形成的特殊支出	沙漠、草原保护治理成本大	外溢性事权	专项转移	
	自然保护区管护开支大	外溢性事权	专项转移	
地理位置特殊形成的特殊支出	边境县特殊支出		专项转移	
	军事禁区县特殊支出		专项转移	
气候特殊形成的特殊支出	国家公务人员补助特殊支出	外溢性事权	财力性转移	
	城市基础设施建设、维护特殊支出	内部事权	均等化转移	
灾情形成的特殊支出	地震、风沙、大雪、病虫等自然灾害特殊支出	内部或代理	均等化+专项	
其他	事业单位财政全额补助特殊支出	内部事权	均等化转移	
	行政事业单位个人取暖费特殊支出	内部事权	均等化转移	

资料来源：根据李学军、刘尚希《地方政府财政能力研究——以新疆维吾尔自治区为例》，中国财政经济出版社2007年版，第307—308页相关内容整理。

近年来财税体制改革实践表明，基层财政困难的一个重要原因就是在处理对上的政府间财政关系中自身利益没有得到有效保护。从最根本意义上来说，民族地方政府权益保护程度取决于民族地方政府权力的获得方式和途径。民族地方政府的授权涉及多个权力主体以及多个环节，因而形成了较为复杂的授权关系和授权形式。在现行的宪政权力分配体系中，中央政府的权力不仅广泛、巨大，而且具有不断拓展的可能性。相反，包括民族自治地方政府在内的地方政府，其职权不仅有限而且具有某种不确定性。地方政府具体有哪些方面的职权，宪法和地方组织法都有明确的规定，但这些规定都是原则性的，而且中央政府与地方政府之间、上级政府与下级政府之间，其职责高度一致，具有突出的同构性，从而导致了中央政府与地方政府之间、上级政府与下级政府之间的职权的不确定性。[①]

(二) 中央与民族地方交叉性事权划分及其利益博弈

从中央与民族地方交叉性事权划分及其利益博弈的分析，试图表明，一方面中央民族自治地方承担中央诸多代理性和外溢性事权，由于信息不对称的存在，使得中央与民族自治地方围绕事权分担（主要表现为转移支付额的确定）展开博弈，而博弈结果是划清事权的动力不足；另一方面由于事权目标（实际上是利益目标）的多维性和替代性，中央在确定对一批委托下放事权的财政补偿时，对给定事权的利益激励不仅取决于该事权的可观测性，而且取决于对其他事权的可观测性。不管哪种情况，都可能使得民族自治地方的利益受到损失。因为"对自身所面临的资源压力，以及要求对社会热点问题采取行动的社区期望，州政府的反应是将责任转移给地方政府。这是世界范围内普遍存在的现象，因为，中央政府试图'花更少的钱办更多的事'"[②]。

以下通过博弈模型进行分析。现假定两个地方政府，一个与中央的交叉性事权划分清晰，而中央授予该地方事权需通过转移支付下放相应的财力。另一个政府与中央的交叉性事权保持不清状态（假定为民族地方政府），该地方政府在交叉性事权中承担多大份额且需要多少相应财力支撑，中央所掌握信息有限，唆使地方政府有夸大自己所承担事权的份额以期达到更多中央转移支付资金的动机。设中央年度用于匹配交叉性事权的转移支付额度为 T，划清事权的成本为 C，维持事权不清的成本假定为 0。地方政府 A 与地方

[①] 周平、方盛举、夏维勇：《中国民族自治地方政府》，人民出版社 2007 年版，第 43 页。

[②] [澳] 布莱恩·多莱里：《重塑澳大利亚地方政府——财政、治理与改革》，北京大学出版社 2008 年版，第 45 页。

政府 B 的支付矩阵如下（见图 7—1）：

	清晰	不清晰
清晰	$(\frac{1}{3}T - C, \frac{1}{3}T - C)$	$(\frac{1}{3}T - C, \frac{2}{3}T - C)$
不清晰	$(\frac{2}{3}T, \frac{1}{3}T - C)$	$(\frac{1}{2}T, \frac{1}{2}T)$

图 7—1 地方政府 A 和地方政府 B 的支付矩阵

中央与民族地方政府交叉性事权划分和资金分配是一个典型的非合作博弈。在以上支付矩阵的四种行动选择中，当地方政府 A（抑或是 B）的交叉性事权划分清晰而地方政府 B（抑或是 A）事权不清时，显然，地方政府 B（抑或是 A）得到的中央转移支付匹配资金大于 A（抑或是 B）；地方政府 B（抑或是 A）的占有策略为选择事权不清。动态一致性驱使两地政府必然都选择维持现状（保持事权划分不清），参与各方在（不清晰，不清晰）形成纳什均衡。参与各方地方政府 A 和 B 缺乏主动划清交叉性事权的动机，以此引发了事权分割过程中的利益博弈。

以下根据中央政府与民族地方政府围绕混合型事权展开的利益博弈的实际情况，借鉴 Holmstrom 和 Milgrom 多任务代理模型，建立不完全信息动态博弈模型予以分析（蒲勇健，2007）。

政府关心的是完成自身所承担事权的收益状况。地方政府的效用函数可以描述为：

$$Q_2 = (S_1 + S_2)^{\alpha} e^{-\beta L^2} e^{-\pi k^2}$$

其中：S_1 是纯粹地方事权，S_2 是地方政府承担的交叉性事权中承担的份额，假定 $S = S_1 + S_2$，按照事权与财力相匹配原则，可近似地将 S 看作地方财政总支出；L 是地方税收，K 为地方预算外收入，

π 为中央对地方的转移支付，$S = S_1 + S_2 = L + K + \pi$，$\alpha > 0$，$\beta > 0$，$\pi > 0$ 为常数。把地方政府追求自身所承担事权的收益状况近似地看作是为辖区居民所提供的公共产品数量和质量的最大化，即有：

$$\max Q_1 = S^\alpha e^{-(\beta L^2 + \pi K^2)}$$

$$S = L + K + \pi$$

等价于：$\max \ln Q_1 = \alpha \ln S - \beta L^2 - \pi K^2$，代入 $S = L + K + \pi$ 可得：

$$\max \ln Q_1 = \alpha \ln(L + K + \pi) - \beta L^2 - \pi K^2$$

其一阶条件是：
$$\begin{cases} \dfrac{\partial \ln Q_1}{\partial L} = \dfrac{\alpha}{L + K + \pi} - 2\beta L = 0 \\ \dfrac{\partial \ln Q_1}{\partial K} = \dfrac{\alpha}{L + K + \pi} - 2\pi K = 0 \end{cases}$$

解联立方程组：

$$\begin{cases} \dfrac{\alpha}{L + K + \pi} = 2\beta L \\ \dfrac{\alpha}{L + K + \pi} = 2\pi K \end{cases}$$

$$2\beta L = 2\pi K，K = \dfrac{\beta}{\pi} L$$

代入 $S = L + K + L = (1 + \dfrac{\beta}{\pi}) L + \pi$

$$L = \dfrac{S - \pi}{1 + \dfrac{\beta}{\pi}}$$

有：$\dfrac{\alpha}{S} = 2\beta L = \dfrac{2\beta}{1 + \dfrac{\beta}{\pi}} (S - \pi)$

$$\dfrac{2\beta}{1 + \dfrac{\beta}{\pi}} S^2 - \dfrac{2\beta\pi}{1 + \dfrac{\beta}{\pi}} S - \alpha = 0$$

化简得：$S^2 - \pi S - \dfrac{\alpha}{2}(\dfrac{1}{\beta} + \dfrac{1}{\pi}) = 0$

解方程得：

第七章 我国民族财政治理的决定因素及绩效分析

$$S = \frac{\pi \pm \sqrt{\pi^2 + 2\alpha(\frac{1}{\beta} + \frac{1}{\pi})}}{2}$$

取 $S > 0$，则 $S = \dfrac{\pi + \sqrt{\pi^2 + 2\alpha(\frac{1}{\beta} + \frac{1}{\pi})}}{2}$

因为 $S = S_1 + S_2$，所以 $S_2 = \dfrac{\pi + \sqrt{\pi^2 + 2\alpha(\frac{1}{\beta} + \frac{1}{\pi})}}{2} - S_1$

显然，β 越大 Q_1 越小，β 值刻画了地方对通过组织税收用于承担交叉性事权的非情愿程度。

与地方政府效应函数相对应，如果中央认定地方承担事权应该是 $S_0 > 0$，中央的效用函数可以使 $S = S_0$，即 $Q_2 = e^{-(S-S_0)^2}$，最大效用在 $S = S_0$ 处达到，当 β 是中央可观察情形下，中央在给定 β 的情况下给予地方的转移支付 π 满足以下条件：

$$S_0 = \frac{\pi + \sqrt{\pi^2 + 2\alpha(\frac{1}{\beta} + \frac{1}{\pi})}}{2}，假定 S_0 为常数，则有：\pi = \pi(\beta)$$

在给定 S_0 的条件下，因为 $\dfrac{1}{\pi}$ 相对较小可以忽略，可得 π 是 β 的增函数，这说明当地方政府不情愿通过税收努力来承担事权时，中央会加大对其的转移支付，此时有：

$$L = \frac{S - \pi}{1 + \dfrac{\beta}{\pi}} = \frac{\sqrt{\pi^2 + 2\alpha(\frac{1}{\beta} + \frac{1}{\pi})} - \pi}{2(1 + \dfrac{\beta}{\pi})} = \frac{\dfrac{\alpha}{\beta}}{\sqrt{\pi^2 + 2\alpha(\frac{1}{\beta} + \frac{1}{\pi})} + \pi}$$

L 是 π 的减函数（$\dfrac{1}{\pi}$ 相对较小可以忽略），即 $L = L_-(\pi) = L_+(\beta)$。这说明中央转移支付越多时，地方通过增收承担事权的动机越不足。这个结果还表明，给定 π，地方更是不情愿通过自身增收承担事权所需经费。这还可以用来解释：为何经常出现中央给予财力越多，中西部地方政府越是等、靠、要，希望得到更多来自中央利益转移支付现象长期存在的根源。因为得到中央政府补贴的省区尤其是省际财政拨款和信贷调拨款，削弱了精英层推动改革的积极性。[①]

$$K = \frac{\beta}{\pi}L = \frac{\beta}{\pi}\frac{\dfrac{\alpha}{\beta}}{\sqrt{\pi^2 + 2\alpha(\dfrac{1}{\beta}+\dfrac{1}{\pi})}+\pi} = \frac{\alpha}{\pi(\sqrt{\pi^2 + 2\alpha(\dfrac{1}{\beta}+\dfrac{1}{\pi})}+\pi)}$$

$$= K_{-}(\pi)$$

代入 Q_1 有：

$$Q_1 = S^{\alpha}e^{-[\beta L^2(\pi)+\pi K^2(\pi)]}$$

因 $S = S_{+}(\pi)$，故 $Q_1 = Q_{1+}(\pi)$，即 Q_1 是 π 的增函数，这说明地方政府在交叉性事权不清的情况下，出于自身利益最大化考虑，总是有游说中央政府加大转移支付的强烈动机。

不完全信息情况下，中央地方利益博弈情形仍是如此。

仍假定有两类地方政府 A、B，$\beta_1 = h > l = \beta_2$，即地方政府 A 事权划分不清，而地方政府 B 事权划分清晰，A 不情愿通过税收努力承担事权开支，B 则通过税收努力来承担事权，但中央政府不能观察到 β 值。对于中央政府来说，都有 $\beta = h$，即本来可以通过努力增收来解决事权所需经费的地方也向中央叫穷。

设中央观察到申请的 $\pi = \pi_h$，此时没有关于地方的 β 值更多的后验信息，则它认为地方是 $\beta = h$ 类型的概率为先验概率 p，它认为地方是 $\beta = l$ 类型的概率为 $1 - p$，给定这一后验概率，中央政府选择任意 π 的期望效用为：

$$Q_2 = pe^{-(S-S_0)^2}|_{\beta=h} + (1-p)e^{-(S-S_0)^2}|_{\beta=l}$$

用 $f(x)|_{x=y}$ 表示函数在 $x = y$ 处的取值。则一阶条件：

$$\frac{\partial Q_2}{\partial \pi} = -pe^{-(S-S_0)^2} \times 2(S-S_0)\Big|_{\beta=h}\frac{ds}{d\pi}\Big|_{\beta=h} - (1-p)e^{-(S-S_0)^2} \times 2(S-S_0)\Big|_{\beta=l}\frac{ds}{d\pi}\Big|_{\beta=l} = 0, \text{因为}$$

[①] ［美］S. 霍罗维茨、C. 马什：《利益群体、制度和区域特点——中国地方经济政策的解释》，孙宽平、唐铮译，《经济社会体制比较》2003 年第 3 期。

$$S - S_0|_{\beta=h} = \frac{\pi + \sqrt{\pi^2 + 2\alpha(\frac{1}{h} + \frac{1}{\pi})}}{2} - S_0 < S - S_0|_{\beta=l} = S_0 =$$

$\frac{\pi + \sqrt{\pi^2 + 2\alpha(\frac{1}{l} + \frac{1}{\pi})}}{2} - S_0 \frac{dS}{d\pi} > 0$，所以有 $S - S_0|_{\beta=h} < 0 < S - S_0|_{\beta=l}$

或 $S|_{\beta=h} < S_0 < S|_{\beta=l}$

故 $\pi < \pi_h$，同样有 $\pi > \pi_l$

在给定中央政府观察到地方政府申请的 $\pi = \pi_h$ 时，认为 $\beta = h$ 的概率为先验概率 p，中央政府倾向于批准该项转移支付额度的申请。而当中央政府观察到的地方政府申请的 $\pi \neq \pi_h$ 时，认为 $\beta = h$ 的后验概率为 0，中央政府倾向于批准转移支付 π_l。此时当 $\beta = h$ 时，地方政府选择申请 $\pi = \pi_h$ 时会获得 π，选择申请 $\pi \neq \pi_h$ 时，获得 $\pi_l < \pi$，所以由 $Q_1 = Q_{1+}(\pi)$，地方政府选择申请 π_h 时是最优解；当 $\pi = l$ 时，选择申请 $\pi = \pi_h$ 时获得 π，选择申请 $\pi \neq \pi_h$ 时，获得 $\pi_l < \pi$，所以地方政府选择申请 π_h 时是最优解。这是一个混同均衡。相反，对于中央承办而需要地方政府上解财力配套的交叉性事权，与之类似的是，中央因为常常受到事权不清的困扰，没能掌握地方政府在交叉性事权里所占精确份额的完全信息，因此会频频采取上收财权而下放事权，使得政府间财政关系缺乏稳定性。

通过上述分析可知，在混同均衡下，$\pi < \pi_h$，所有类型的地方政府都倾向于向中央政府反映其财政能力不足以承担交叉性事权所需经费。对于 $\beta = h$ 的地方政府来说，事实确实如此；但对于 $\beta = l$ 的地方政府来说还有结余。这就说明，中央政府与民族地方政府之间交叉性事权不清的现实不利于政府间财政关系的有效运转：地方政府会倾向于利用交叉性事权模糊不清的现实，向中央政府多报以获取更多财政资源；中央政府不会轻易相信地方政府申请，倾向于大幅压缩财政资源。这样博弈的最终结果往往是，要么是地方政府超额拿到财政资金，造成资源浪费和损失；要么所拨付资金不足以承担事权所需资金需要，造成地方政府公共产品的提供不足，影响

区域发展水平。以上理论模型及其分析还可以进一步解释我国财政体制改革中长期得不到很好解决的痼疾的真正根由：地方政府特别是民族自治地方政府对于中央政府具有强烈依赖性，反映了中央集中权力、集中财力的改革取向和内在逻辑；地方政府为获取较多支付量会制造尽可能大的财政缺口，藏富于民、于企业，使得真正需要转移支付的阶层、群体却往往得不到。这对于某个区域、群体来说得到了更多利益和好处，但副作用于全局财政策略，混淆了真正贫困的区域与不努力增加收入的区域，浪费了中央财政有限的财政资源，同时也会损害努力增加收入区域的主动性和积极性。

（三）基本结论

事权特别是交叉性事权的多维性和划分的复杂性，决定中央与民族地方利益分割和利益厘定的复杂性。中央与民族地方之间交叉性事权难以划清的现实，不利于中央地方利益关系的有效协调，增加了政府间利益关系的处理难度。政府间财政关系的复杂性决定了事权有相当多是交叉的，这些职责具体由哪一级政府行使有一个磨合和协商的过程，也就是说交由良好的行政过程去解决了。即使是德国（Jonathan Rodden，2003），尽管基本法努力在各级政府间划分权力，但是区别哪一项政策只属于某一级政府仍然是困难的。中央与地方之间交叉性事权难以划清的现实，在出现扩展或新增事权（这在民族地区比较常见）而缺乏规范协调机制的情况下，不利于中央与地方财政治理关系的有效协调，增加了政府间财政治理的处理难度，影响了政府政治、经济利益的根本实现。从根本上看，中央与地方的财政关系围绕事权的利益博弈变化，最终取决于中央政府政治上的需要和现实提供的可能性，还取决于国家总体制度是否允许这些变化。而就中央地方财政经济关系而言，中央与地方恐怕永远处于对立立场上的两极。[1] 在中央与地方命令服从与利益博弈双重关系下，一方面，已有的制度规范还不足以保证政府间利益边界的清晰和稳定，利益博弈无处不在，彼此戒备和算计不可能完全

---

[1] 许善达：《中国税权研究》，中国税务出版社2001年版，第308页。

消除。① 另一方面，上级政府利用命令服从关系对下下放事权而不给予足够财力，事权承担没有适宜的决策权和相应的财政资源支撑，也就不可能对没有履行好职责的地方政府及其领导进行责任追究，同样亦不能改变目前事权逐级"下卸"，财权、决策权逐级上收，以及由此造成的基层政府随意超越权限、违反政策才能完成职责任务的不正常局面。

总之，中央与民族地方财力与事权不匹配、责权不对称，构成了民族财政治理内在运行的基础性制约。因此必须按照法律规定、收益范围、成本效率等原则，充分考虑各种生产和分配关系动态调整，空间利益格局的深刻调整，民族地区社会稳定以及周边国家经贸关系等形势变化，在"事权共担"前提下，对基于民族地方基本公共领域交叉或重叠的事权、代理中央事权等进行明确细分，将公共事权的决策权、执行权、监督权和支出权分解到不同层级政府，将财力在政府间的分配与事权执行成本的分摊结合起来，在明确事权执行责任和执行成本的基础上，明晰相应的支出责任，② 逐步形成合理、规范的中央和民族地方的事权匹配和支出责任基本框架，保障民族财政治理正常运行。

二 财税收入划分及其归属机制设置的分析

（一）税制要素设置影响税收收入归属的内在机理分析

2007年3月8日，时任财政部部长金人庆在十届人大五次会议上做《关于〈中华人民共和国企业所得税法（草案）〉的说明》时指出："新税法实施后，由于实行了总分机构汇总纳税，可能会带来部分地区税源转移问题，对税源移出地财政有一定影响。2002年实行所得税分享改革时，我们对跨地区汇总纳税企业的所得税收入实行了按因素分配和税款预缴的方法，在一定程度上解决了税源转移问题。另外，按照现行一般转移支付办法，税源移出地的财力

---

① 贾康、白景明：《中国政府收入来源及完善对策研究》，《经济研究》1998年第6期。

② 刘尚希：《政府间事权界定需要新思路》，《中国经济时报》2010年5月19日。

会自动得到一定补偿,随着中央财政均衡力度的不断加大,这种补偿机制的作用会越来越明显。新税法实施之后,我们将对税源转移问题进行跟踪调查,对新出现的问题及时研究和解决。"这说明,税收转移问题已经引起决策层高度关注,并已采取相关措施加以解决。前国家税务总局副局长许善达先生也认为,我国主要税种中有近92%的税收存在着不同程度的税收与税源的背离。[①] 这说明我国税制在总体上对地方政府税收收入划分不均衡起着反向调节作用。

在英国牛津大学弗朗西斯·斯特尔瓦特(Frances Stewart)教授看来,当社会经济的"横向不平等"(Horizontal Inequality)程度增加时,冲突发生的可能性也随之增加。如果把由于税制因素设置所造成的税收转移看作是一种"横向不平等"的话,那么认清税制层面税收收入归属机制设置及其实际调节方式,对于健全和规范政府间税收收入分配,促进公共服务效益分享与成本分担基本对应,为最终实现基本公共服务均等化,已经成为财税体制改革绕不过去的重要议题。一方面,我国现行流转税中增值税、营业税和关税实行生产地课税而非消费地课税的征税办法、营业税部分税目实行对劳务提供者课税的征税办法,使得税款的最终承担者在付出税收的同时没有获得相应的公共产品收益,导致税源与税收不一致、公共服务收益分享与成本分担不对称、不匹配等现象大量存在。由于我国税收制度所具有的累退性,地区间经济发展不平衡所导致的隐形财税收益通过税负转嫁等方式转移到经济发达地区。经济发达地区由于税收收入高速增长而获得更多的财政返还收入,会不断自我强化"损人利己"的财税收益分配方式。这种效率导向的财税分配机制设计,顺应了非均衡发展需要而具有一定合理性。但不容忽视的是,这种财税收益分配机制有悖于改革成果利益共享的制度承诺而侵蚀税收"中性"原则,业已成为拉大区域差距的重要"推手",亟须改进和完善。另一方面,基于横向税收分配是相关政府协商一致进行的横向利益分割,带有直接有偿性。虽然在实际工作中已有

---

① 2005年我国增值税和消费税(包括海关代征进口环节的增值税和消费税)、营业税、企业所得税、个人所得税、外商投资和我国企业所得税总收入占全部税收收入的比重为92%。

针对具体跨区企业或工程的区域间税收分配做法,但由于缺乏相应的财税体制和税收政策,基于税种要素设置的区域间税收分配还未纳入法治轨道而仅停留在操作层面。所以说,我国现行激励性的财政分成机制导致区域利益差距进一步扩大,并在区域间制造更加严重的贫富分化。[①]

1. 增值税收入归属机制设置的分析

按照税收与税源一致原则,由应税产品或应税劳务的最终消费者负担的增值税收益,应当归属于消费者发生消费行为的所在地政府。在增值税凭发票注明税款、以进项税额抵扣销项税额、各个环节按其增值额和适用税率计算缴税这一机制下,增值额体现在生产还是消费环节对于确认增值税收益归属至关重要。因此,生产企业集中的地区、大型商品流通企业注册地以及销售结算中心的所在地,往往从增值税收入归属机制中受益。而内地偏远地区、广大农村,虽然实际发生了大量的消费额和购买力,但由于商品与劳务的生产者、提供者——工业企业大多基本上都集中在发达地区和大城镇,甚至连商品与劳务的经销者——商业企业也基本上注册在发达地区和中心城市,商品与劳务的增值额很少能够体现在欠发达地区,因此大部分增值税流向中心城市和发达地区。这是我国增值税收入归属机制的基本制度设计。

除此之外,现行税法对增值税收入区间划分还有以下四种情形:[②](1)直接规定特定进项税额处理办法,以平衡地区之间的增值税分配(主要体现在有关商业企业平销返利收入冲减进项税额的规定中)。从1997年起,商业企业以等于甚至低于购货成本的价格销售商品,而又从供货企业获取返利收入的,其各种形式的返利资金都必须依所购货物的增值税税率计算应冲减的进项税金。这一规定有利于保证商业企业所在地应征增值税利得。(2)总机构集中缴纳增值税后,财政机关通过适当方法平衡企业分机构与分支机构所在地的财政利益(主要体现在有关跨地区连锁经营企业增值税汇总

[①] 许生:《经济增长、贫富分化与财税改革》,中国市场出版社2008年版,第5页。
[②] 税收与税源问题研究课题组:《区域税收转移调查》,中国税务出版社2007年版,第295页。

纳税的规定中）。从1997年起，对于符合规定条件的连锁经营企业，准予各营业机构不单独计算缴纳增值税，而由总机构向其所在地税务机关统一申报、集中缴纳，然后由财政部门制定统一纳税后所属地区间财政利益的调整办法。这一规定有利于连锁经营的总机构相对集中的发达中心城市。(3)分支机构预缴增值税、总机构统一清算（主要体现在现行有关电力产品的增值税规定中）。2004年12月颁布实施的《电力产品增值税征收管理办法》规定，对非独立核算的发电企业生产销售电力产品，按上网电量和核定税率计算预缴发电环节的增值税，向其所在地主管税务机关申报纳税。独立核算的供电企业所属的区级供电企业，凡能够核算销售额的，依核定的预征率计算供电环节的增值税，向其所在地主管税务机关申报纳税；不能核算销售额的，由上一级供电企业预缴供电环节的增值税。实行预缴方式缴纳增值税的发、供电企业按照隶属关系由独立核算的发、供电企业结算缴纳增值税。对于跨省的发、供电企业的增值税预征率由预缴增值税的发、供电企业所在地和结算增值税的发、供电企业所在地省级国家税务局共同测算，报国家税务总局核定；省内的发、供电企业增值税预征率由省级国家税务局核定；发、供电企业预征率的执行期限由核定预征率的税务机关根据企业生产经营的变化情况确定。(4)总机构集中计算应纳增值税额并按规定比例分配给分支机构，由分支机构向其所在地税务机关申报缴纳（主要体现在现行有关油气田企业的增值税规定当中）。2009年1月财政部、国家税务总局颁布的《油气田企业增值税管理办法》规定，对跨省的油气田企业由机构所在地税务机关根据油气田企业计算的应纳增值税额汇总后，按照各油气田（井口）产量比例进行分配，然后由各油气田按所分配的应纳增值税额分别向其所在地税务机关缴纳。对在省内的油气田企业，增值税的计算缴纳方法由各省国家税务局确定。

总之，由于其征收环节较多，商品或劳务流转的各个环节都应缴税，因此即便是跨地区的经营活动，其增值税也是在各地区间分配的。但是，对跨区域经营企业来讲，一方面缴税环节的确定涉及不同地区增值税收入归属，另一方面企业内部转移价格的确定也会使不同地区间增值税收益分配关系发生变化。1994年分税制改革依据税收来源分配特定比例的税收划分兼顾了中央和地方的经济利益，却忽略了由此带来的区域间利益冲突和税源争夺问题。这在增值税、所得税、资源税与证券交易税等共享税中普遍存在。根据现代财政理论，流转税属于间接税，即税负可以转嫁、纳税人与负税人发生分离而使消费者成为真正的负税人。如果商品生产与消费发生在不同区域，就会产生税负由商品生产地（销售地）向消费地的转移。由于增值税采用的是销售地课税原则，势必出现征收地与最终消费地不一致的现象。在税收中性原则看来，一个健全的税收制度应该确保国家课税要尽量避免对产品或要素的相对价格产生扭曲性影响。对纳税人来说，除了因纳税而承担税款的牺牲外，不应再有其他的经济损失。从我国区域产业分布格局来看，增值税税源主要来自制造业，西部地区更多充当东部制造工业的消费市场。西部地区居民通过购买商品和服务的形式承担了增值税税负，从受益原则来看，其税收收入理应归于消费者所在地政府。但现实情况是，西部购买东部的工业品与服务的同时，还要向东部地区缴税；东部工业品主导西部地区消费市场的同时，也把税负转嫁给了西部地区消费者。这种税负转嫁、收入转移的现象并不会减少国家税收总量，却明显造成了西部与东部地区之间的税源分配不公。[①]从理论上看，分税制体制下一般不存在区域政府之间税收分配，但由于存在跨区域经营及区域间税收转移现象，区域之间税收分配不仅存在，且分配不均衡现象十分严重。如果没有中央政府的税收收入协调和再分配或者其他税收协调，商品流通税和工业产品税总是由商品消费地流向生产地，会使贫者愈贫、富者愈富，区域差距日益扩大。这种税收隐形转移，在理论上是一个税收分配问题，必须由中央政府进行顶层设计，在充分考虑地方征收的增值税税额、各地人口数量、消费能力、基本公共服务需要以及地方政府的财政收入能

[①] 张伟：《当前增值税中的几个问题》，《经济研究》1997年第6期；唐俊：《增值税质疑——兼论地区收入分配不公税制根源》，《中国经济时报》2006年10月13日；施文泼、贾康：《增值税"扩围"改革与中央和地方财政体制调整》，《财贸经济》2010年第11期。

力等诸多因素基础上，确定地方政府对增值税收入的分享机制与公式框架。① 再者，对于跨区域经营企业缴纳增值税环节的确定关涉不同区域增值税收入归属，如大型电网企业机构所在地与电力生产地、销售地的不一致，往往对欠发达地区税收分配影响较大。2009年实施增值税转型改革后，西部民族地区普遍面临财政困难、需要制定配套措施增加财政转移支付和财政补贴、调整中央与地方分成比例以弥补地方财政因增值税转型造成减收等状况。总之，由于转嫁的复杂性和缺乏针对性，增值税调节财税分配的功效无从发挥。

2. 企业所得税收入归属机制设置的分析

现行企业所得税制要素设置对收入归属影响主要有以下两个因素：一是有关总机构和分支机构汇总纳税方式的规定，二是有关区域性企业所得税优惠政策的规定。从汇总纳税方式来看：（1）由企业总机构汇总缴税，所得税收入由总机构所在地政府独享。现行税制下适用于以下三种情况：一是分支机构被认定为非独立核算机构，从而由总机构合并纳税。二是符合规定条件的连锁经营企业分支机构，由总机构合并纳税。三是经国务院批准成立的企业集团，由其核心企业对其100%资产控股的企业实行统一合并纳税。在这种情况下，完全没有考虑分支机构（或非核心企业）所在地政府的税收归属权益。（2）总机构和分支机构均被认定为独立核算的企业，分别独立缴纳企业所得税。总机构和分支机构所在地政府按照现行所得税分享体制，取得各自的所得税收入。这种方式之下，不同机构所在地政府的税收归属权益都得到体现，但是总分机构之间不允许汇总纳税，不利于作为一个独立法人的企业生产经营的正常发展。（3）总机构汇总缴税并由总机构所在地政府将部分税收收入按照规定的公式横向转移给分支机构所在地政府。2002年所得税收入分享体制改革后，原中央企业及地方金融机构的企业所得税也由

---

① 在现有体制和制度下，由于无法获取真实、可靠数据，也缺乏科学、合理的方法，要想完全精确地计算出横向税收分配情况几乎没有可能。当然，通过对不同区域本级财政收入占全部税收收入的比重与不同区域GDP占全部GDP比重的比较，可以大致观察出区域横向税收分配状况是否合理。参见付广军《税收分配在区域政府收入中应当有所作为》，《税务研究》2010年第11期。

中央税改为中央地方共享税,对其下属非独立核算分支机构实行由总机构汇总缴税后,非独立核算分支机构所在地应分享的所得按非独立核算分支机构经营收入、职工人数和资产总额三个因素在相关地区间分配,上述三因素的权重分别为0.35、0.35和0.3。这种方式较为规范地考虑了总分机构所在地的税收归属权益,但可惜的是,实践当中按这种方式处理的企业数量很少。(4)分支机构当地预缴,总机构汇算清缴,由总机构和分支机构所在地政府按一定比例共享税收利益。经批准实行汇总、合并缴纳企业所得税的企业总机构或集团母公司,执行"统一计算、分级管理、就地预缴、集中清算"的汇总纳税办法,除另有规定外,分支机构一般就地按应税所得60%预缴,总机构在年度终了后四个月内统一计算、集中清缴。上述总机构和分支机构不同的纳税方式,体现了总机构所在地政府和分支机构所在地政府不同的财政利益分配关系,对企业所得税收入在地方政府之间的横向归属带来了不同的影响。特别是在总机构汇总纳税的情况下,如果地方应分享的企业所得税收入完全由总机构所在地政府独享,则容易导致分支机构所在地出现"有税源而无税收"的现象,无疑损害了所在地政府的财税收益。

虽然中央政府与地方政府之间按企业隶属关系划分企业所得税收入的做法已经被打破,但并没有涉及地区之间划分企业所得税的问题。考虑到税收征收管理的便利,我国企业所得税是由企业注册地或者总机构所在地税务部门征收管理的,相应地,由企业注册地或者总机构所在地地方政府分享企业所得税。但是,部分企业注册地或者总机构所在地与其主要经营机构所在地并不一致。如某些企业为了享受西部大开发税收优惠政策,虽然主要经营机构并不在开发区内,但在开发区注册,形成了"区内注册、区外经营"的现象。再者,跨地区经营集中(汇总)纳税的企业分支机构所在地政府以及注册地与主要经营地不一致的经营地地方政府,虽然对企业提供了相应的公共服务,但并不能分享其创造的所得税,使公共服务的提供与财政资金的供给脱节。更值得重视的是,总部经济条件下已经存在的所得税税收转移问题,在实施新《企业所得税法》之后有进一步加剧之势。为解决区域财税收益分配问题,国家于2008

年1月和3月分别出台了《跨省市总分支机构企业所得税分配及预算管理暂行办法》和《跨地区经营汇总纳税企业所得税征收管理暂行办法》。新的分配办法在《企业所得税法》法人所得税制的前提框架下，承认总机构和分支机构所在地政府对企业所得税收入享有税收收入归属权体现了税源与税收的一致性原则。同时，新的分配办法覆盖了全部跨省市区经营的总分机构，拓展了跨区域分配范围，较好地体现了保护分支机构所在地政府的利益。而其整体减轻内资企业税负水平、促进地区间税收政策环境公平统一的积极意义也得到普遍认可。但是，原有的税收转移现象并没有从根本上得以解决。一方面"三要素法"确定区域间分配未预缴方面所得税比例的办法，客观上促进了区域税收逆向转移。原因在于，发达地区人员工资、资产增速远远快于欠发达地区而宏观税负却低于欠发达地区。同时，由于发达地区税负较低，企业更愿意把其下属机构设为子公司独立纳税，而把欠发达地区的下属机构设为分支机构或降低分支机构层级，也客观上转移了欠发达地区的税收。另一方面企业所得税分配仅就跨省总分支结构进行划分，对公司总部在省会或中心城市而分支机构设在本省其他县区以及由此产生的分配问题没有涉及。虽然增值税区域分配在三峡电站进行了试点，但在以上办法、规定中看出，增值税、营业税等其他税种与税源相背离问题还没有真正进入决策者的视野。由此看出，由于存在对原税制固有弊病根除不彻底及新概念界定模糊、政策执行口径不明确等问题，使得现行总分机构纳税方式不能体现合理负担原则，不能使总机构所在地和分支机构所在地较为合理地分享税收权益，核算的划分有较大的人为因素和随意性，很难对跨地区的分支机构进行有效管理。[①]而对分支机构税务机关监管职责界定不清、不按规定分配税款的处罚措施形同虚设等问题的存在，税源与税收不对等，即中西部地区有税源无收入、东部发达地区（或中心城市）无税源有收入、公共服务收益分享与成本分担不对应等扭曲性财税行为在相当长的时期

---

① 胡怡建、许文：《企业所得税改革中的地区横向财政关系研究》，《财政研究》2006年第11期；贾康、马衍伟：《新企业所得税运行中存在的主要问题及改进建议》，《财政部财科所研究报告》2008年第60期。

内还将存在。以广西为例,由于实行以法人企业缴纳企业所得税,非法人的分支机构不再缴纳企业所得税造成税收外流加剧。据测算,流出区外的内资企业将由 2005 年的 45 户增加到 2008 年的近 60 户,流出的企业所得税由 4.5 亿元增加到 2008 年的 7.5 亿元,约减收 3 亿元。[①] 再以贵州省内电力企业为例,由于国家电力体制改革,2002 年贵州电力公司原来所属的 6 个非独立核算的发电企业分别划归核算地在省外的华电集团和国电集团。由此企业所得税在企业核算地缴纳,造成贵州发电企业每年转移到省外的企业所得税有 1000 多万元。[②] 这也是近年来中央不断加大民族地区财政支持力度,但区域差距不仅没有缩小反而加剧的财税体制根源之一。

3. 营业税收入归属机制设置的分析

影响营业税收入归属机制的关键因素是营业税纳税地点的选择。现行税法对纳税地点的确定如下:第一,按照应税活动发生地原则确定营业税纳税地点。税法规定对于纳税人提供的一般性营业税应税劳务,向劳务发生地主管税务机关申报纳税。同时明确转让土地使用权和销售不动产,纳税人向土地所在地或不动产所在地主管税务机关申报纳税。这里遵循的就是应税活动发生地原则。按照这一原则确定营业税收入的地区归属,有利于保护经济活动实际发生地的税收利益;相对于机构所在地原则而言,遵循应税活动发生地原则对经济不发达地区更为有利。第二,按照机构所在地原则确定营业税纳税地点。为了便利税收征管,税法明确规定纳税人从事运输业务应当向其机构所在地主管税务机关申报纳税,包括:合资铁路运营业务的纳税人为合资铁路公司,地方铁路运营业务的纳税人为地方铁路管理机构,基建临管线运营业务的纳税人为基建临管线管理机构。西气东输工程管道运输的营业税也由运营公司向其注册地(上海市)税务机关申报缴纳。依据这一原则,税法也对多种

---

① 关礼:《新税法实施对广西财政经济的影响及对策建议》,《经济研究参考》2008 年第 5 期;王玉玲:《论新企业所得税法实施后的民族地区税源转移问题》,《中央民族大学学报》(哲学社会科学版) 2008 年第 4 期。

② 陈黛斐、韩霖:《西部大开发税收政策实施以来的效应、问题及前景》,《税务研究》2006 年第 10 期。

多样的跨区域应税劳务明确规定其纳税地点为纳税人机构所在地，包括：纳税人承包跨省工程提供应税劳务；在中国境内从事电信业务，提供设计、工程监理、调试和咨询服务，通过网络为其他单位提供培训、信息和远程调试、监测服务等。按照这一原则确定营业税收入的地区归属，对经济发达地区和大城市有利，因为经济发达地区对外投资和提供服务较多，纳税人避税地亦多在发达的城市。第三，结合实际，灵活地确定营业税纳税地点。实践当中，纳税人机构所在地与劳务发生地经常不相一致，为兼顾不同地区的利益，加强税收管理，需要针对不同应税劳务的特征，灵活地确定营业税纳税地点。如对从事航空运输业务的各航空公司所属分公司，无论是否单独计算盈亏，均作为纳税人就地纳税；建筑安装工程业务的总承包人，扣缴分包或者转包的非跨省工程的营业税税款，向分包或转包工程的劳务发生地主管税务机关解缴营业税税款等。这些都体现了照顾劳务发生地税收利益的考虑。但是在制度建设层面上对于跨地区应税劳务的营业税收入，还没有真正建立起规范、透明的收入横向归属机制，现实中由此造成的利益之争时有发生。

  作为我国目前地方税中的最大税种，现行营业税的纳税地点原则上采取属地征收的办法，即纳税人在经营行为地缴纳税款，较好地处理了地区间的税权划分问题。但是，通过以上确定方式的分析会发现，营业税中有几款特殊规定违背了这一原则。例如，纳税人从事运输业务的，应当向其机构所在地主管税务机关申报纳税；纳税人承包工程跨省、自治区、直辖市的，应当向其机构所在地主管税务机关申报纳税。一方面营业税是以第三产业为主要税源的地方政府固定收益。由于民族地区第三产业不发达，营业税税源较为有限，对民族地方财政贡献不大。而作为运输企业来讲，其经营大多是跨地区的，如管道运输就往往涉及多个地区。《营业税暂行条例》对从事运输业务的纳税人，应当向其机构所在地主管税务机关申报纳税的规定，把从欠发达地区开采的资源通过管道运输到发达城市使用，其营业税归其机构所在地一家所有，使公共服务的提供与财政资金的供给脱节，使得公共服务的提供与财税收益分配不相匹配。另一方面这种税权划分方式导致地方政府千方百计阻挠外地运输企业来本地招揽业务，在建筑工程招标中也会对外地企业设置障碍，不利于该行业的公平竞争和效率的提升。以新疆为例，天然气从新疆运到上海有几千公里，运输量乘以运输距离的营业税税金都按注册地交到上海。除新疆从上海获得一部分非制度性补偿（每年1亿元）外，其他沿途各省区和居民虽然已经并将继续为西气东输工程提供资源，比如相关的移民、占地、治安等，但并没有实现为当地的税收。据统计，营业税实行向业务管理机构所在地纳税的原则后，"西气东输"给上海每年增加所得税和营业税47亿元，这和2003—2007年期间通过财政结算每年补助新疆1亿元相比，差距不能不说是巨大的。在北京汇总纳税的3户中央石油企业的应纳税所得额是1673户地方样本企业的3.29倍。新疆阿克苏地区2005年企业所得税入地方库的占财政一般预算收入的0.3%，与该地区石油、天然气实现增加值占工业增加值31.52%的比例极不相称。[①]"西部石油管网建设与自治区财政经济发展的研究报告"认为，对中哈输油管道工程（从哈萨克斯坦到克拉玛依）和石油原油、成品油管道工程（从独山子经乌鲁木齐市到甘肃兰州市）两大工程，在建期间和建成运营给中央和自治区财政带来收益的初步估算表明，管道建设运营至少给中央带来94.24亿元，给新疆财政带来11.83亿元，反差太大。[②] 这种情况在我国跨地区经营的大秦铁路、三峡工程等管道运输、铁路运输行业中普遍存在，但对于经济落后、财力困窘的民族地区来说显得尤其突出。

4. 消费税收入归属机制设置的分析

作为并非独立的一种附加税，消费税的主要功能在于调节消费，拉近贫富差距。从理论上分析，消费税同增值税类似，是由税法选定的特殊消费品的消费者负担的，是对消费者的消费行为征收。与这种理论相对应，消费税的征收环节应当设置在消费者消费环节。但是在中国消费税征管实际当中，消费税征收环节大多设置在应税消费品生产环节。这一规定，对于降低征税成本、防止规避

[①] 财政部财科所研究报告：石油石化行业税收问题研究课题组：《石油石化行业税收问题研究——以新疆为案例的分析》，2007年8月22日。

[②] 弯海川主编：《新疆公共财政实践研究》，新华出版社2007年版，第39—49页。

税收是有效的；但是如果从地区间税收收入归属的角度考虑，则没有保持税收归属与税收来源的一致性。再者，消费税除了珠宝玉石税目外都在生产、委托加工等源头环节征收，却导致了税负在地区间分配的不均衡。我国生产企业多集中在经济发达的城市及东部沿海地区，这些地区获得了大量不都是由本地居民负担的消费税收入，出现了税收负担和公共产品的供给在空间上的不对称。[①] 而消费税征收范围只限于高档消费品而不包括高污染、高能耗消费品、奢侈品、高档消费行为，抑制了消费税调节消费功能的作用发挥，限制了收入水平和消费水平较高且对资源过度利用的东部地区对国家税收的贡献。我国消费税收入在税收总收入中的贡献还不高的事实表明，东部发达地区还有提升其占区域消费税收总量比重的空间和余地。还有，考虑到烟酒类、汽（柴）油类等征收消费税的产业在中西部地区产业构成中占有很大比例，其税收收入中所占比重相应较大的客观现实，消费税划归中央税改革之后，对消费税收入绝对数和占本省（区）相对数很大的民族省区如云南、贵州与青海来说，财税收入受到很大影响。[②] 所以说，东部地区由于税目设计限制其少缴消费税，而西部部分省区由于消费税收入上划中央税，直接拉大了民族省区与其他地区的财力水平。在目前税收调节体系相对较弱又亟待强化税收调节功能的条件下，消费税的调整宜做加法而非减法。[③] 从税收政策调控区域协调发展视角考虑，首先，应扩大消费税的范围，根据收入水平和消费水平的变化，进一步将一些高档消费品、高污染、高能耗消费品、奢侈品、高档消费行为等列入征税范围。一方面避免东部的一些企业因消费税的缺位而造成的税负轻，另一方面作为高档消费品和高档消费行为的消费集中地，可调节消费者的收入水平，并集中更多的税收收入。其次，为突出

---

① 白彦锋：《我国地区间税权横向划分问题探究》，《税务研究》2009年第6期。
② 计毅彪：《分税制财政体制运行绩效分析——兼论分税制财政体制下云南财政改革与发展》，《财政研究》2008年第1期；陆宁：《云南经济发展中的税收政策调整思路》，《税务研究》2010年第2期。
③ 高培勇：《新一轮积极财政政策：进程盘点与走势前瞻》，《财贸经济》2010年第1期。

消费税的特殊调节作用，可以考虑将更多的应税消费品和全部的应税消费行为，明确在零售环节或消费环节实行价外征收。① 最后，适当提高税负水平，将从量定额征收改为从价定率征收。

5. 个人所得税收入归属机制设置的分析

人员的高度流动性决定了个人所得税来源地的多样性。在我国市场一体化水平不断提高、经济自由化程度不断加深的今天，个人所得税的这一特征表现得越来越明显。在现行税法规定的十一类个人所得中，工资薪金所得、劳务报酬所得、特许权使用费所得、利息股息红利所得、偶然所得等都可能存在纳税地点的不确定性，从而使税收归属与税收来源可能存在背离。税法规定，个人年收入超过12万元以上的、在两处以上取得工资薪金所得或者没有扣缴义务的，纳税人应当主动办理纳税申报；而申报地点的不确定性，极有可能导致税收归属与税收来源不相一致。

（二）收益与成本负担的不一致扭曲公共服务水平的内在机理分析

1. 极端情况下的分析

假定有甲、乙两地，其总人口相等，经济发展水平相当，居民对公共服务的偏好相同，公共服务支出规模相同。而国家也对两地辖区内居民按人均GDP的一定比例征收税收，甲、乙两地没有经济往来且两地提供的公共服务没有溢出效应（见图7—2）。

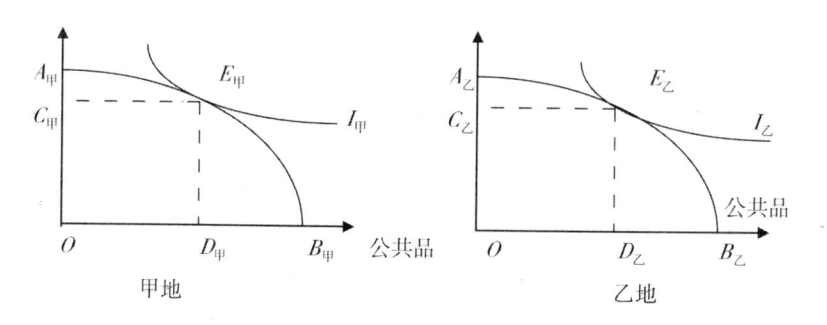

图7—2 极端情况下甲地与乙地收益与成本负担

---

① 姜欣:《试论我国区域性税收政策效应问题》,《财经问题研究》2008年第4期。

甲地生产可能性曲线为 AB，私人品与公共产品的效用无差异曲线为 I，两条线相切于 E。此时私人品数量为 OC，公共产品数量为 OD，按照人均 GDP 征收税收的比例为 T（=AC/OA）。乙地与甲地的情形相同。也就是说，极端情况下不存在收益与成本负担不对称的现象，即也不存在扭曲区域间公共服务水平的内在机理。

2. 税收收入与经济活动发生地非对称的情形分析

现假定甲地新增一个居民，该居民在甲、乙两地从事经济活动。其在两地从事经济活动均增加了两地的私人品数量。再假定两地居民全部公共产品产量相等。虽然甲地增加的居民也在乙地获得收入，但乙地并不对其征税。因此，两地的生产可能性曲线发生如下变化：甲地生产可能性曲线外移的同时，其私人品与公共产品均有所增加；但乙地由于可用于公共产品的资源并没有增加，因此，甲地跨区域经营的居民虽然从乙地获得所得，但并不在乙地缴税，乙地公共产品不能因该居民的经营活动创造价值而增加，社会效益水平不会提升（见图 7—3）。

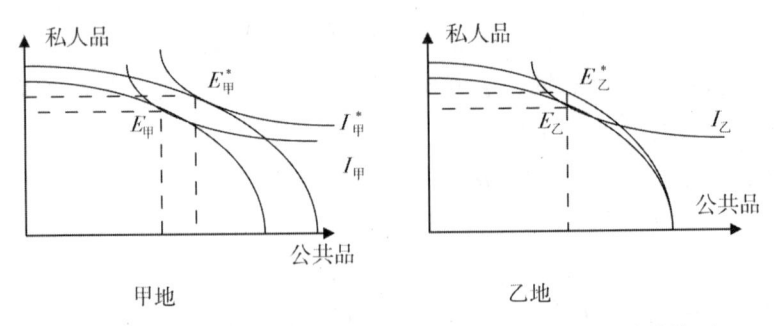

图 7—3 甲乙两地税收收入与经济活动发生地非对称的情形

3. 区域公共产品成本负担与收益不对称的情形分析

现假定乙地提供的公共产品具有外溢性，即甲地也可以受益，但甲地并不承担乙地提供公共产品的成本。因此乙地提供的公共产品所产生的社会效益并非全部由乙地公众享受，乙地提供的公共产品 $OB_乙$ 中能够为该地居民创造效益的仅为 $OB_乙^*$。甲地由于不用负担成本即可享受乙地提供的公共产品，其生产可能性曲线外移。此时，乙地提供的公共产品规模会下降，相应社会效益水平降低；相反，甲地区社会效益水平会上升（见图7—4）。

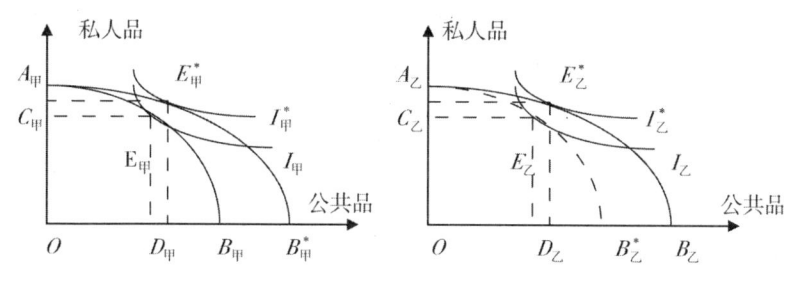

图7—4 甲乙两地公共产品成本负担与收益不对称的情形

理论上看，税收基础和收入分配机制通常用以解决财政不平衡和收入支出不匹配，以及由法律规定的税收和不同级别政府花费的引起的支出需要等问题。① 而从以上分析可见，税收收益与成本负担的脱节会使提供公共服务而未获得相应税收收入的地区公共服务水平下降，相反，使得享受公共服务而未承担相应成本的地区公共服务水平上升。这如果没有一个对公共服务受益与成本负担的不一致行为的矫正机制，则必然拉大地区间公共服务水平差距，阻碍公共服务均等化目标的根本实现。我国流转税为主体的间接税制度，不仅遮蔽了欠发达地区居民与税收缴纳之间的联系并形成了制度"阻隔"，而且也容易引发（发达地区）城镇居民同（欠发达地区）外来工在享有公共服务特别是具有"拥挤性"的公共服务方面的矛盾。譬如，西部地区在环境保护方面的投入所产生的生态效应会惠及东部地区，但东部地区并未直接负担其成本。又譬如大量在中西部地区接受基础教育的劳动者流动到东部地区就业，促进了所在地经济发展，但由于地方财税体制利益分割的刚性所特有的"劳动承接、户籍拒绝"机制以及各地相互分割、互不支持的农民工社会保障制度建设滞后，不仅造成长三角、珠三角地区农民工退保潮迭起

---

① 沙安文、乔宝云：《政府间财政关系——国际经验评述》，人民出版社2006年版，第51页。

进而导致"用工荒",而且让社会公认的弱势群体长期忍受工资低、劳动条件恶劣、随时有失业之虞的风险,并有可能重新回到完全没有保险覆盖的高风险状况之下,埋下社会和谐运行的巨大隐患。"社会保障赋予了市场经济以合法性,因为它使得社会稳定和社会凝聚力成为可能"(Rodrik,1999)。如果一个开放的市场经济变得让社会不可接受,那么,它自身的存在也将会成问题。[①] 现阶段社会代价支付与补偿机制方面存在的不足与缺陷,诸如成本分担主体的错位、分担方式的转嫁性和分担补偿的滞后性,业已成为诱发不同社会成员、社会群体之间尖锐、复杂的利益矛盾的根本原因之一。

三 民族地区转移支付制度体系的利益治理效应分析

(一) 我国民族地区转移支付制度体系改革的简要回顾

理论和实践都表明,如果一个国家要强调地区之间的财力均衡和社会公平,那么就必须要有一个强大的中央对地方的转移支付制度。[②] 基于民族地区财政转移支付制度安排,我国形成了以纵向转移支付为主,具有横向转移支付性质的对口支援等形式。从具体形式来看,包括原体制性补贴和拨款、带有专门政策意图的专项转移支付、设置较高享受系数为特征的一般性转移支付和带有优惠性、照顾性的民族地区转移支付等;从不同目标与功能来看,有以均等化为目标的,有解决辖区间外溢性问题的,还有中央委托地方事务引致的和以增强国家政治控制力为目标的转移支付。从转移支付制度改进内容与形式看,1995 年国家制定并实施的过渡期转移支付办法;1996 年、1997 年国家对民族地区转移支付调整使之符合民族地区客观实际;2000 年专设民族地区转移支付项目;2002 年实施转型时期民族地区转移支付制度,并对项目简并统一、对民族地区特殊性在制度上进行模糊化处理;2006 年中央财政将民族省区和民族自治州以外的 44 个民族自治县全部纳入了转移支付范围,实现

[①] 王绍光:《美国进步时代的启示》,中国财政经济出版社 2002 年版,第 241 页。
[②] Robin Boadway and lean-Francnis Tremlday, "A Theory of Vertical Fiscal imbalance", *IFIR Working Paper*, No. 4, 2006.

了对所有民族地区的全覆盖；后又连续通过调整转移支付统计口径、形式和优化结构，着眼于提高转移支付规模的稳定性和可预见性，按照"政策不变、力度不减"原则进一步完善并于2010年实施新的民族地区转移支付办法。① 以上逐步治理表明，民族地区转移支付体系具有渐进补充、因时调整、形式优化、体制性优惠弱化等特点（见表7—2）。因为在简化、统一公式的转移支付制度下，通过转移支付系数的变化来体现对民族地区的倾斜政策，可避免民族政策性转移支付和客观因素转移支付之间的脱节，有利于促进民族地区增加财政收入，但同时也使得民族地区转移支付安排应该具有的特殊性在制度上进行了模糊化处理。②

表7—2　　　　我国民族地区财政转移支付类型及特点

政策名称	主要内容及政策执行情况
均衡性转移支付（2001— ）	2009年财政部将财政转移支付规范为一般性转移支付和专项转移支付两大部分。其中，一般性转移支付包括均衡性转移支付、民族地区转移支付、调整工资转移支付、农村税费改革转移支付等。该办法按照客观因素计算各地标准财政收支，对存在收支缺口的地区给予补助。并对新疆、西藏等地的标准财政供养人员适当调增。2009年八个民族省区合计分享均衡性转移支付1200亿元，人均627元，是全国享受转移支付补助省份平均水平的2.1倍。虽然通过修正系数加大了补助力度，但因对自然因素、人口结构因素考虑不足导致财政供养人员被少算

---

① 新办法指出，2010年起中央民族地区转移支付总规模按照前三年全国增值税收入的平均增长率滚动递增。资金分配区分民族省州和民族自治县两部分：民族自治县转移支付规模在上一年度各自补助数基础上，统一按照前三年全国增值税收入平均增长率滚动递增，转移支付总额扣除用于民族自治县后的部分，在八个民族省份和八个民族自治州之间分配。其中，70%按照因素法进行分配，30%考虑各地上划增值税贡献因素进行分配。李萍：《支持少数民族地区发展，促进基本公共服务均等化》，《中国财政》2009年第22期。

② 王金秀：《公共财政政策与政府治理》，中国财政经济出版社2007年版，第149—165页。

续表

政策名称	主要内容及政策执行情况
天然林保护工程、退耕还草转移支付（1999— ）	国家按照核定的退耕还林实际面积，向土地承包经营权人提供补助粮食、种苗造林补助费和生活补助费。黄河流域及北方地区每亩退耕地每年补助粮食（原粮）100公斤、现金70元和20元生活补助费；中央财政建立巩固退耕还林成果专项资金至2008年，已累计安排粮食和现金补助1037亿元；2000—2009年，中央财政安排西部地区天然林保护工程转移支付、退耕还林转移支付、退牧还草饲料粮补助资金和森林生态效益补偿基金2033亿元
重点生态功能区转移支付（2008— ）	在国家级主体功能区规划尚未出台的情况下，从公共服务均等化和国家生态安全大局出发，为加快民生工程和生态环境建设，于2008年起率先建立。采取加强生态保护支出和提高补助系数的方法，增加对三江源等重点生态功能区的均衡性转移支付力度，提高生态功能区的基本公共服务水平，推进重点生态功能区的生态保护和恢复工作
税费改革和取消农业税转移支付（2004— ）	地方财政减收额以2002年为基期按实收数计算确定，中央财政补助比例分别为中西部地区粮食主产区100%、非粮食主产区80%。由于民族地区大多非主产粮区，农业税负低，获得较低补助。2001—2009年该项总额累计1549亿元
县乡奖补转移支付（2005— ）	对财政困难县增收和省市增加财政困难县财力性转移支付给予奖励；对县乡精简机构和人员给予奖励；对产粮大县给予奖励；对以前缓解县乡财政困难工作做得好的地区给予奖励。因民族地方财政债务沉重、精简机构和人员压力大而作用受限；在计算一般性转移支付时，把该项目计入各省区标准收入，实际得到的财力补助是在一般性转移支付中按60%—80%的比例进行扣减所得
调资转移支付（1999— ）	1999年以来，中央对民族省区转移支付系数在财政状况同档次非民族省区转移支付系数的基础上增加5%，后三次调资实行100%补助。中央财政对西部地区调整工资转移支付从2000年的94.84亿元增加到2009年的984亿元，2000—2009年累计5810亿元，占该项转移支付总额的46.2%

续表

政策名称	主要内容及政策执行情况
民族地区转移支付（2000— ）	2000年专设并对资金来源做出原则性规定；2003年以后逐步具有形式优化、体制性优惠弱化的特点，并在统一公式下通过系数调整来体现倾斜；2010年起中央民族地区转移支付总规模按照前三年全国增值税收入的平均增长率滚动递增。2009年安排资金275.9亿元，比2000年的25.5亿元增加近10倍，年均增长30.4%。在管理办法上，对资金分配区分民族省州和民族自治县两部分：民族自治县转移支付规模在上一年度各自补助数基础上，统一按照前三年全国增值税收入平均增长率滚动递增，转移支付总额扣除用于民族自治县后的部分，在八个民族省份和八个自治州分配
边境地区专项转移支付（2001— ）	是中央财政设立、主要用于改善边境事务、公益事业和基础设施建设，为边境贸易企业的发展创造良好的外部环境的专项资金。2001—2005年该项资金在均衡性转移支付中安排，2006年调整为专项管理。目前该项目包括五个部分，分别是边境事务补助、边境口岸补助、边境贸易补助、边境安排补助和改善边境地区民生试点补助。2009年该项资金总规模为50亿元。2001—2009年已累积安排资金总额为132.1亿元，年均增幅48.22%
艰苦边远地区津贴制度（1993— ）	2001年起建立了艰苦边远地区津贴制度，由此增加的支出全部由中央财政负担，享受此项补助的基本上是西部民族省区；2006年公务员工资制度改革加大了这项制度的完善力度
部分省区的特殊专项政策（1996— ）	考虑到新疆改革发展特别是维护稳定的任务较重，财政较为困难，1996—2008年中央财政每年安排财力补助5亿元；为支持西藏加快发展，将西藏上划中央的收入全额留归当地。同时通过年终结算安排了农牧民社会救助资金及提高农牧民子女教育"三包"标准补助资金多项财力补助

（二）民族地区转移支付制度的利益均衡效应分析

总体来看，我国逐步建立了"均衡为主、适当激励、重点扶持、促进转型、点面结合"的转移支付体系，总体上坚持了正确的方向，推动了经济社会改革的进程，为维护社会稳定和民族团结发挥了重要作用。但是，由于我国现行转移支付制度在一定程度上仍保留了传统体制下"基数法"为主的特征，维护既得利益，构成复杂，项目繁多且各组成部分的目标不一致，缺乏足够的透明度和稳定性,从而导致在缓解地区差异方面功能明显不足。① 再加之统一的财政转移支付法缺位、已有财政转移支付法律位阶较低、相关配套制度不健全、缺乏有效的外部法律监督、未能有效纳入预算等转移支付制度基础性制度建设的不足,严重影响了民族财政治理的有效运行,损害了民族地区转移支付的制度效能和作用发挥。具体来说,我国民族地区转移支付制度存在以下主要问题。

1. 在现行财政转移支付体系中具于主体地位的税收返还,是按照来源地为基础的原则进行利益分配,既不与均等化目标相联系,也不与中央政府特定利益目标相联系,延续了多年来形成的"不合理"的利益分配格局

现行财政转移支付中的税收返还制度是按照来源地为基础的原则进行利益分配,不仅具有累退性即东部发达地区获益更大,且每年返还额度经常取决于地方和中央讨价还价的力度,从而具有一定的随意性。特别是,即使严格按照制定好的规则和公式来计算每年的返还额,起决定性作用的也是经济总量和往年的财政增量水平(2008年民族地区GDP仅占全国GDP总额的8.9%、财政收入占全国财政收入总额的9.4%)②,而不是当前收入能力和支出责任。也就是说,在决定转移支付诸因素中,经济因素权重低于政治因素权重(王绍光,2002),经济不发达的民族地区反而获得较低水平的转移支付额度。研究显示,2005年东部地区获得消费税、增值税返还收入中52.45%的份额,民族地区(指民族八省区)获得12.65%的份额,2008年获得约18%的份额;而所得税基数返还比例中,东部地区占69.56%,西部地区获得最少,为12.67%。③ 以广东和贵州为例,广东2005年的税收返还总额为226.4亿元,贵州仅为48.52亿元,约为广东的1/5。④ 这种照顾既得利益的制度设

---

① 贾康、马晓玲:《支持西部开发的财税政策思考》,《财政研究》2005年第1期。
② 丁学东:《在中国财政学会民族地区财政研究专业委员会2009年年会暨第16次全国民族地区财政理论研讨会上的讲话》,《经济研究参考》2010年第3期。
③ 雷振扬、成艾华:《民族地区各类财政转移支付的均等化效应分析》,《民族研究》2009年第4期。
④ 宋小宁、苑德宇:《公共服务均等、政治平衡与转移支付》,《财经问题研究》2008年第4期。

计既不与均等化目标相联系，也不与中央政府特定目标相联系，反而从根本上起到了直接拉大贫富省份之间的财政能力差异的作用，使得强者愈强、弱者愈弱，与转移支付应有的横向平衡效应背道而驰。不仅如此，税收返还转移支付对地方政府财政努力产生负向的影响，致使富裕地区减少了本区域的财富应上缴中央财政的部分。①因此分税制治理后政府转移支付所实现的纵向平衡是"不平衡"上的平衡，因而其实质是不平衡的。②

2. 转移支付标准不尽科学，目标不够明确，透明度低且随意性大，项目评估、审核和确定缺乏规范程序，未将考虑地区差异因素的公式化方法纳入拨款额和配套率的计算中

这和我国没有建立起一套体现差异、功能配套、监管结合的转移支付机制和测算公式直接相关。伯纳德·萨拉尼在剖析搭便车使得私人部门提供公共产品的可能性极低时，对政府滥用转移支付政策主张提出了批评。他指出："即使市场不存在失灵现象，总额转移支付也不可能是一个非常行得通的政策主张，因为确定最优总额转移支付规模需要政府对经济运行特征了如指掌，并能收集到极其详细的信息。"③ 2009 年诺贝尔经济学奖获得者詹姆斯·莫里斯在北京大学演讲时也指出，税收和补贴都必须是基于可观测因素的基础之上的，这样才能计算人们应得的补贴和税收义务。而我国转移支付政策在理论预设和技术储备等方面都存在着许多不足和缺陷。一方面，在人口规模、密度相同的行政区域其财政供养人数也应相同的理论假定条件下，在估算拨款和补助的影响因子时，民族地区内在的自然因素（如人口、面积、漫长的边界线）、收入结构因素（如补贴中的免税因素）、人口结构因素（如少数民族占多数且分布不均衡）在计算标准财政收支时考虑不充分，致使常常出现收支缺口。在计算民族地方财政标准收入中的主体税收入时，强调以"全国平均有效税率"来确定其税收收入，这样对经济基础十分薄弱、税基狭窄、税源有限且不稳定、有效税率相对偏低的民族地区而

---

① 乔宝云：《政府间转移支付与地方财政努力》，《管理世界》2006 年第 3 期。
② 曾军平：《政府间转移支付制度的财政平衡效应研究》，《经济研究》2006 年第 6 期。
③ ［法］伯纳德·萨拉尼：《税收经济学》，中国人民大学出版社 2005 年版，第 11 页。

言，往往会高估其收入能力；而在计算标准财政支出时，公用取暖费支出、标准车辆数的确定、路况对车辆的损害程度系数测算、计算业务费及其他公用经费标准支出方面，依照"全国平均支出"之规定，较少考虑民族地区地广人稀、气候恶劣、交通落后的实情，又会低估民族地区标准财政支出。以《2002年过渡期转移支付办法》中央测算西藏标准收入与支出为例，在测算工资薪金所得税时未考虑西藏特殊津贴和生活补贴等免税因素，导致标准收入高估；而在测算支出时未考虑在职进藏干部职工休假费用、物价水平远远高于内地的支出成本等因素，导致标准支出低估。[①] 不符合实际的理论预设、信息不对称的叠加所致转移支付入不敷出进而各方都不满意的结局，使得转移支付政策陷入巨大的质疑声中。另一方面，在转移支付对象、支付方式、时间上等都带有明显的随意性，给相关各个部门的自由裁量权太大，而对相关责任认定、违法行为及处罚又常常不清、不明。分税制改革以来，随着中央财力的增加，国家对民族地方的专项拨款补助大幅度增加，专项补助资金安排规模大大超过了作为财力补助的一般性转移支付数额，一般性转移支付和专项转移支付规模的严重倒挂，降低了中央财政区域间财力差距的均衡能力。虽然中央政府确实在利用专项转移支付协调地方政府行为，但目前的专项拨款所支持的项目大多属于地方性事务，存在着"会哭的孩子有奶吃"的现象；即使一些专项采取了以奖代补的分配方法，但由于民族地方要价能力有限，分配额较少。

3. 专项转移支付所占比例较大，但亟须进一步规范完善

通常来看，列入专项转移支付的项目应是具有外溢性、突发性、特殊性、非固定性等特征的项目。因此像义务教育、公共卫生、社会保障和一般性扶贫等支出多不应列入专项转移支付的范畴。[②] 再加之转移支付项目过多过细，且多头管理，过于分散，拨付不及

[①] 安玉琴：《西藏财税管理体制存在的问题及对策》，《税务研究》2005年第9期；李萍：《关于进一步完善地区支出成本差异的调研报告》，载廖晓军《财税改革纵论——财税改革论文及调研报告文集（2010）》，经济科学出版社2010年版，第320页。

[②] 赵大全：《充分发挥财政在推进西部大开发中的作用》，《中国财政》2010年第19期。

时，截留、挪用现象突出，难以形成有效力量来贯彻政策意图（见表 7—3）。以解决辖区间外溢性的天然林保护、退耕还林、贫困地区义务教育以及公共卫生体系建设的转移支付为例，由于认识不太明确，这类转移支付往往被抹上了太多的政策性色彩，缺乏连续性和经常性，从而使得辖区间的外溢性矛盾时而缓解、时而加剧，妨碍了区域间的协调发展。不仅如此，此类项目过多地体现为部门利益，加之需要地方层层"配套"，是中央各部门"条条"干预地方政府"块块"的重要载体，难以有效体现中央政府施政意图。[①] 这在 2006 年中办、国办对各地落实中央民族工作会议精神和中发〔2005〕10 号文件情况进行督促检查的结果中得到进一步印证。由于在配套率上没有考虑区域财力差异，"一刀切"的做法使得绝大多数民族地方政府难以应付，于是出现了大量的空配套、假配套、先配套、后抽离或虚报配套等现象以套取上级转移支付。这种弄虚作假的做法严重影响了政府形象和社会风气，严重影响了项目实施的效果和目标。以新疆为例，2004 年中央安排的各类项目要求地方政府配套的资金共计 54 亿元。其中，自治区本级应配套 22.6 亿元，各地州市应配套 31.4 亿元，仅工资政策由地方负担部分接近 8 亿元，给各级财政带来了极大压力。[②] 再以宁夏为例，其财政收支缺口主要依靠中央各类转移支付填补，转移支付在发挥平衡地方财政预算作用的同时，在资源配置、再分配等的其他经济功能方面却有待进一步提高。再如中央投资数亿元建成宁夏污水处理厂后，由于地方财政无法维持高额的运转经费而未能发挥正常的生产能力。从理论上看，对应性转移支付具有增加地方公共产品供给、提高资源使用效率的作用，但在民族地方政府本身财力有限的背景下，对应性转移支付的功效却大打折扣。[③]

[①] 刘尚希、李敏：《论政府间转移支付的分类》，《财贸经济》2006 年第 3 期。
[②] 裴长洪、杨志勇：《中央对新疆财政转移支付制度设计思路的转变》，《财政研究》2007 年第 5 期。
[③] 张晏、龚六堂：《分税制改革、财政分权与中国经济增长》，《经济学（季刊）》2005 年第 1 期。

表 7—3　　　　我国民族地区专项转移支付配套情况：
以 2006 年临夏回族自治州为例

项目	应配套金额（万元）					实际配套金额（万元）				
	合计	中央	省级	市州级	县级	合计	中央	省级	市州级	县级
合计	46105	25440	5693	840	14132	25344	16759	4821	855	2909
农业	1262.7	695.5	82.9		484.3	421.5	233.5	66		122
水利	10153	5332	427	94	4300	840	125	415		300
林业	301	246.8	54.2			246.8	246.8			
交通	3719	3376			343	1334	1319			15
教育	6754.1	4349.3	400.8	266	1738	5779	4349.3	318.8	378	732.9
计划生育	1975.7	464.2	644.9	82.8	783.8	1561.3	286.2	617.2	81.5	576.4
卫生	1123	595	266.1	113.4	148.5	1107.8	510.8	348.7	113.4	134.9
社保	4261.3	1	2899.9	196.1	1164.3	3136.8		2669		467.8

资料来源：根据《中国民族地区财政报告（2007/2008 年度）》，中国财政经济出版社 2009 年版，第 401—407 页整理。

4. 一般性转移支付和民族地区转移支付具有均衡化效应，但由于各种因素制约，数目较小，均等化效应较为有限

1995 年一般性转移支付办法规定，中央对地方主要是通过测算各地区标准财政收支，对存在缺口的地方按一定系数给予补助。尽管国家基于民族地区高于其他地区的转移支付系数，但由于一般性转移支付资金规模较小，其测算方法也存在缺陷，限制了均等化效应。一方面一般性转移支付是按各地区区域内经济活动计算标准财政收入的。但由于前述隐形税收转移等现象的存在，往往会夸大中西部地区的标准财政收入。另一方面由于中西部地区提供的公共服务有一部分存在外溢性，如基础教育、环境保护等，在测算其标准财政支出时难以考虑这些因素，因此缩小了中西部地区的标准财政支出。真正体现中央对民族地区的倾斜政策的是，在中央财政于客观因素转移支付即一般性转移支付之外，又增加了带有一定的优惠

性和照顾性①的政策性转移支付——民族地区转移支付,由于数额太小,其均等化效应也较为有限。数据显示,2006年中央财政共安排民族地区转移支付资金155.63亿元,占当年转移支付总额的1.19%;2009年为275.79亿元,比2000年的25.3亿元增加近10倍,年均增长30.4%。②再以广西为例,2000—2005年,以民族地区转移支付为名目的资金总额为49.2亿元,其中2000年为2.92亿元,2005年为20.94亿元。分别占当年转移支付总额的2.34%和5.87%。③另外,中央在现行一般性转移支付计算中,把民族地区转移支付计入各省区标准收入,各民族省区从民族地区转移支付中得到的财力补助,在一般性转移支付中按60%—80%的比例扣减,使民族地区转移支付效果打了折扣。④因此,调节增量而存量利益不动,决定了在整个转移支付总量中公式化转移支付的规模小,即使存在横向均衡效应,其均衡作用也太弱。增量分享式治理路径决定了财税利益结构调整效果的渐进性与长期性。

5. 转移支付程序与过程存在一定的效率损失

(1) 这是由于我国转移支付制度的技术性手段相对滞后所导致。以专项转移支付为例,一般经过以下程序。第一,打捆调度。当上级财政向下级财政下达专项转移支付预算时,并不是每下一次预算就拨一次款,而是将一定时期内若干专项转移支付资金会同其他财政转移支付资金一起打捆,以资金调度形式从上级财政国库账户直接划入下级财政国库账户。这种国库资金调度方式通常按月、按季或年度内不定期进行。下达或收到预算下达文件时,上下级财政部门均不进行账务处理。划出或收到资金时,上下级财政通常暂不确认为支出或收入,而是通过"与上级往来"或"与下级往来"科目确认为往来款项。第二,层层转拨。一笔中央专项转移支付资

---

① 全国人民代表大会常务委员会预算工作委员会调研室:《中外专家论财政转移支付制度》,中国财政经济出版社2003年版,第28页。
② 李萍:《财政体制简明图解》,中国财政经济出版社2010年版,第74页。
③ 雷振扬:《民族地区财政转移支付的均衡效应研究》,《民族研究》2008年第1期。
④ 蔡秀云:《西部大开发财税政策的实施成效及完善建议》,《税务研究》2010年第2期。

金需要从中央财政拨至省级财政,再由省级财政转拨至市级财政,再由市级财政转拨至县级财政,有的还需要转拨到乡镇财政部门,然后才能拨付到具体用款单位。第三,年终结算。年度终了,上、下级财政将年度内资金调度时计为往来款项的专项转移支付资金,确认为补助收入或补助支出,并根据预算下达数计算出尚未拨付或多拨付的财政转移支付资金数,予以拨付或扣回。通过上、下级财政间年终结算,真正得出专项转移支付资金的笔数、规模、资金到位情况等信息。第四,事后监督。在这种拨付管理方式下,预算管理和资金拨付分头进行,且没有清晰的对应关系,因此年度中无法确定每笔打捆资金的具体内容、用途和使用规定。上级财政部门难以在事前、事中掌握下级财政部门和有关用款单位管理使用专项转移支付资金的详细情况。一般需要通过财政检查、投资评审、临时性专项检查、审计等事后监督方式进行管理。由此,财政转移支付所涉及的资金往往容易偏离既定的、相对有序的运行轨道与规则,存在着较为严重的体制"漏损"等效率低下问题。根据国家审计署对 5 省区转移支付资金的审计结果,截至 2005 年年底,5 省区本级尚有 95.28 亿元专项转移支付资金未能下拨,占中央拨付资金总额的 11.6%;抽查的 25 个地(盟、市)和 37 个县(市、旗)滞留资金比例分别达 11.2% 和 30.2%。这种情况直接影响资金的有效运用。(2)我国转移支付资金并不是单独由财政部负责拨付,中央其他部门也参与其中。根据国家审计署 2005 年的审计报告显示,目前参与中央转移支付资金分配的部委多达 37 个。这种由中央主管部门对口下达补助地方资金的做法,打乱了正常的预算管理级次和资金分配渠道,造成中央财政本级预算支出和补助地方预算支出不真实。(3)考虑到民族地方政府行政能力和制度建设相对滞后、执行监管难度大等因素,转移支付资金运用效率就更低。近年来民族地区县乡财政困难,和转移支付资金运行模式单一、技术手段落后以及效率低下等不无关系。

  6. 真正意义上的横向转移支付模式尚未建立,催生于计划经济体制时期,具有横向转移支付属性的"对口支援"制度,面临着重新定位、法律约束与规范、利益导向下的"道德风险"等诸多难题的挑战

  自 1979 年中央做出《加速边疆地区和少数民族地区建设》的

决定、开启中国特色横向转移支付制度以来，对口支援模式对民族地区经济社会发展起到了不可替代的巨大推动作用。以全国对口支援西藏为例，1994年以来，国家先后安排60多个中央国家机关、全国18个省（直辖市）和17个中央企业对口支援西藏，截至2008年年底，累计投入对口援藏资金达111.28亿元，安排6050个对口援藏项目，[①] 总之，中国特色横向转移支付制度提高了受援地区自身造血功能，增强了自我发展能力；强化了政府"社会统筹"功能；加强了地方"合作共赢"功能，减少了支援方与受援方在合作项目和合作方式上的盲目性，实现了彼此功能上的良性互补和无缝对接。但是，该制度模式存在的深层次问题不能不引起重视。一方面，尽管这种中国特色的区间利益协调机制在相当程度上抑制了地方政府间的冲突与摩擦，但由于其对地方利益的根本忽视与对地方政府间横向关系发展的抑制等导致集体低效率，最终抑制个体理性的结局却是损害了集体理性。转轨时期区间利益协调的科层制运行，会随着日趋臃肿庞大的组织规模、日益复杂的内部结构等可能使组织成本与内部协调成本无限攀升而导致"科层制失败"[②]。另一方面，随着东部地方政府和企业利益主体意识的普遍增强，东部沿海省份在做支援决策时不会不考虑其成本收益比，再加之信息不对称、道德风险等诸多因素的存在，对口支援模式的功能更多出于政治和道义上的考虑，其执行与否以及执行程度如何，很难准确估算和判断，甚至还可能对民族地区利益关系治理起着某种逆向调节作用。[③] 因此，对口支援模式未来改革的方向可能是，将其定位为临时性的应急措施（比如在应对汶川、青海玉树地震和舟曲山洪泥石流等重大自然灾害中发挥了巨大作用）而不宜继续扩大规模和使其常态化，通过加快《政府间财政关系法》、《转移支付法》、《西部

[①] 中华人民共和国国务院新闻办公室：《中国的民族政策与各民族共同繁荣发展》，《光明日报》2009年9月28日第9—10版。

[②] 张紧跟：《当代中国地方政府间横向关系协调研究》，中国社会科学出版社2006年版，第117页。

[③] 中共中央党校课题组编：《现阶段我国民族与宗教问题研究》，宗教文化出版社2002年版，第171、193—195页。

开发法》等法制化进程，在相关法律进入良性运行轨道、政府与市场关系基本理顺、财政制度逐步完善的基础上，构建符合国际惯例、效率导向的横向财政转移支付制度。

7. 民族省区以下财政转移支付制度建设较为滞后

民族地区在建立省区以下财政转移支付制度方面取得了一定成效，比如2005年新疆对下财政转移支付制度正式建立运行、2006年内蒙古进一步完善自治区与盟市的财政管理体制等。但总体来说，民族省区以下财政转移支付制度建设步伐缓慢。主要表现在：一是一些省区层层从下级财政集中财力，但对下转移支付却没有相应跟上，使县乡财政风险凸显。二是一些地方仍然沿袭财政包干体制的做法，公式化的财政转移支付制度没有建立起来；而一些地方即使制定了以公式化为基础的对下财政转移支付办法和财力均衡措施，也比较简单和粗放，在因素选择、公式设计、数据选取和测算方面都存在问题，导致省区内部财力差异悬殊问题突出。三是各地规范化程度不一，有的地方已经建立了较完整的转移支付计算指针体系和实施程序，而有的地方尚处起步阶段。省区以下存在的问题使得财政转移支付制度形不成一个上下衔接、相互协调的体系，均衡效率在一定程度上有所降低。[①]

第二节　西部大开发税收政策与民族财政治理绩效分析

税收政策是我国民族财政治理的重要组成部分。西部大开发战略实施以来，国家出台了一系列推动民族地区财税改革的财税优惠政策。主要包括：对设在西部地区国家鼓励类产业的内资企业和外商投资企业，在2001—2010年期间减按15%的税率征收企业所得税；对在西部地区新办交通、电力、水利、邮政、广播电视的企业，符合条件的可享受企业所得税"两免三减半"政策；对西部地区内资鼓励类产业、外商投资鼓励类产业及其优势产业项目，除部

[①] 王玉玲：《论民族地区财政转移支付制度的优化》，《民族研究》2008年第1期。

分不予免税的商品外,免征关税和进口环节增值税,符合条件的可享受免征农业特产税和耕地占用税。根据经济形势发展变化,国家还对税收优惠政策进行了调整和完善。2006年调整更新了享受西部大开发税收优惠政策的国家鼓励类产业、产品和技术目录;2007年将西部地区旅游景点和景区经营纳入西部大开发税收优惠范围;2008年新的《企业所得税法》实施后,在取消大部分区域性税收优惠政策的同时明确规定,西部大开发的企业所得税优惠政策可以按照《关于西部大开发税收优惠政策问题的通知》规定继续执行;为配合增值税转型改革,规范税制,自2009年起,对进口的自用设备恢复征收进口环节增值税,但继续免征关税。

据国家税务总局不完全统计,2001—2008年期间,西部地区有43542户(次)企业享受西部大开发税收优惠政策,减免企业所得税总额达到1892.69亿元。同期陕、甘、宁、青四省区企业共享受企业所得税减免优惠额为777.5亿元,获得优惠的企业超过1万户次。其中:陕西529亿元,甘肃100亿元,宁夏60亿元,青海88.5亿元。再加上减免的其他税种,陕、甘、宁、青四省区企业8年来享受的西部大开发税收优惠超过800亿元。[①] 以广西为例,截至2008年年底,全区共为5766户(次)享受西部大开发15%优惠税率的纳税人办理了减免税事项,减免税额达到119.29亿元。[②] 2010年6月《财政部、国家税务总局关于印发〈新疆原油、天然气资源税改革若干问题的规定〉的通知》指出:原油、天然气资源税以其销售额为计税依据,实行从价计征,税率为5%。2009年12月原油、天然气资源税从价计征改革扩大到整个西部地区。新疆油气资源税改革实施以来,总体上呈现出运行良好、稳步推行的局面,增加地方财力的效应已初步显现。据新疆地税局统计数据显示,7月份资源税改革后的首个征收期,自治区五大油田企业实现石油、天然气资源税3.68亿元,同比增收3.07亿元,同比增长

[①]《国家税务总局西部大开发10周年综合宣传材料》,2009年12月9日,人民网。

[②] 广西壮族自治区财政厅:《财政促开发,跨步谋发展》,《中国财政》2010年第8期。

505.9%。据自治区财政厅测算,资源税改革每年可使新疆财政增收 40 亿—50 亿元,受益地区涉及 11 个地州市、33 个县市区。[①] 2010 年新疆拜城县油气资源税收入达 1.82 亿元,比 2009 年同期增长了 3 倍多。[②] 总的来看,西部大开发税收政策对减轻民族地区企业负担、扶持西部优势产业发展、培育民族地区地方税体系起到了积极作用。但是,由于体制变化、利益格局调整等多方面深层次因素的影响和制约,基于西部大开发税收政策体系还存在诸多不足和缺陷,亟待逐步改进和完善。

一 基于西部大开发战略的财税优惠政策存在的诸多内生缺陷,不利于民族财政治理的有效运行

(一)现行西部大开发财税政策涵盖面过宽,涉及部门多,且大多与其他政策工具相混同,调整难度较大

财政税收政策是我国政府促进西部大开发政策的重要组成部分。根据国务院办公厅《关于西部大开发若干政策措施实施意见的通知》国办发〔2001〕73 号文件,相关财税政策主要包括:加大财政转移支付力度、对地方专项资金补助向西部倾斜、对设在西部地区国家鼓励类的企业减按 15% 税率征收企业所得税等十余项。总体上看,各项财税政策均衡利益关系的意义十分重大。与此同时,由于政策执行主体多样,力度把握各不相同。另外税收政策与一般性政策工具比如转移支付政策、投资政策相混同,政策的政治经济社会目标混同,绩效较难准确评估。更为重要的是,西部大开发税收政策的制定、执行、评估和调整涉及多个部委、机构,由于各自的政策目标并不相同,由此带来协调难度大、部门利益冲突较为严重等问题(见表 7—4)。另外,政策调整权限一般都在各个部委手中,"条条"控制使得民族地方权限相对较小,造成本该得到财税优惠政策的项目、领域却没法得到,常常出现上面制定政策,下面

[①] 《新疆资源税将成为第二大地方税》,2010 年 8 月 9 日,新疆维吾尔自治区地方税务局网站。
[②] 《新疆跨越式发展让各族群众切实享受民心工程实惠》,新华社,2010 年 12 月 9 日。

被动执行等不良局面。

表 7—4　西部大开发财税政策的主要内容、实施情况及建议

财政税收政策的主要内容及其条款	涉及部门	落实情况及建议
加大对西部一般性转移支付的力度	财税部门	基本落实，需加大力度
中央对地方专项资金补助向西部倾斜	发展改革、财税部门、地方政府	基本落实，需调整完善
中央财政扶贫资金重点用于西部地区	财政部门、扶贫办、民政部门	基本落实，需调整完善
实施天保工程，国家在安排基建投资专项补助等方面予以支持	水利、环保、财政、地方政府	基本落实，需调整完善
开展退耕还林还草工程，为农户提供粮食、补助款项	国土、环保、水利、财政等	基本落实，需调整完善
农村税费改革造成乡镇财政困难、自身无法解决的，中央用转移支付办法予以补助	财政、人事、地方政府	已落实，需调整完善
对设在西部地区国家鼓励类内资企业和外商投资企业，减按15%税率征收企业所得税	财税、商务、企业主管部门	已落实，需调整完善
对在西部地区新办交通、电力等企业给予减免企业所得税的优惠政策	交通、电力、财税、企业主管部门	已落实，需调整完善
对保护生态环境、退耕还林还草产出的农业特产收入，自取得收入起免征农特税	农业、环保、财税部门	已失效，应取消
西部地区公路国道、省道建设用地，比照铁路、民航建设用地，免征耕地占用税	国土、土地、税收管理等部门	基本落实，需调整完善
西部地区内资外商投资鼓励类产业的项目，除不予免税项目外，免征关税和进口环节增值税	商务、关税、财税等部门	已失效，应制定新政策
对民族贸易县内县级及其以下的民族贸易企业和供销社企业销售货物（除石油、烟草外）继续免征增值税；对国家定点生产企业销售自产的边销茶及经销企业销售的边销茶免征增值税	财税、民委、地方政府	落实良好
2010年资源税改革在西部省区推行	财税、地方政府	效果良好，逐步完善

续表

财政税收政策的主要内容及其条款	涉及部门	落实情况及建议
符合条件的,可以申请减缴探矿权使用费、采矿权事业费等矿产资源优惠政策	国土、勘探、企业主管部门、地方政府部门	基本落实,需调整完善
外商投资西部地区农、林、水利、交通等基础产业或基础设施建设,矿产、旅游等资源开发、建立技术研发中心,享受外商投资鼓励类产业的各项优惠政策	商务、人民银行、关税及相关主管部门	基本落实,需调整完善
增加教育投入。把西部民族地区、山区、牧区和边境地区列为"国贫义教工程"重点地区,中央财政予以支持	教育、财政、扶贫办	基本落实,应继续执行
民族地区矿山环境治理保证金制度	环保、财政、国土等部门	处于试点阶段

(二) 现行西部大开发财税政策的目标区域过大,针对性不强、力度不够,可持续性较差,制约和影响了税收优惠政策的应有功效

西部大开发的财税优惠政策主要基于弥补市场调节的缺陷和市场机制的不足而具有"逆市场"调节特点,需要在区域之间构造足够的"政策梯度",才能达到改善投资环境、增强区域竞争力与吸引社会资本投资等政策目标。空间经济学认为,有限政策干预不会影响企业区位选择,即在累积变化大到某个确定的临界点之前,边际政策变化是完全无效的;但当政策干预的力度足够大而超过了形成产业集聚阈值时,产业集聚就发生变化,而且是快速的。民族地区经济活动空间格局的特征,包括人口、聚落布局分散,空间规模不经济,缺少分工所需的市场容量基础,决定了投资需要一个巨大的本地市场才能够达到支撑其发展所需的一定"门槛"要求。如在不满足发展条件情况下的人为发展,极易导致经济高成本运行。研究表明,税制结构与地区经济发展水平存在密切关联,税制结构合理与否直接影响区域经济发展。由于我国是中央集权型政体,税收

立法权高度集中于中央，地方政府没有税收立法权。同时在统一的法律框架下，我国现行税制结构也相对统一，不但中央税制统一，地方税制也大体相同，没有体现地区间经济发展水平差异，在客观上形成了许多弊端，不利于地方政府因地制宜地调控配置区域性资源，影响了税收调节作用的发挥。一方面，在国土面积占总面积64%的地域范围内实施无差别的一揽子税收优惠政策体系，恐怕在国际上找不出类似案例。西部12个省、市、自治区面积广阔，省区情况千差万别，要制定所有范围内符合条件的都适用的税收优惠政策几乎是不可能的，也很难体现西部各地区经济社会发展的差异需求，如资源保护、人力资源开发、扶贫济困等，在一定程度上影响了税收政策的实际效果。另一方面，税收政策体系受益主体定位不当，出现了地域空间（每个政府所管辖的区域）和功能空间（某些政策所作用的区域）的某种错位。[1] 大量调研结果表明，西部开发税收政策在收益主体上呈现出所谓"三多三少"特征：老企业多，新企业少；垄断和寡头企业多，小企业少；资源类企业多，有利于经济可持续发展的企业少。企业不仅是生产力的直接发挥者，而且是社会制度的直接体现者。社会主义制度的最根本的特征，如公有制、消灭剥削、按劳分配等都要在企业这个经济细胞中体现出来。[2] 为了实现特定的政治、经济目标，在一定时期给予某些企业以差别化财税优惠待遇无可厚非，而且是非常必要的。但企业的经济性质仍是税法制定和税收政策选择中被关注的重要因素，由于经济性质不同、资金来源不同所致的企业税负有着巨大的差异，[3] 不利于培育真正有活力的微观经济主体。

（三）现行西部大开发税收政策的有效实施缺乏政策响应、必要财力支持和部门协同配合，致使政策效应外溢现象普遍存在，并导致地方政府自我约束弱化

公共政策理论认为，某项政策制定、实施到绩效评价，是包括

---

[1] ［英］哈维·阿姆斯特朗、吉姆·泰勒：《区域经济学与区域政策》，上海人民出版社2007年版，第281页。
[2] 《蒋一苇集》，中国社会科学出版社2006年版，第196页。
[3] 刘剑文：《走向财税法治：信念与追求》，法律出版社2009年版，第162—164页。

发展目标、资源配置、干部考核、政策协调、监督机制等一系列制度机制保证与环节在内的有机整体,任何机制与环节的缺失,都会导致政策过程欠缺、政策实施被搁置、冲突无法协调、保障制度存在漏洞等情况发生。遍观国家以往的区域财税优惠政策,大都以相关部门的联动配合、相互作用为前提,并且以强有力的财力为后盾,以期实现政策效应最大化。而现行西部大开发税收政策框架主要以财税〔2001〕202号文件为蓝本,近十年没有大的变化,无论是从政策响应还是实际效果来看,距离"实施西部大开发战略,也就是要加快少数民族和民族地区的发展"的战略初始设想,和缩小民族地区与中东部发达地区的相对差距等政策目标都有很大差距。一方面税收政策体系"焦点"不明确、梯度效应太小,还面临着国家区域性财税优惠向产业优惠转变重大调整的挑战。我国税收优惠在空间上仍然以各类开放性区域为主,相对有利于东部发达地区,抵消和侵蚀了西部开发战略以来出台的基于民族地区发展的优惠政策力度;而行业性优惠政策体系不会产生应有的经济效益。另一方面在现有区域竞争模式下,权力空间中的支配程度差异成为引起利益分化的主要因素。在权力空间中,形成了中央政府与地方政府之间、部门和企业之间的支配与被支配的关系,同时也构成了地方政府之间对中央政府的影响力、企业对部门的影响力以及企业集团在空间的扩张力。在这些方面,东部地区较之西部地区明显地具有更大的"寻租"活动能力,这必然导致欠发达地区市场空间扩张的弱化。[1] 就财税优惠政策而言,部分地方政府通过合法优惠政策之外,如多开设开发区订立优惠政策、与企业达成默契、将国税份额部分减免、部分转为地方收入等"开后门"、"歪门邪道"的自主权方式展开利益博弈与竞争,[2] 不仅恶化了投资环境,甚至对中央税收管理带来一定影响。来自审计署的报告显示,在地方部门的影响下,少数地方的中央税收机关出现了"偏征"行为,主要表现为对同一企业的税收,先征收地方税种,后征收中央与地方共享的增值

---

[1] 陆丁:《寻租理论》,载《现代经济学前沿专题》第2集,商务印书馆1993年版。
[2] [美]罗伊·鲍尔:《中国的财政政策——税制与中央及地方的财政关系》,中国税务出版社2000年版,第137页。

税和其他中央税种，甚至有的地方出现了大量超收地方税和共享税，同时大量欠缴中央税的现象。[①] 以上哪一种情形其可能的结果是：第一，政策效应外溢不可避免，出现政策效应上的"政策区域"与"功能区域"不一致现象。正如奥尔森所指出的那样，潜在受损者所遭受的损失是较为集中和透明的，而潜在受益者所获得的利益却倾向于分散化（Olson，1995）。税收优惠政策作为国家实现一定政策目标所作出的税收牺牲，设定一定的门槛提升（raising the bar）和约束条件是必要的，即企业要能享受到税收政策优惠，除需要符合国家产业政策要求外，还必须有盈利才能真正得到税收优惠政策的实惠，盈利水平越高，得到的税收减免就越多。这种效率导向性的高门槛税收政策设计，对于西部地区企业经济效益普遍不高、亏损面较大、负担沉重、管理及技术落后、资本有机构成较高等现实问题缺乏充分考虑。第二，导致地方政府自我约束弱化。经济学家特雷斯曼等人的研究发现，由于存在区域间禀赋差异，公共服务对资本产出有不同的贡献，为此，地区对资本投资的吸引力存在差异。对于在资源禀赋处于不利地位的地区来说，竞争反而使得吸引到资本投资的可能性下降，政府对公共服务的供给缺乏动力，从而把更多的公共资源转化为在职消费，从而产生类似"破罐破摔"现象。

（四）现行财税政策对某些企业的外部行为缺乏有效约束，出现了企业掠夺公众、地方福利等负面效应

经济学基本原理认为，初次分配公平取决于要素使用权交易情况，企业基于各要素"生产性努力"的要素使用权公平交易行为产生的是生产率与效益，基于"分配性努力"的不公平要素使用权交易行为产生的是分配率与收益。实践证明，缺乏要素使用权公平交易的企业效率是微弱的，缺乏强有力的财税约束机制的企业行为是不真实的。没有公平的企业利润实际上是"收益"而非"效率"与"效益"，是"分配率"而非"生产率"。当国家财税政策体系对大多数能矿企业基于"分配性努力"而非"生产性努力"进行要素使

---

① 钱夫中：《国税审计的历程与展望》，2009年2月22日，国家审计署网站。

用权交易有着较强激励时,其必然的结果是,企业生产行为看似有利于当期的利润增长,实际不利于企业长期发展;看似有利于GDP增长,实际上却不利于经济社会可持续发展。《中共中央、国务院关于进一步加强民族工作,加快少数民族和民族地区经济社会发展的决定》指出:"坚持开发者付费、受益者补偿、破坏者赔偿的原则,加快建立生态建设和环境保护补偿机制,对在建立自然保护区、重要生态功能保护区和生态环境建设等方面做出贡献的民族地区给予合理补偿,并切实解决当地农民增收和长久生计问题……"但是,有些垄断型能源企业在资本逐利本性的驱动下,大肆超采、破坏性开采,对当地生态环境、居民生活造成很大影响却得不到相应补偿,企业成本外部化为地方政府和民众承担等现象,在自然资源丰腴的民族地区比较普遍。全国人大在关于《民族区域自治法》实施情况的报告中指出,一些内地大型企业集团在四川、内蒙古等民族地区开发自然资源,不仅把税收缴到总部所在的发达地区,而且不注重发挥带动地方经济社会发展的作用,当地群众得到的实惠不多,就业得不到照顾。对这种资源开发在民族地区,耕地占用、环境污染、地质灾害、移民安置后的扶持都由民族地区承担,而所得补偿却很少的做法,民族地区干部群众反映强烈。[①] 从根本上看,除了可以通过合法程序进行某种有限度的收益转移之外,对于其他强制性的单向财富转移活动,如开发资源不顾及当地民众收益反而使大量外部性行为成本社会化等比较隐蔽的经济掠夺行为,应该加以限制或制止。

(五)现行财税政策的实施往往以减少民族地区财税收入为代价才能执行,反而会刺激地方收费冲动,出现"税减费增"的某种替代效应

基于民族地区的财税优惠政策比如地方减免部分应该包括在地方标准收入中,据此所进行的财政转移支付措施合理的,能真正体现减免的是地方税收。而以地方财政为主体的相关财税优惠政策在

---

① 国家民族事务委员会、中共中央文献研究室:《民族工作文献选编(2003—2009)》,中央文献出版社2010年版,第188—189页。

实质上仍然是属于中央财政的分配权问题,[①] 相关优惠政策实际上要以减少财税收入为代价才能执行。所以,对中西部等地区实行减税或免税规定,如果没有充分考虑民族地方政府财力薄弱的现状,没有和地方税收计划增减任务直接挂钩,在实际执行中很容易使优惠政策落空,无法达到预期效果。即便执行,其收入缺口很有可能要通过收费等恶化地方投资环境的手段来弥补,势必出现"税减费增"等消极效应。研究表明,我国民族地方财政收入结构非常不合理。1994年到2001年民族自治地方的税收收入占财政总收入比例从91.09%下降到82.17%,下降了近10%,到2008年更是下降到52.33%。与此同时,非税收入占据着非常高的比例且有逐年增加之势。[②] 一方面,收费等预算外资金与地方政府的动因是相容的,地方政府可以用来逃避中央政府对收入的分享(Bahl,1999)。另一方面,非税收入的快速增长极易导致民族自治地方政府干预经济和参与社会分配的程度超过职责范围,容易导致腐败,扭曲地方公共财政收入结构。

(六)基于"统一税权"要求的新一轮税制改革,在加强税权管理的同时,并没有形成一个相对稳定的税权划分规则和边界,致使民族自治地方不能充分行使税收自治权

通过税收收益补偿而不授予地方相应的税收收益权限,是近年来我国税制改革过程中的一个突出特点。税收收益权是税收管理权的一项附随性权力,因税收管理权的实现而产生,即谁有权获取税收利益,谁就有权将其缴入哪个国库。[③] 从世界各国的经验看,基于中央政府与地方政府税收收益权的划分,大都由国家最高权力机关通过法律方式得以确定,在对中央政府施加某种约束的同时,对地方政府收益起到一定程度上的保护。以西部地方政府运用税收政

[①] 德全英:《民族区域自治权》,中国社会科学院,2001年。
[②] 2009年11月,兰州市在暂停收取路桥费半个多月后,宣布再次征收路桥费18年,这引起老百姓的很大不满。2010年甘肃非税收入达到297亿元,占该省可支配收入极高的比例。
[③] 白彦锋:《税权配置论——中国税权纵向划分问题研究》,中国财政经济出版社2006年版,第21页。

策支持优势企业发展为例,原有的西部大开发优惠政策规定,民族自治地方的省级政府可以全额免征内资企业所得税,2008 年新《企业所得税法》实施后改为只能免征地方财政分享的部分(目前为 40%)。统一税制框架下民族地方减免企业所得税中属于地方分享部分决定权的规定,意味着"税权统一"原则要求下的某种集权趋势,也意味着权限上收和优惠力度减弱。再譬如,作为地方主要税种的资源税,由于资源税税率调整权的缺失,致使资源丰腴的民族省区未能从资源开发中享受到应有的收益。尽管中央以转移支付的方式给予地方利益补偿,但中央政府对地方(资源开发)财税利益诉求重视不够、民族地方拥有残缺不全的地方税种管理权,并不能真正实现中央与地方收益共赢,有碍于税权配置效率的提高。在资源税改革中,缺失税收收益权的民族自治地方还面临着中石油、中石化和中海油等利益集团的强大阻力。根据《矿产资源法》和国办转发《国家经贸委等部门冠以清理整顿小炼油厂和规范原油成品油流通秩序意见》的通知,以上三家中央企业取得了有关石油开采、炼制、进口、批发和零售的几乎所有方面的垄断权。随着国家产业政策和资源配置政策的调整,民族地方在利用当地资源优势,特别是地方企业利用石油天然气和煤炭资源发展天然气化工和煤化工产业遇到制约发展或影响企业生死存亡的一系列问题:国家在天然气综合利用产业政策和资源配置政策上的"一刀切",导致一批有实力的地方企业在发展本土优势资源精细加工业时面临着无资源可用的情况;而有关部门在制定行业准入政策时忽视民族地方相对落后的经济情况和少数民族地区社会发展的需要。[①] 不仅如此,根据《关于实行分税制财政管理体制的决定》的规定:"作为过渡措施,近期可根据具体情况,对 1993 年以前注册的多数国有全资老企业实行税后利润不上缴的办法。"也就是说,中石油等企业暂不向中央政府上缴利润的同时,享受很低的资源税税率。[②] 民族地区

---

① 《新疆能源开发应给当地企业开个口子》,《中国经济时报》2010 年 3 月 15 日。
② 2011 年开始执行新的上缴比例,调高了 5%。但央企与国家分红不足,使得不断增长的利润并没有通过再分配回馈给社会。参见曹学松《垄断央企首先服务了谁》,《社会科学报》2011 年 1 月 18 日。

"富饶的贫困"、"资源诅咒"等问题长期不能得到根本解决,与民族自治地方不能享有完整的地方税收收益权有关,更与中央垄断企业"赢家通吃"、"受益者拿走全部收益"的利益分配机制直接关联。

对于要不要给地方政府一定的税收立法权特别是税收开征权和减免权的问题,在我国财税学界争论已久。作为单一制国家,地方政府是中央政府的派出机构,不能享有地方税税收立法权符合逻辑。但是地方政府没有税收立法权并不意味着不可以有一定的税收自主权。国外许多单一制国家在中央政府税收立法范围内允许地方政府有一定的税率选择权。例如,2005年希腊地方政府税收收入中有53.9%来自地方对税率有一定自主权的税种,该比例在匈牙利、日本、韩国、荷兰、挪威、瑞典分别为87%、84%、75.7%、100%、98%、100%。[1]《宪法》第117条规定:"民族自治地方的自治机关有管理地方财政的自治权。凡是按照国家财政体制属于民族自治地方的财政收入,都应该由民族自治地方自治机关自主地安排使用。"《民族区域自治法》第32条中也有相关规定。但从民族地区财税实践看,民族地区财税自治权受到种种限制,民族地区税收自治权缺少明确边界和内容,易受外界干预和牵制。另外,税收管理权限过于集中,与税种所属级次差异较大,造成统一税法与分级管理的断裂,难以适应各地区千差万别的实际情况。[2]为了落实《宪法》进而《民族区域自治法》中民族自治地方享有财政自治权的规定,解决税收自治权"有名无实"的现状,应赋予地方政府在独享税课征上更多的自主权和灵活性,即使是中央地方共享税,也可以仿照《企业所得税法》第19条的规定给予地方政府一定的自主权。从近年来国家税收政策体系设计来看,不考虑区域之间异质性,片面追求体制与政策的统一性、"一刀切"等形式上的平等,即把发达地区与欠发达地区企业置于同一个税收政策体系平台,可能导致事实上更大的不平等。因此,在促进民族地区的部分财税政

---

[1] 朱青:《从国际比较视角看我国的分税制改革》,《财贸经济》2010年第3期。
[2] 甘肃省地方税务局课题组:《试论中央与地方税权的现状及完善建议》,载靳东升《依法治税——中央与地方税权关系研究》,经济科学出版社2005年版,第134页。

策即将到期，近期党中央、国务院关于《西部大开发战略的若干意见》需要细化，从而在中长期制度安排层面起到稳定政策预期的背景下，迫切需要制定体现统筹兼顾、分类指导、体现差异原则，真正有利于推进民族地区全面发展的财税政策措施。而税收收益权的落实和实现则是"统一税权"基本原则和民族地区享有"税收自治权"之间差异中寻求统一、统一中显示差异的利益治理中必须考虑的内容。

（七）相对于其他地区而言，大多数民族地区地方企业税负偏高，财税政策提升企业竞争力作用较为有限

经济学基本理论认为，影响企业最终生存和发展的根本因素是"利润边际"，即利润占总产出或销售总额的比重。也就是说，当税负水平成为企业利润的重要组成部分，在区域和空间上任何非"中性"的财税优惠政策都会使民族地区企业发展处于非常不利的境地。大量研究表明，由于税收政策扭曲效应和逆向调节，使得西部民族地区企业税负高于东部地区。马栓友从边际税负的角度，通过对我国各地区的税收与经济增长进行的实证分析，指出西部民族地区税负相对较高，各地区的边际税率与经济增长负相关。2005年东南沿海和环渤海地区的税费负担（税费与销售收入之比）分别为4.1%和4.5%，而西南和西北地区分别为6.3%和5.8%。另据最新数据测算，2007年西部地区规模以上工业企业增值税占产品销售收入比重为5.03%，在四大区域中最高，比东部地区高出2.16%；企业所得税占销售收入比重为1.82%，低于东部地区2.08%的水平。2008年西部地区规模以上工业企业税收总额占产品销售收入的比重为7.1%，在四大区域中最高，分别比全国和东部地区平均水平高47.9%和77.5%。其中，产品销售税金及附加占产品销售收入的比重为2.2%，分别比全国和东部地区平均水平高69.2%和144%；应缴增值税占产品销售收入的比重为4.9%，分别比全国和东部地区平均水平高40%和58.1%（见表7—5）。相对于其他区域而言，民族地区企业的税负水平仍然偏高，财税政策推动企业发展的作用较为有限，是其竞争力不强、效益低下的政策性原因之一。

表 7—5　　　　　　　　四大区域税负水平比较

	产业销售税金及附加占产品销售收入比重	应缴增值税占产品销售收入比重	税收总额占产品销售收入比重
东部地区	0.9	3.1	4.0
东北地区	1.4	3.4	4.8
中部地区	1.8	4.5	6.4
西部地区	2.2	4.9	7.1
全国平均	1.3	3.5	4.8

资料来源：魏后凯、袁晓勐：《我国西部大开发税收政策评价及调整方向》，《税务研究》2010 年第 2 期。

当然，对于西部大开发税收政策"普惠"抑或是"特惠"问题上，不同立场的人持不同观点。普惠论者认为，西部大开发税收政策只能是一种基本税收优惠制度，即保证投资者在西部地区的投资收益不低于社会平均利润率，不可能使之获得超额利润甚至垄断利润。其原因在于，过多的税收优惠会有碍于市场机制的正常运行，形成新的不公平。再者，是否有税收优惠只是影响投资收益的因素之一，单纯依靠税收优惠是不现实的。[1] 而特惠论者（主要是民族地方）普遍期待国家给予更多的税收优惠政策，以推动民族地方企业发展。因此，是否给予民族地方企业以更优惠的税收政策待遇上面临着一个两难问题：一方面，国家即使给予税收特惠政策，或由于政策执行能力、"政策磨损"等变相运用到非受惠区域并产生了大量政策"外溢效应"，[2] 没有泽被地方企业（故而对民族地方经济发展、就业带动效应低），或以门槛效应（比如主营营业收入70%）等行政方式被不该享受优惠政策的企业拿走政策收益。不管哪种结果，都对民族地方企业发展无所助益。总之，基于西部开发税收政策的真正问题，不是给予民族地方多少税收优惠政策，而是

---

[1] 高培勇、温来成：《二十一世纪中国区域经济协调发展的财政政策分析》，《财政研究》2001 年第 3 期。

[2] 笔者在甘南自治州调研发现，外地企业在民族地方注册公司以享受民族地方税收优惠政策，但企业主营业务完全不在民族地方进行。

在实行税政统一、强化税政管理与税收政策弹性、给予差异空间之间找到利益相关方都能接受的平衡点：既有利于真正刷出各类企业公平竞争的真正"起跑线"以反映其真实盈利水平，又有助于地方优势产业做强做大。这其实给新时期基于西部开发的税收政策提出了更高要求、更多期待。

二 西部大开发税收政策体系的精细化程度不够、管理绩效差，制约和影响了政策效能的实现

（一）税收优惠政策面较窄，不能充分、合理体现民族地区特色产业发展需求

2006年以来，国家调整、更新了享受税收优惠政策的国家鼓励类产业、产品和技术目录，但现行西部大开发税收优惠政策是以国家《产业结构调整指导目录》中规定的鼓励类、限制类产业作为享受15%优惠税率的范围，这是针对全国制定的，没有充分体现西部特色产业和发展需求，不利于西部地区吸引资金、改善生产技术、提高科研创新能力，不利于西部地区培育扶持适合本地区的优势与特色产业做大做强，使得西部大开发税收优惠政策的作用受到较大限制。2009年党中央、国务院下发《关于深入实施西部大开发战略的若干意见》中提出，对西部鼓励类产业企业减按15%的税率征收企业所得税。因此，要研究调整西部地区鼓励类产业目录，将未列入《产业结构调整指导目录》的民族地区优势产业、支柱产业纳入优惠范围，使优惠政策真正惠及民族地区更多的企业与个人。

（二）西部大开发税收优惠政策形式陈旧、单一，不能很好地适应西部地区经济社会全面发展的需要

目前西部大开发税收优惠政策主要是税率式优惠，即以企业所得税为主，并涉及较为零星的耕地占用税、进出口环节的增值税和关税减免，其他税种没有专门针对西部地区的优惠政策。从对企业所得税实行减免或低税率优惠而言，这种优惠方式只对有利润的企业起作用。1991年税制治理后，我国流转税的主体税种地位得到进一步强化，现有区域税收优惠政策格局，极不利于税收在西部民族地区经济社会发展中发挥更大的促进作用，亟须逐步改进。因此，

在优惠政策设计上，应从以所得税优惠为主，转变为所得税、货物和劳务税并重；在优惠方式上，应从单一的税收减免向税收扣除、加速折旧、递延纳税、税收抵免等形式发展。对符合国家产业政策，但经济效益不好而不能享受所得税优惠政策的企业，可按照现行税收管理权限，在一定时期内给予税收减免优惠；对一些需要特殊支持的事项或企业，可采用税收扣除、加速折旧、递延纳税、税收抵免等形式。同时可考虑把民族地区相关税收优惠政策，如民贸企业税收优惠政策等，通盘考虑纳入统一管理轨道，加强绩效考核，建立动态管理和持续更新机制。

（三）财税优惠政策的期限设置不符合民族地区产业发展周期要求

从改革开放至今，东部沿海地区一直享受着比其他地区更有诱惑力的税收优惠政策。在新的《企业所得税法》实施后，国家对东部五个经济特区和上海浦东新区新设高新技术企业实行"三免二减半"的优惠，对国家重点扶持的公共基础设施项目的投资经营的所得优惠力度已经达到"五免五减半"的优惠政策。西部大开发战略仍处于由起步打基础向纵深推进的过渡阶段，一些新兴、特色产业还在培育期内，特别是对西部大开发具有战略性奠基作用，但工期长、投资回报慢的基础设施建设还未能享受优惠。因此，与深圳特区税收优惠政策已实施近30年、上海浦东开发区税收优惠政策也已实施11年等优惠期限相比，考虑到西部地区产业发展周期要求以及西部大开发战略的长期性、艰巨性，对其税收优惠政策有效期限应以50年计（10—20年为一个调整周期），以发挥长期、稳定的政策预期功效，防止诱发短期行为。

第三节 民族区域自治政策与民族财政治理绩效分析

民族区域自治政策是我国解决民族问题的基本政策。在新中国国家结构形式中，就有关于解决国内民族问题的机制设计。从某种意义上说，民族问题深刻影响了我国国家结构形式的最终样式并最终反映到国家财政经济制度建设的各个层面。不仅如此，我国单一制下形式多样、内容丰富的中央与地方关系类型，使我国单一制在解决民族问题、国家统一问题上具有相当的灵活性。新中国成立以来，西部民族地区与内地基本制度"一体化"的最终完成，表明近代以来中央政府对民族地区进行开发的基本政策终于变成现实。这些制动良好的制度框架与机制设置，为此后西部开发政策的贯彻执行奠定了基础，导致了新型政治与新的经济结构产生，使得区域性权威丧失了地位而牢牢地确立起了国家的权威。① 以 20 世纪 50 年代的全球眼光观察，我国民族区域自治政策不仅成功解决了国内民族问题，更代表了人类社会一种"先进的"价值取向。换句话说，民族区域自治制度所蕴含的原则、理念及其在实践中所体现出的相关法律制度与政策，都是统一的多民族中国有史以来最好的，也是最完整的解决民族问题的方式，与世界其他国家相比，其实施也更为成功。这一点毋庸置疑。但是，建立在计划经济体制基础之上、国家对社会资源绝对支配根基上的民族区域自治政策体系，客观需要把（民族地区）经济生活纳入政治轨道才能实现政治目标（计划经济时期，民族区域自治政策的初衷主要体现在国家对少数民族的政治体认上）和经济目标的契合，也才能够发挥该政策的应有效能和威力。当市场经济体制模式普遍确立并逐步消解这一根基——社会资源多元化持有的背景下，如果缺乏相关制度与政策的持续更新，民族区域自治政策极有可能陷入"空洞化"的境地。现实地看，民族区域自治政策应有的财政经济保障功能弱化或不足；实行民族区域自治有助于缩小发展差距并实现区域之间、城乡之间、民族之间协调发展②的体制机制不能真正建立；民族区域自治政策为民族地区经济建设提供政治保障和通过自治机关依法行使自治权直接有力地推动经济建设③的功能无从发挥等，都是这种担忧可能变为现实的主要根由。

---

① 汪受宽：《西部大开发的历史反思》，兰州大学出版社 2009 年版，第 298 页。
② 国家民委党组：《把民族区域自治制度坚持好完善好落实好》，《人民日报》2009 年 5 月 15 日。
③ 司马义·艾买提：《民族工作的探索和实践》，中央党校出版社 1998 年版，第 285—286 页。

一 民族区域自治政策与民族财政治理的逻辑原点

20世纪上半叶,党和政府民族政策的基本战略指向是,整合国家、促进团结、动员少数民族社会参与国家社会主义建设。1949年中国人民政治协商会议颁布的《共同纲领》(第6章)奠定了新中国民族政策的基础,标志着新中国民族政策制度化的正式起步。1952年中央人民政府通过《民族区域自治实施纲要》、1954年民族区域自治政策"入宪"等一系列事件,标志着旧的民族关系格局的终结、社会主义新型民族利益关系时代的开始。少数民族和民族地区在新制度中的地位、走向在服从国家战略指向前提下,通过社会主义工业化总路线和计划经济体制模式逐步具体化、定型化。

新民主主义革命结束后,中国共产党最终取得了在统一战线中的领导地位,从而改变了新中国国家政权的性质。1949年颁布的《共同纲领》就是对新民主主义政权性质、组织形式和方针政策的临时宪法性确认。1954年《宪法》则肯定了建设社会主义过渡时期的工业化总路线及其内外条件。社会主义工业化的总路线是,逐步实现国家的社会主义工业化,逐步完成对农业、手工业和资本主义工商业的社会主义改造;实现总路线的内外条件是,发挥统一战线的作用和实行有利于社会主义工业化的社会制度、国家结构及民族、外交等各项政策。分析《宪法》中关于民族区域自治政策的条文规定发现:(1)《宪法》"序言"中关于"经济和文化建设"、"照顾各民族需要"、"社会主义改造"、"充分注意各民族特点"的政策,在"总纲"中被表述为原则性的民族区域自治政策,在"国家机构"中被阐释为"民族自治地方自治机关的自治权"。这种规制上的前后矛盾和冲突说明,在社会主义工业化总路线与民族区域自治政策之间需要建立某种平衡、协调机制的必要性,也说明民族区域自治的具体制度设计需要应时、应事、应势做出调整。(2)工业化总路线宣布了工业在未来社会中的核心地位和非工业的次要地位,对民族区域自治政策的意义在于预示着工业化在民族自治地方的全面铺开。同时,它意味着民族地区的农牧业、手工业或其他拥有私产基础上进行的生产组织形式被宣布为非社会主义而列入改造的对象。各族少数民族在民族自治地方的实际地位、关系、发展机会从根本上取决于与社会主义工业的联系程度和强度。民族（区域自治）政策被当作区域发展政策执行也就成了必然。因此，民族政策作为区域政策执行是国家工业化政策核心地位的体现和反映。（3）国家把实现社会主义工业化总路线在《宪法》中固定下来并置于各项政策措施的核心目标地位，就意味着民族区域自治政策的工具化取向。而本身所倡导的民族平等、民族团结和各民族共同繁荣的原则和价值，则丧失了其应具有的价值和地位，从而仅仅具有法律形式意义。（4）工业化总路线启动了对社会生活的全面意识形态化。工业化前面加上"社会主义"作为限定语，等于把一切"非社会主义的"、"非工业的"都宣布为"落后"。换句话说，一切社会主义的、工业化的都是先进的。而所谓的"抢救落后"的真正含义也就等同于主流生产方式的意识形态化。

当1954年《宪法》把社会主义工业化总路线作为宪法确定的各项基本制度的根本出发点和归宿时，民族（区域自治）政策被全盘纳入社会主义计划经济的轨道上。反映在财政经济领域方面，与发展工业尤其是重工业相关的资源实行全民所有即国家所有（第6条第2款）；民族地区的土地可以归农民所有，包括"个体所有"（第5条和第8条第1款）和"合作社所有即劳动群众集体所有"（第5条），但限于地上权，与发展工业相关的矿产等资源所有权则归属于国家（第6条），且半社会主义性质的合作社经济被宣布为"改造个体农业和个体手工业的主要道路"；国家明确对"富农经济""采取限制和逐步消灭的政策"（第8条第3款）；把个体、私营工商业全部划为"资本主义工商业"的范围，"采取利用、限制和改造的政策"（第10条第2款）。这样，民族自治地区能够"照顾"的"民族需要"和"注意"的"民族发展的特点"就仅限于少数民族的传统产业——农牧业；工业化总路线留给民族地区的少数民族的发展空间也仅限于农牧业，国家在政策上割断了少数民族从历史上继承下来从事农业的群体与工业的一切可能的纽带；民族自治地方享有的"自治权"实际仅仅是"政治层面"的权力，本应享有的发展经济、文化的权利也就只剩下一堆抽象的原则，以至于具体制度层面很难做出具体规定,在"国家机构"部分专节以"民族自治地方的自治机关"为题对民族自治地方的自治机关的自治权做出规定也就成了必然。因此,从历史起源上和根本目的上看,新中国很长一段时间内存在的"计划经济"有着特殊含义:依靠国家力量强制实行其他产业部门向工业部门、其他所有者财产权向国家所有权转移,全部社会物质资源和技术资源向工业部门流动的经济形态。1954年《宪法》对民族区域自治制度做出如此规定的原因和目的,就是使民族区域自治政策与国家社会主义工业化总路线相一致,使得民族(区域自治)政策从属于区域政策。[①]

二 民族区域自治政策体系蕴含的民族财政治理的主要命题

(一)民族区域自治立法与民族财政治理的历程回顾

列宁在《关于民族问题批评意见》一文中指出:"保障少数民族权利的问题,只有在不背离平等原则的彻底的民主国家中,通过颁布全国性的法律才能解决。"[②] 自从1949年《共同纲领》中明确将民族区域自治政策确立为解决民族利益关系的基本制度以来,国家就为落实这项制度制定过一系列法规文件。1952年中央人民政府根据《共同纲领》颁布了《中华人民共和国民族区域自治实施纲要》(简称《实施纲要》)。《实施纲要》第19条规定,在国家统一的财政制度下,各民族自治区自治机关得依据中央人民政府和上级人民政府对民族自治区财政权限的划分,管理本自治区的财政。1984年六届全国人大二次会议通过了《民族区域自治法》,至此,中国的民族区域自治实现了政策、制度、法律的三位一体。1990年8月国家民委在一个报告中严肃地指出,按照民族区域自治法规定,应由民族自治地方自主管理的,上级国家机关放权不够、统得过死;一些上级业务主管部门的政策性文件从一般情况考虑多照顾少数民族地方特殊性不够;财政、税收与信贷政策未充分体现优惠原

---

① 陶清德:《中国西部民族地区中小企业发展制度建构研究》,人民出版社2009年版,第296页。
② 中国社会科学院民族研究所:《列宁论民族问题》上册,民族出版社1987年版,第246页。

则。1991年12月国务院发布《关于进一步贯彻实施〈民族区域自治法〉若干问题的通知》中,特别强调了西部民族地区财政投资比例的增加问题和新增不发达地区发展资金支持西部民族地区基层经济社会发展问题。"八五"计划指出,西部民族地区全民所有制单位固定资产投资总额应高于"七五"计划的实际水平,中央财政预算已列的"支援经济不发达地区发展资金"应有所增加,新增大部分用于西部民族地区基层经济和社会发展。2001年2月九届全国人大第20次会议通过了《关于修改〈中华人民共和国民族区域自治法〉的决定》,并在修正案(草案)的说明中规定:"民族自治地方实行全国统一的财政体制。民族自治地方按照国家财政体制,通过国家规范的财政转移支付制度,享受上级财政的照顾。"2005年国务院发布435号令颁布《民族区域自治法若干规定》,对自治法的相关规定进行了细化。

(二)《民族区域自治法》有关民族财政治理的相关规定及特点

从本书所涉及核心论题来看,民族区域自治政策及其规定透视出以下主要命题与特点:第一,民族区域自治确立了"民族因素"与"区域因素"相统一的民族财政治理的基本政策和原则。也就是说,民族财政治理的范围与对象既具有"民族"因素又以特定的"地域"为依托,是"民族因素"与"区域因素"的有机统一。第二,民族区域自治确立了统一性与灵活性相统一的民族财政治理理念。一方面,我国的《民族区域自治法》确立了民族区域自治制度的统一性(第2条、第5条),另一方面又规定了该制度的灵活性(第6条)。这符合国家统一领导、分级管理的财政管理体制改革的现实需要。第三,民族区域自治协调了"政治层面"与"行政层面"相统一的民族财政治理功能。作为一项基本政治制度,民族区域自治政策内在地具有两种基本功能,即国家意志的表达与执行。民族区域自治是中国共产党民族政策上升到国家意志的层面,并通过宪法性规定表达出来,其执行与否和执行效果总体上要受到我国法治国家建设进程的影响。"然而,实际政治的需要却要求国家意志的表达与执行之间协调一致。"① 在民

---

① [美] F. J. 古德诺:《政治与行政》,华夏出版社1987年版,第14页;转引自高永久《民族学概论》,南开大学出版社2009年版,第369页。

族财政治理与改革中,整个民族区域政治体系共同承担着政治与行政功能,并体现其政治层面与行政层面的有机结合和统一。第四,民族区域自治确立了单一性与多样性相统一的民族财政治理主体。民族财政治理主体,首先是指自治主体即自治区的居民(第48条、51条和52条)。自治主体首先是自治民族,其次是民族自治地方的非自治居民,他们共同构成民族财政治理中的微观主体。另外还包括政府、企业等利益主体。由于在国家结构关系中,中央政权与地方政权之间的分权关系和领导与被领导的关系,以及由民族区域自治制度形成的中央与民族自治地方之间的关系中,包含中央、地方、民族的因素,这都会增加民族财政治理的难度。第五,民族区域自治确立了广泛性和有限性相统一的民族财政治理内容。自治法围绕少数民族应具有的生存权、自主权、发展权和平等权等各项权利都加以具体的法律规范和确认。"各民族人民都享有宪法和法律所规定的民主、自由权利和平等的发展权利","包括政治上的平等权利、发展经济文化的平等权利、语言文字的平等地位,还包括尊重各民族的宗教信仰和风俗习惯等"。但是,无论哪方面的权利都必须以遵守宪法和法律为准绳,不能突破国家法制统一和国家长远发展战略需要。从民族地区财税权利而言,民族自治地方在全国统一的财政体制下,通过国家实行的规范的财政转移支付制度享受上级财政的照顾。在执行国家税法的时候,除应由国家统一审批的减免税收项目以外,对属于地方财政收入的某些需要从税收上加以照顾和鼓励的,民族自治地方的自治机关可以实行减税或者免税(第32、33、34、35条)。另外,在劳动就业、资源开发、环境保护等方面,少数民族和民族地区享有优先权(第22、23、57、58、66、67条)。第六,民族区域自治确立了真实性和现实性相统一的民族财政治理权利。《民族区域自治法》用专章27个条款确认自治权,这些规定从法律高度充分确认和指证,是真实的、有效的(第22、31、32、34、36、37条)。但与此同时,《民族区域自治法》又设立"上级国家机关的领导和帮助"这一专章,用13条确认民族区域自治实施的保障条件(第54—66条),这些措施性规定为法律由条文变成现实提供了法律保障,也就进一步证明我国的自治法具有真实性与现实性相一致的特点。

三 新旧体制模式转换背景下民族区域自治政策与民族财政治理中的适应性冲突

问题是，民族区域自治政策所蕴含的理论特征和现实可能所依托的体制环境有了根本的变化。在计划经济体制下，利益关系的治理以共同体利益为价值取向，强调对个人、局部利益的追求动机和观念的道德抑制。在利益关系结构、层次体系相对简单的情形下，可较为有效地将各阶层、各群体的各项利益纳入国家整体利益之中，并保持利益水平结构相对均衡。改革开放以来，随着民族利益关系的日益复杂化和利益主体的角色定位明晰化，原有的一揽子政策体系的粗放性缺陷暴露无遗。最根本的是，市场经济体制模式下各利益主体之间供求关系决定了各自利益实现的大小，主要取决于各自提供标的物的市场价值大小。由前述论述可知，国家在制度与政策上割断了少数民族从历史上继承下来从事农业的群体与工业化过程中的经济纽带，使得民族地区在国民经济总量中的份额直接缩减，并由此决定了利益分配中的索取权与要价权。虽然国家以民族平等、民族团结、民族互助作为新型利益关系运行的控制尺度，试图对利益分配进行总量控制以保证利益差距保持在一定限度之内，但是，由于制度与政策设计缺乏可操作性、政策执行过程中的机会主义以及自由裁量权太大等深层次因素的掣肘，利益分化逐步扩大。反映在财税关系层面上，出于财税体制"统一性"、"公平性"要求的考虑，民族政策时常被忽略、被侵害，并引发了民族财政治理与改革中的一系列适应性冲突：

（一）《民族区域自治法》第58条明确规定，上级国家机关合理核定或者调整民族自治地方的财政收入和支出的基数

实际情况是，1994年开始实施的分税制财政体制，不仅未对原民族自治地区实行的不合理包干体制进行调整，而且在1994年实行分税制治理过程中采用基数法确定地方财政收支基数。这种做法实际上将实行财政包干制以来形成的各地区财政负担不合理和财力分配不公平的状况相对"固定化"，既不利于调动各方面的积极性，

又有碍于中央财政收入比重的提高。为了扶持民族地方财政，新修订的《民族区域自治法》将原第58条修改为："随着国民经济的发展和财政收入的增长，上级财政逐步加大对民族自治地方财政转移支付力度。通过一般性财政转移支付、专项财政转移支付、民族优惠政策财政转移支付以及国家确定的其他方式，增加对民族自治地方的资金投入，用于加快民族自治地方的经济发展和社会进步，逐步缩小与发达地区的差距。"虽然中央加大了对民族地区财政转移支付的力度，但缩小区域财力差异和公共服务差距的效果有限。

（二）在民族机动金、预备费的设置上，违背了《民族区域自治法》的相关规定

《民族区域自治法》第33条（新修订的《民族区域自治法》第32条，下简称新法）规定，"民族自治地方的财政预算支出，按照国家规定，设机动资金，预备费在预算中所占比例高于一般地区"。第56条也规定（新法第59条），"国家设立的各项专用资金和临时性的民族补助专款，任何部门不得扣减、截留、挪用，不得用以顶替民族自治地方的正常的预算收入"。设立民族机动资金和预备费，是民族自治地区地方财政管理体制的一项重要内容。但1980年国家实行财政包干体制后，把对民族自治地方的各项特殊照顾，包括民族机动金和预备费一并打进了包干基数，不再单独逐年核拨，影响了民族地方的财力。

（三）上级政府利用"规定规则的权力"而非法律手段的财政体制调整，不仅有悖于《民族区域自治法》的立法宗旨，而且导致体制调整具有很强的不稳定性预期，容易诱发中央和民族地方政府的机会主义行为

《民族区域自治法》第63条（新法第68条）规定，"上级国家机关非经民族自治地方自治机关同意，不得改变民族自治地方所属企业的隶属关系"。但1994年分税制治理为满足中央财政增收需要，将民族地区一些利税较多的电力、有色工业、烟草等大中型企业上划中央管理。从长远来看，这种做法不利于中央与民族地区财税关系的良性运行，不利于基于西部地区经济发展、民族团结和社会稳定的财政体制机制构建。

(四)中央采取的减收增支政策造成民族地方既得财力大量体制外移

《民族区域自治法》第54条(新法第54条)规定,"上级国家机关有关民族自治地方的决议、决定、命令和指示,应当适合民族自治地方的实际情况"。但是,在实际工作中却没有按此规定执行,在诸如国债分配、外汇留成、出口退税、中央借款、中央给地方企业的利润留成、控制投资等各个方面,无不采取一刀切的做法,由此减少了民族地区的财政收入,加重了民族地区的财政负担,进而拉大了民族地区与一般地区的财力差距。

(五)民贸企业财政"三照顾"政策由中央财政为主体变为以地方财政为主体

《民族区域自治法》第57条规定,"上级国家机关对民族自治地方的商业、供销和医药企业给予照顾",即对边远山区、边远牧区的民族贸易企业在资金、利润和价格方面给予照顾,国家负责提供给零售企业80%的流动资金,给批发企业50%的流动资金。但包干制和分税制都把这部分资金打入了基数,由国家财政拨款改为由地方财政负担,在民族地方财政普遍困难的情况下,很难使相关优惠政策落实。

(六)《民族区域自治法》若干规定指出,国家规范省级以下财政转移支付制度,确保国家对民族自治地方的转移支付、税收返还等优惠政策落实到自治县

但由于管理半径大、经济发展水平低以及技术准备等方面的考虑,民族省区直管县(旗)改革推进滞后,多链条财政管理方式拉长了管理环节,影响了管理效率,致使转移支付、税收返还等优惠政策落实到自治县的规定很难落到实处。再者,尽管大部分中央财政转移支付已经测算到县,但首先是拨付给省级政府,然后再由省级政府甚至地市级政府进行再分配,这使得上级部门有很大空间与动机改变转移支付规模与用途。

四 财政分权背景下施行民族区域财政自治权的现实制约

(一)我国财政分权程度及其绩效的基本判断,从根本上决定了民族地区财政自治权的实施程度

这主要源于我国法律预设中财政自治权的规定性。张友渔先生

在谈到中国地方分权问题时曾指出:"中国的地方分权既包括中央与一般地方行政区域的分权,又包括中央与民族区域自治地方的分权。"① 就经济增长效应而言,作为经济转型过程中最重要的制度设计之一,中国式财政分权改革极大地调动了地方发展经济的积极性,使得地方政府间形成了"为增长为竞争"的生动局面,并导致了一系列以地方政府为主角的、旨在减少市场交易成本进而促进辖区经济增长的"制度创新试验"。但由于区域整合能力的差异和扩大自身财政收入能力的不同,造成了区域财政分权对经济增长促进作用的空间差异。也就是说,在同一个激励框架下,东部地区财政分权促进了经济增长,而中西部地区财政分权则对经济增长促进作用较小。更进一步说,在对民族地方政府分权的问题上中央政府一直持谨慎态度,担心出现政治不稳定问题。基于历史经验,中央政府在西部改革与稳定两个目标取向上更偏好后者。从苏联和南斯拉夫的教训看,过度集权会造成严重的效率损失,过度分权则可能导致国家的分崩离析。② "所以西部地方政府不会贸然发动改革,他们担心会受到中央政府的处罚,宁可采取稳健,甚至是保守的战略。""这样中央政府不分权、西部地方政府不积极改革将是一组占优策略。"③ 这也就不难理解中央与民族地方的分权边界模糊等事实,从而客观决定了民族地区财政分权价值判断的复杂性以及决策的困难程度。虽然在《宪法》、《立法法》和《民族区域自治法》和税法中,赋予了民族地方税收自治权,包括自治条例、单行条例的制定权和变通权,管理地方财政的自治权,上级国家机关的决议、决定、命令和指示的有条件执行变通权或停止执行权,企业所得税中地方分享部分的减免税决定权等,但以上大多数权限在任何一个其他非民族自治地方也都享有,甚至在沿海地区财政自主权要远远大于民族自治地方(1996 年以来我国在各类开发区的税收优惠政策以及《关于支持天津滨海新区开发开放有关企业所得税优惠政策的通知》的相关规定即是明证)。所以,作为由宪法赋予并受中央领导

---

① 张友渔:《宪政论丛》下册,群众出版社 1986 年版,第 543 页。
② 王绍光:《分权的底线》,《战略与管理》1995 年第 2 期。
③ 孙早:《西部发展的政府意志与市场制度变迁》,《战略与管理》2001 年第 6 期。

和监督的管理一定区域内部事务的地方性权力——民族自治地方自治权①，即使有法律预设存在（民族地区相比较其他地区而言，在法律层面上有充分的分权依据），（财政）分权程度要受制于国家区域战略分工需要下的扶持、控制与管理等多重动机。如果说中央与一般地方分权的主要目的是基于民族国家产生后地域广袤而为了有效地实现政治共同体的治理、提高管理效能的话，那么中央与民族自治地方分权则是基于民族地方的特殊利益，通过少数民族权益的保障，以促进国内各民族的共同发展和繁荣，从而实现国家主权统一和社会稳定。

（二）我国民族财政治理中决策逻辑上的强制性与程序上"自上而下"执行，使得不同利益群体之间对规则执行权的影响力不对称

我国民族财政治理是在一套"宏大话语"指导下由政府主导、操作得以进行的。具体来说，大多数治理工作是在作为最高决策层的中央政府（中共中央、全国人大和国务院）、作为执行层的中央政府部委（各个主管部委、局、办）以及执掌一方的地方政府（特别是省级和市级政府）这三个"政府"之间的利益协调和博弈中展示出来。这种由权力中心确定并通过各级层级隶属的党政系统自上而下保证执行和落实，是中国民族财政治理乃至整个民族工作全局正常运行的制度优势。但同时不可否认的是，这种利益关系治理是在一个个相对封闭的政府部门体系间运行，而与社会、组织等其他主体的充分互动缺失或不足。② 以民族地区资源开发补偿为例，政府（主要是中央政府）单方面做出如税收分享比例和利益补偿份额的确定，没有太多讨价还价空间或空间极小；照顾多少、如何照

---

① 人民日报评论员：《加强民族法制建设，保障少数民族权益——四论坚持和完善民族区域自治制度》，《光明日报》2009年4月27日。
② 这其实关系到公共议程模式的问题。马国华（2006）构建了一个中国民族问题治理（其实质是民族利益关系治理）的意见表达机制、政策制定机制、政策执行机制、政策监督机制、政策咨询机制等运行机制体系，这足以说明我国民族利益关系治理的公共议程决策具有开放性、包容性和完整性等特性。显然，通过民主化渠道提高运行绩效至关重要。所以说，构造制度约束即制度检查、公共决策过程的制衡和良好质量的政府制度是实现一国财政纪律和财政健康的重要保证。

顾，法律规定上只有诸如"优先"、"适当"、"倾斜"、"不同情况"等表述性要求，缺乏科学计量和成本核算；政策执行上主要由国家行政机关或上级国家机关负责。同时对上级国家机关的职责界定模糊，自由裁定空间大；基于民族财政治理政策的动态不一致性问题大量存在，即在时间 T_0 时最优的政策在后来的时间 T_n 时就不再是最优，如果没有一项约束性的契约将公共政策固定到原始的计划上，那么政府将会凭借其自由裁量转到一个目前看似良好的政策上来。[①] 因此，出于公平性、统一性考虑，每次财政治理就意味着不少的优惠政策被取消、被转移。这直接导致财税制度运行中不能兼顾好不同利益群体的利益差别，"出钱"的和"拿钱"的总是处于一种博弈状态，不论何种结果都仍然会对对方有意见，甚至出现逆向治理效应，损害制度运行绩效。

因此，基于民族区域自治政策及其规定在具体财税实践中面临以下现实难题：一是贯彻落实《民族区域自治法》及其若干规定的程度取决于上级国家机关及部门的认识和重视程度，而部委之间的协商又是主要的落实方式，但是协商成本又往往很高；二是民族自治地方经常处于伸手要钱、要权的被动境地，法定帮助的性质发生了异化；三是违法追究机制设置的法律位阶低，对自治法相关规定执行的监督机制创新不足。2001 年修订的《民族区域自治法》没有设立解决纷争的协调机制和保障机制，使得《民族区域自治法》实施过程中出现的不作为、不到位现象就不能得到追究，直接导致民族地区财税利益维护和实现的不稳定性、随机性。正如有学者所说，中国法之不行或难行的根源，差不多存在于中国法制和法治的各个基本环节，但首先是存在于立法环节，立法环节的种种症结造成了法的先天不足，使法难以实行甚至无法实行。而立法环节的主要问题在于立法的可操作性不强。可操作性不强主要不是立法技术的落后，而是制度设计的实体性缺陷。《民族区域自治法》五人领导小组成员之一的伍精华先生说过："这部法的许多条文规定得很

---

① ［美］罗伯特·古丁、汉斯-迪特尔·克林斯曼：《政治科学新手册》，生活·读书·新知三联书店 2006 年版，第 881 页。

原则，特别是有两处我深感遗憾：一是没有明确执法主体；二是没有规定法律责任。"①《民族区域自治法》实施规定中赋予了各级人民政府民族工作部门对民族政策监督检查的职责。但在国家民族工作最高管理机构——国家民委与财政、税务等部门在一些主要利益分成比例确定上，容易出现谁的意见都重要，最后由实权部门说了算的情况。

（三）民族区域（财政）自治是为解决民族间的不平等而采取的民族政策，是国家政权为解决特定现实问题而创设的一项基本法律制度安排，具有鲜明的工具理性与建构理性

首先，政策与法律在制度建构中都发挥着同等重要的作用，虽然民族区域自治制度在《宪法》等国家基本法中加以确认和指证，但在具体实施中政策也发挥着重要的制度建构作用，这就是政策法制化的真实寓意。因此，在工具理性主义至上理念下，关涉民族区域自治制度的切实运行的核心机制安排被现实中频繁的政策调控和运用所替代，该项制度与时俱进的变迁动力机制明显不足，特别是与财政制度等经济体制层面的有机协调与整合力度明显不够。因此，完善民族区域自治制度的首要内容是促进民族自治地方经济和社会发展的功能，而在政治体制治理中如何行使好自治权，如何处理好中央与自治地方的关系，无疑也是一个需要探讨的重大课题。②其次，中国特色社会主义法律体系具有强烈的建构理性观念。即相信经过立法者和各方面的立法努力就能实现法律体系既定的基本目标。这种乐观自信的情绪既见之于学术界的论文著作，又见之于党和政府的报告文件。学者们认为，通过人的理性或主观能动性就能建构一个合理完善的法律体系并用以指导实践。在政治界，一些重要文件都反复确认要加快形成中国特色社会主义法律体系的雄心壮志，并且不断宣布在这一征程中所取得的各种阶段性成果。这种情形不仅在经验主义传统深厚的普通法系国家闻所未闻，即使是理性

---

① 黄文艺：《中国特色社会主义法律体系理论的总结与反思》，《新华文摘》2010年第23期；伍精华、杨建新：《民族理论论集：第八届全国民族理论研讨会论文集》，民族出版社2005年版，第15、17页。

② 吴仕民：《改革开放与中国的民族区域自治制度》，《新华文摘》2000年第1期。

主义气质鲜明的欧洲大陆法国家也望尘莫及（黄文艺，2010）。内生于中国特色社会主义法律体系的中国民族区域自治法律制度无不受强烈的建构理性观念的浸淫。但是，正如哈耶克所指出的，构建理性的危险在于信息的不完备性。而主要由于信息不完备性所致的建构理性的必然结果可能是，一方面民族政策规定中诸多事项的落实一旦没有了体制机制支撑，就必然处于"虚置"、"超前"状态，有名无实在所难免；另一方面政策落实中的"政治化"、"口号化"严重并常常受到人为因素干扰，把本来一般经济意义上的政策落实渲染成为政治化、行政化行为，既干扰了市场机制的自动治理和信号发现功能，又加大了政策执行成本。

（四）中国传统文化内核中重"和"不重"分"的观念，使得以分权治理为特色的民族区域自治政策缺乏道义上的强有力支持

中央政府与民族自治地方自治机关之间是一种典型的分权治理结构，民族区域自治制度的真正落实在于中央与民族自治在事权上的清晰划分。由于我们长期以来统一战线的理论思想，加之我国几千年形成的中央集权制度，在我国传统政治哲学和价值选择中很少有分权理念和习惯，而在革命战争年代形成的高度党、政、军集中统一领导的模式，以及极"左"思想流行时所提出的"一元化领导"体制的催化，有相当一些人的头脑中根本不可能认识到民族区域自治的本质在于分权。虽然民族区域自治作为国家一项基本政治制度写入了《民族区域自治法》，但真正认识民族区域自治制度的本质仍需一段时间，这也是现行的《民族区域自治法》配套法规始终不能解决其"操作性"问题的根源所在。[①] 另外来自民族地方诉求自主性的动力与压力也明显不足。以西藏自治区自治条例的出台为例，每个自治区都不希望先于其他几个自治区出台而希望西藏优先出台。20世纪80年代以来，中央对西藏实行了很多特殊优惠政策，其他自治区就觉得西藏既然这样特殊就应该先出台并提供某种示范作用。"但从西藏自身讲，中央这么关心，更不应该给中央找

[①] 张文山：《突破传统思维：民族区域自治法配套立法问题研究》，法律出版社2007年版，第121—122页。

麻烦，不应该抢这个先。"① 所以，在具体财税改革实践中，财税自治权虚置、没有得到更为具体的法律保障就一点也不奇怪了。在153 份民族自治地方的单行条例中，几乎没有关于落实财政自治权的单行条例。唯一一份相关的条例是青海省玉树藏族自治州 1994 年通过的《玉树藏族自治州财政预算管理条例》。财政自治权只在民族自治地方的自治条例中有所反映。②

西方著名法学家哈罗德·J. 伯尔曼在分析由于政治、经济和社会历史的重大变革而法律制度过于僵化不能适应新条件时说道："在西方法律中，像在西方科学中一样，预先假定，材料即'已知的'的东西（条件）将发生变化；这些变化将被吸收到现存的制度或范例中去；如果它们不被吸收，则将作为异常之物而被接受，但如果它们中不能被吸收的数量太多，那么该制度本身某方面便需要巨大的改革。"③ 新中国成立 60 多年以来，中国特色社会主义民族法律体系的建构工程取得了历史性的巨大成就。但就本书论题而言，中国民族财政治理法律体系的建设或完善仍面临着许多突出问题，如《民族区域自治法》中财经法律规定与部委规章制度的关系，即有学者所说的"小法管大法、大法没办法"的问题、一般意义上的财政分权与民族区域财政自治权的关系即民族区域自治的财政分权边界问题、《转移支付法》与《民族区域自治法》相关条款精神与《财政基本法》与《税收基本法》的有机契合关系、国家中心主义法律制度建构与民族地方民众生存系统基于自然资源开发利益分享的关系等，都需要在后续改革战略与利益治理为目的的各个具体事项中加以明确和指证。

通过对影响民族财政治理运行中诸多因素及其内在效应的多方位剖析，展示了更高层次上和谐民族财政治理所面临的各种理论疑难、制度障碍和现实困难，对于探寻民族治理价值观、政府干预与

---

① 国家民委政研室：《民族区域自治研究》，《民族工作参考材料》2009 年第 3 期。
② 周平、方盛举、夏维勇：《中国民族自治地方政府》，人民出版社 2007 年版，第 171—172 页。
③ 哈罗德·J. 伯尔曼：《法律与革命——西方法律传统的形成》，中国大百科全书出版社 1993 年版，第 26 页。

市场机制的关系、体制与政策的关系,寻求制度内与制度外、统一原则与差别原则的多重良性互动,是无法回避和亟须认真面对的重大难点、焦点问题。而国家基于民族地区财政支持付出了巨大努力但成效不彰,一个合乎逻辑的理论解释是,民族财政治理的诸多内在体制性扭曲因素的相互叠加及其累积效应,限制和弱化了财税体制与政策应有的功能性再分配效应,侵蚀和抵消了国家基于民族地区巨大财政支持和各种优惠政策的真正功效。进一步来说,中央与民族地方事权财力不能划清、财权与责任不相匹配的客观现实的长期存续,虽然有主观动机和客观因素等多方面的原因,但这种事实的存在对民族地区财税利益形成潜在、长期侵害,构成了民族财政治理良性运行的基础性制约;服从于区域非均衡发展、经济增长效率导向设计的现行税收制度与政策,在区域互惠互利机制尚未完全成型,东部核心区与西部边缘区之间存在非均衡力(即在东部地区表现为集聚力、西部地区表现为分散力)的情形下,区域间财政经济失衡、税负不公与税负错位等各种机制性、技术性缺陷与不足,通过税负转嫁和利税回流等渠道和方式,抽走了民族地区应得的各种财税收益。只要税负转嫁和利税回流等内在机制存在,国家增加民族地区财政援助反而会促进东部地区发展,进一步拉大区域发展不均衡态势;中央政府已经意识到区域财税利益差异的严重性并已经开始将更多的财政转移支付转向相对落后的内地和农村地区,但实施效果没有证据显示出其应有的均衡区域财力差异乃至推动区域差距收敛的作用。原因可能有财政转移支付制度固有的制度缺陷和各种深层次因素的相互掣肘,也许是因为市场力量超过政府的财政转移所能起到的平衡发展的作用,也可能是因为财政转移起到的仅是缓解收益差距的作用,而并没有有效地用于促进区域协调发展。最后,由于民族区域自治制度与财政体制相契合的实现机制与方式不健全,民族区域自治制度保障民族地区财税利益的功效也较为有限。以上诸多体制机制性扭曲因素的相互作用、相互叠加所产生的累积效应,限制和弱化了财税体制与政策应有的功能性分配效应,制约和影响了民族财政治理的有效运行。

从体制机制上检讨与诘难民族财政治理的种种内生性扭曲与弊病，并不意味着否认现行财政治理的基本方向与基本成就。恰恰相反，民族财政治理作为维护民族团结发展、促进共同繁荣进步的物质基础和承载主体，对中国特色民族问题的根本解决和区域协调发展战略的深入推进发挥着强有力的物质保障作用。在渐进治理策略随着区域利益格局发生深刻变化、区域差距已转化为主要矛盾的新形势下，原有财政体制与政策的功能性作用已发生畸变，其所潜伏的不完善性、不适应性、不匹配性逐渐显现，这正是我国财政经济体制治理阶段性特征的集中体现，是分税制财税体制改革不彻底、不到位的必然结果，是解决以利益失衡为主要目标的协调发展战略推进过程中必须面对的严峻挑战。以上诸多体制机制性扭曲和缺陷，必将在全面深化改革过程中通过加大力度、创新手段、落实成效得以逐步改善，通过整合方式的协同性、提高制度创新的匹配性得以根本解决（见表7—6）。

表7—6　　我国民族财政治理的决定因素、机制及改进方向

	现状	成因	影响机制	改进方向
财权事权划分	政府间事权界定模糊，民族地方政府财权有限，中央与地方的事权和财力不对称	划清事权与财力的主观动机不足；事权难以划清等客观因素；成本收益等多重考虑	是基础性制约因素，从前提上和根本上影响后续制度安排的应有功效	动态调整、划分事权；代理中央事权上移或配之以民族地方政府相应的财力保证与管理权限
税收政策	效率偏向的税收政策安排与收益归属导向仍未根本改变	受国家区域发展总体战略要求制约；效率导向的税收政策设计理念；区域利益博弈力量不均等	通过税负转嫁和利税回流等渠道和方式，抽走民族地区应得的各种财税收益	近期着力改变区域偏向、"掠夺"型税收政策导向；长期形成全区域公平合理、赋税差异相统一的税收政策体系

续表

	现状	成因	影响机制	改进方向
转移支付制度	付出巨大努力但成效不大	增量调整、存量不动，维护既得利益的治理策略；上位体制因素制约；转移支付制度自身建设不足	不能较好地均衡区域财力差异，还对财税关系起着逆向调节效应	加大上位体制治理力度；加大增量治理步伐；加强制度自身建设
与民族自治制度的契合程度	自治法及其实施细则中的相关制度性安排没有充分纳入现有财税体制与政策体系框架内	以"统一性"、"公平性"为据，没有充分考虑民族地区特殊性与差异性，"一刀切"做法严重；制度安排与利益关系治理协同性不够	民族区域自治制度与财政体制相契合的实现机制与方式不健全、不充分，保障民族地区财税利益的功效有限	创新民族区域自治制度与财政体制相契合的实现机制与方式

第八章

我国民族财政治理的微观机制：基于资源开发政策视角

本章以资源开发收益分配政策为基点，对我国民族财政治理的微观政策机制进行了考察。本部分在对民族财政治理的微观政策层次体系、微观政策内容体系进行较为系统梳理的基础上，对基于民族财政治理意义上的资源开发收益分配政策的主要特点及问题进行了分析和总结。

第一节 我国民族财政治理的微观政策层次体系

本节从法律层面、少数民族地区层面、资源开发层面、财税收益分配层面、区域层面对我国民族财政治理的微观政策层次进行了总结分析。

一 法律层面的主要政策

涉及民族政策的法律主要有：《中华人民共和国宪法》、《中华人民共和国民族区域自治法》、《中华人民共和国地方组织法》及相关的法律。涉及资源开发的法律主要有：《中华人民共和国矿产资源法》、《中华人民共和国能源法》、《中华人民共和国水法》、《中华人民共和国电力法》等专门性的法律。涉及分配领域的法律主要有：《中华人民共和国企业所得税法》、《中华人民共和国个人所得税法》等税收法律。

二　少数民族和民族地区层面的主要政策

在上述宏观法律政策框架内，国务院出台了《国务院实施〈民族区域自治法〉若干规定》对《民族区域自治法》做了进一步规定。财政部、国家税务总局、发展改革委、金融等二十几个部委从民族政策层面进行了细化规定。这同样在资源开发收益分配政策中充分体现出来。

三　资源开发行业层面的主要政策

改革开放以来，我国自然资源开发经历了两个过程：第一阶段主要是在改革开放初期至科学发展观提出之前。该阶段的政策特点是：以经济增长为核心，遵循"先发展，后治理"的思路，资源开发服务于经济发展。因此该阶段的行业政策主要从以下层面对自然资源开发进行规制。一是从价格和产量上进行宏观调控；二是从产业结构调整和优化的角度，对资源开发与经济发展的关系进行政策调整；三是对提高资源利用能力、提高资源开发质量等方面进行规制。这一阶段形成的主要政策体现在资源开发的各个领域、各个方面。主要包括：国务院颁发《矿产资源开采登记管理办法》、《探矿权采矿权转让管理办法》、《乡镇煤炭管理条理》、《电网调度管理条例》、《中华人民共和国电力供应与使用条例》等。

第二阶段是在我国中央政府提出建设和谐社会的要求、强调人与自然和谐发展、区域协调发展后所形成的一系列政策主张。总的来看，政策主线从以下几个层面展开：一是从强调资源开发与生产安全、生态环境安全等方面出发形成了一系列政策；二是从提高资源可持续发展能力方面出台了一系列相关政策；三是就自然资源开发与产业结构调整等宏观调控领域所形成的相关政策。这一阶段的主要政策包括：《国务院关于实施西部大开发若干政策措施的通知》、国务院关于发布实施《促进产业结构调整暂行规定》的决定、《国务院促进煤炭工业健康发展的若干意见》、国家发展改革委《关于印发电价改革实施办法的通知》、《关于加快电力工业结构调整促进健康有序发展有关工作的通知》、国家发展改革委办公厅等《关于做好煤炭资源开发规划管理工作的通知》、《煤炭生产安全费用提取和使用管理办法》、《关于规范煤矿维简费管理问题的若干规定》等。

四　财税分配层面的少数民族政策

从改革开放起，国家对少数民族地区实行了财税倾斜政策。这些政策主要体现在《少数民族地区转移支付办法》、《老、少、边、穷地区专项转移支付办法》、西部大开发中对少数民族地区的倾斜以及中央对享受民族自治地方的财政体制优惠政策等。

五　自然资源开发收益分配层面的政策

从广义上看，针对自然资源开发中的利益分配机制，我国形成了三个层面的政策体系。第一层面，是通过税收政策等手段，对自然资源开发收益在国家与企业间进行分配。这在我国对自然资源开发企业征收的增值税、消费税、企业所得税、资源税等税种中明确体现出来。第二层面，是通过政府性收费等手段对自然资源开发收益在政府与企业间进行分配。根据中央与地方政府对自然资源管理的职能分工，目前各级政府向自然资源开发企业征收的主要行政性收费包括：探矿权采矿权价款；矿产资源补偿费；矿山环境治理补偿费和保证金；煤炭生产安全费；煤矿维简费；管理费；排污费；水资源费；水利建设基金等政府性基金。第三层面，是企业内部核算层面，以《会计准则》、《财务通则》为基础的各个行业的财会制度为基本依据，对自然资源开发收益在企业与企业员工、企业与社会等方面的分配关系进行了规定。

六　区域层面的主要政策

按照我国现行的行政管理制度，各项政策的立法权主要集中在中央政府、省级政府以及具有立法权的省以下政府（主要包括省以下的民族自治地方、计划单列市、享受副省级待遇的中心城市等）三个层面。为了贯彻落实中央层面的少数民族政策、自然资源开发政策和分配政策，我国各级具有立法权的地方政府分别制定了一系列的地方性法规，对区域收益进行分配和规制。

第二节 我国民族财政治理的微观政策内容体系

本节对我国民族财政治理的微观政策内容体系进行了整理与总结。

一 一般适用的财税收益分配政策

一般适用的利益分配相关政策安排，主要涉及我国税收制度与政策中的企业所得税与企业捐赠、增值税等以及随附增值税征收的城建维护税、教育费附加等。

（一）企业所得税与企业捐赠

从征收目的与范围看，企业所得税是对我国境内的一切企业（不包括外商投资企业和外国企业）就其来源于境内外的生产经营所得和其他所得而征收。其征税对象主要是纳税人取得的生产、经营所得和其他所得。应纳税所得额是指少数民族地区自然资源开发中发生的与取得收入有关的、合理的支出，包括成本、费用、税金、损失和其他支出，可在计算应纳税所得额时扣除。企业发生的公益性捐赠支出，在年度利润总额12%以内的部分，可在计算应纳税所得额时扣除。新实施的《企业所得税法》第四条中规定，企业所得税的税率为25%。在企业捐赠的税前扣除方面，在一般情况下，当地社区可以受益于矿产资源开发企业的捐赠。《公益事业捐赠法》对企业的捐赠行为做了相关规定。《企业所得税法》规定企业发生的公益性捐赠支出，在年度利润总额12%以内的部分，准予在计算应纳税所得额时扣除。这些规定都没有对少数民族地区的资源开发企业有任何特殊的考虑。从企业所得税收益分配看，2001年12月31日国务院颁布《国务院关于印发所得税收入分享改革方案的通知》（国发〔2001〕37号）对企业所得税分享范围和比例进行了规定。收益分享范围上，除铁路运输、国家邮政、国有四大商业银行、三大政策性银行以及海洋石油天然气企业缴纳的所得税继续作为中央收入外，其他企业所得税和个人所得税收入由中央与地方按比例分享。分享比例上，2002年所得税收入中央与地方分享比例为5∶5，2003年调整为6∶4。

在民族地方收益分享方面，新《企业所得税法》第二十九条规定，民族自治地方的自治机关对本民族自治地方的企业应缴纳的企业所得税中属于地方分享部分可以决定减征或者免征，但须报省、自治区、直辖市人民政府批准。对于企业所得税税源与税收不一致问题，财政部于2008年出台了《跨省市总分机构企业所得税分配及预算管理暂行办法》（财预〔2008〕10号），规定分支机构分摊的预缴税款的50%按照各省市分支机构的经营收入、职工工资和资产总额进行分摊。总分机构统一计算的当期应纳税额的地方分享部分，25%由总机构所在地分享，50%由各分支机构所在地分享，25%按一定比例在各地间进行分配（中石油天然气和中石化企业除外）。除所得税分成可以使民族地区资源开发企业对地方财政起到支持作用外，企业对当地的捐赠也可实现利益分享。新的《企业所得税法》第九条规定，企业发生的公益性捐赠支出，在年度利润总额12%以内的部分，可在计算应纳税所得额时扣除。这一比例由原来的3%提高到了12%，对于鼓励企业捐助具有积极推动作用，因为民族地区贫困和落后的社会发展更需要企业捐助。

（二）增值税

从征收目的和范围看，增值税是对销售货物或者提供加工、修理修配劳务以及进口货物的单位和个人就其实现的增值额征收。从收益分配看，目前增值税收入由中央和地方政府分享，75%归中央，25%归地方。从对民族地区资源开发利益分享影响看，作为矿产资源开发企业上缴的一个重要税种，通过增值税分享，民族地区资源开发企业可以得到相应收益，理应对民族地区的社会经济发展能起到积极作用。但由于民族地区社会经济发展落后，企业数量与规模相对较小，而现行财税收入划分及其归属机制设置，使得税收分配效应较为有限。这在第六章中已经有过深入、系统的分析。

（三）维护建设和教育费附加

我国现行的城市维护建设税实际是增值税等三个税种的地方附加，没有独立的课税对象，不能发挥独立税种的特殊功能，并且纳税与收益严重脱节，许多在当地享受公共服务的企事业单位不在纳税人行列之内。由于我国城市公共事业过度市场化，财政投资占该项投资的比重不足1%（王诚尧，2009），而城市建设维护税覆盖面窄，收入少，不足以满足这方面的资金需求。因此，为完善分税制，适应城乡维护建设和基层义务教育的资金需要，应考虑把城建税、教育费附加及农村事业教育费和文化建设基金等相关收费项目加以归并，改征新的维护建设和教育税，以生产经营单位个人的销售收入、营业收入和调拨收入等其他收入为课税对象和计税依据。企事业单位或个人不论是否对外营业，只要有法定收入额，都应当在享受公共产品或服务的当地缴税。这在民族地区经济整体欠发达，财产税收入不充裕的背景下，城建税却具有征税范围广、有较大和稳定的收入，且与当地提供的公共产品或服务密切相关的属性，因此可与物业税等同为地方主体税种。

二 与矿产资源开发相关的法律政策及其利益分配政策

我国矿产资源管理法律法规的主要内容包括：矿产资源为国家所有；矿产资源的开采实行有偿使用制度；矿产资源勘查开发实行审批等级以及有偿取得探矿权、采矿权，依法转让探矿权、采矿权的原则；开采矿产资源，必须防止污染环境。同时，对少数民族地区矿产资源开发也制定了相关政策。为此，基于资源开发收益分配所涉及的税费包括资源税、矿产资源补偿费、探矿权采矿权使用费和价款、矿山环境治理保证金、矿区使用费以及石油特别收益金等。

（一）资源税

其征收依据是任何资源都存在丰度差异和区位差异，在技术和管理水平相同条件下，使用好的资源能获得超额利润，资源税就是对这笔超额利润开征的特别税，旨在调节使用不同级差资源的收益。基于此，资源税根据不同矿种、不同地区、不同资源赋存条件等因素设计了不同的税率。从征收目的和范围看，我国现在对原油、天然气、煤炭、其他非金属矿原矿、黑色矿原矿、有色金属矿原矿和盐等征收资源税。与1994年财税体制改革同步，国家颁布了《资源税暂行条例》（国务院令〔1993〕第139号）并于1994年起正式实施。该条例中，在提出对金属矿产以及非金属矿产征收资源税的同时，将资源税纳入国家财产性收益，使其成为资源有偿使用制度的重要组成部分。核心要点是按从量、普遍原则征收。从2004年起，为了适应市场经济及国际经济发展的需要，国家对资源税进行改革，普遍提高了不同资源的单位税额。资源税税额的提高使得资源输出地财政收入有了较大幅度增长。作为地方税，资源税全部留给地方，对于资源产地的少数民族地区社会经济发展具有重要的促进作用。2010年5月，中共中央、国务院决定在新疆率先进行资源税费改革，将原油、天然气资源税由从量计征改为从价计征。据此，财政部、国家税务总局发布《新疆原油、天然气资源税改革若干问题的规定》，自2010年6月1日起，对在新疆开采原油、天然气缴纳资源税实行从价计征，税率为5%。同年12月，原油、天然气资源税实行从价计征改革已经扩大到整个西部地区。

（二）矿产资源补偿费

相当于国际上的基础权利金（basic royalty），是采矿权人因开采和耗竭了矿产资源所有者的不可再生的矿产资源而支付的费用，从矿产资源所有者方面来说，是把矿产资源出租给他人使用的权益所得。[①] 矿产资源补偿费制度是我国矿产资源有偿使用制度的主要内容，开征矿产资源补偿费并以此保证国家资源性资产权益的实现，是社会主义市场经济体制的必然要求。我国矿产资源法明确规定对矿产资源实行有偿使用制度。国务院在1994年颁布实施了《矿产品资源补偿费征收管理规定》，结束了无偿开采矿产资源的历史。征收矿产资源补偿费、海上和陆上合作开采油气资源缴纳矿区使用费，体现了国家作为矿产资源所有者的权益，建立了促进矿产资源保护和合理利用的经济激励机制。收取的矿产资源补偿费纳入国家预算，实行专项管理，主要用于矿产资源勘查。上述规定中第二条明确指出，在我国领域和其他管辖海域开采矿产资源，应当依照本规定缴纳矿产资源补偿费；法律、行政法规另有规定的从其规定。从收益分配看，矿产资源补偿费是国家税费政策中唯一明确突出民族地区资源开发利益分享与其他地区不同的政策；留存于各省

---

① 林毅夫等：《欠发达地区资源开发补偿机制若干问题的思考》，科学出版社2009年版，第68页。

区的资源补偿费进行二次分配时的比例各有不同，有的进行了具体规定，有的省区还未明确；资源产出地特别是县一级财政从资源补偿费中得到的利益分享很少；资源补偿费规定了专门的用途，开发区地居民无法从中得到直接利益分享，这从相关省区资源开发补偿费管理办法的相关规定中可以看出（见表8—1）。

表8—1　民族省区矿产资源补偿费管理办法及其相关规定

	法规名称	相关内容	时间
西藏	《关于修改西藏自治区实施〈矿产资源补偿费征收管理法〉的决定》	自治区按国家任务征收的矿产资源补偿费，按自治区财政10%、地（市）级财政10%、县级财政30%、矿产资源勘查资金40%、矿产资源管理补充经费自治区矿管3%、地（市）级矿管7%的比例，由自治区财政部门分配：（一）矿产资源补偿费自治区部分作为本级财政收入，地（市）、县部分通过分级财政结算返还地（市）财政和县财政；……超国家任务征收的矿产资源补偿费，按自治区财政10%、地（市）财政20%、县级财政20%、矿产资源勘查资金25%、矿产资源管理补充经费25%比例分配，并按照以上三项规定进行管理使用	2000年7月24日生效
宁夏	《实施〈矿产资源补偿费征收管理规定〉办法》	矿区在市、县级行政区域内的，矿产资源补偿费由矿区所在地的市、县级地质矿产主管部门征收。矿区范围跨市、县级行政区域的，矿产资源补偿费由自治区地质矿产主管部门指定的部门征收	1994年8月31日生效
广西	《矿产资源补偿费使用管理暂行办法》	……自治区所得部分，纳入自治区财政预算，实行专项管理，并按照下列比例和用途分配使用：（一）30%由自治区财政主管部门统筹安排使用……；（二）30%作为矿产资源勘查专项费；（三）30%作为县（市）征收矿产资源补偿费的地质矿产主管部门（以下简称征收部门）的征管工作补充经费，5%作为地（市）征收部门的征管工作补充经费，5%由自治区征收部门安排用于调剂地（市）、县（市）征收部门的征管经费	1995年6月22日生效

续表

	法规名称	相关内容	时间
新疆	《新疆维吾尔自治区矿产资源补偿费使用管理实施细则》	自治区征收的矿产资源补偿费全额征收上缴入库，自治区分成的部分，由自治区地质矿产厅统筹安排，平衡使用……矿产资源保护专项费主要用于：……为提高矿产资源综合利用水平而进行的表外矿、残矿、尾矿回收与利用等改造项目	1998年5月5日生效
内蒙古	《矿产资源补偿费征收管理实施办法》	自治区的矿产资源补偿费，60%用于地质勘查，40%用于矿产资源保护和管理的补充经费。用于矿产资源保护和管理的矿产资源补偿费，主要用于矿产资源开发利用的科学研究、资源规划和重点矿区的保护、资源利用先进企业的表彰、矿山企业年检及矿山调查等管理工作的补充经费……	1994年4月1日生效
云南	《云南省矿产资源补偿费征收管理实施办法》	本省所得的矿产资源补偿费，由省财政部门按地方财政20%、地质勘查基金30%、矿产资源保护及管理专项费50%的比例分配。地方财政20%部分，全额拨付矿山所在地的县级财政部门……	1994年12月10日生效
贵州	《贵州省矿产资源补偿费征收管理实施办法》	中央返回我省的补偿费，主要用于矿产资源的勘查、保护和管理。其分配比例为：省财政10%，勘查基金40%，省矿产资源保护及地矿行政管理工作经费10%，县财政40%（必须确保县级地质矿产主管部门人员正常开支和工作经费的需要）	1994年12月6日生效
青海	《青海省矿产资源补偿费征收管理实施办法》	经中央分成本省所得的矿产资源补偿费，按省财政10%、省地质勘查专项费40%、征收部门补充经费50%的比例，由省财政部门实施分流。征收部门经费按省10%、州（地、市）20%、县级70%的比例，由财政部门实施分流……	1994年10月22日生效
甘肃	《甘肃省实施矿产资源补偿费征收管理规定办法》	采矿权人开采砖瓦黏土、砂岩并自行烧制和销售砖瓦的，按砖瓦销售收入的1%计缴矿产资源补偿费；采矿权人开采制砖用灰岩并自行烧制和销售石灰的，按石灰销售收入的1%计缴矿产资源补偿费；采矿权人开采矿泉水并自行加工、销售的，按矿泉水销售收入的2%计征矿产资源补偿费	1995年1月19日生效

(三) 探矿权、采矿权使用费和价款

在财政部、国土资源部印发的《探矿权采矿权使用费和价款管理办法》的通知（财综字〔1999〕74号）中规定，在我国领域及管辖海域勘查、开采矿产资源，均须按规定缴纳探矿权、采矿权使用费和价款。探矿权、采矿权使用费包括：探矿权使用费（国家将矿产资源探矿权出让给探矿权人，按规定向探矿权人收取的使用费）和采矿权使用费（国家将矿产资源采矿权出让给采矿权人，按规定向采矿权人收取的使用费）。探矿权、采矿权价款是国家依法出让探矿权、采矿权取得的收入，包括以行政审批方式出让探矿权、采矿权取得的全部收入和以招标、拍卖、挂牌等方式出让探矿权、采矿权并按照成交确认书或出让合同等取得的全部收入，包括：探矿权价款（国家将其出资勘查形成的探矿权出让给探矿权人，按规定向探矿权人收取的价款）和采矿权价款（国家将其出资勘查形成的采矿权出让给采矿权人，按规定向采矿权人收取的价款）。各级国土资源行政主管部门按照国务院《矿产资源勘查区块登记管理办法》（国务院第240号令）、《矿产资源开采登记管理办法》（国务院第241号令）的规定，及时、足额收取国家出资勘查形成的探矿权、采矿权价款；按照国土资源部国土资发〔2003〕197号文的要求，切实加强招标、拍卖、挂牌出让探矿权、采矿权价款的收—缴管理，不得随意减缴、缓缴或免缴。据财政部不完全统计，由于全国矿权市场发育缓慢，目前15万个矿山企业中仅有2万个是通过市场机制取得矿业权。[①] 为进一步深化矿产资源有偿使用和矿业权有偿取得制度改革，理顺矿产资源收益分配关系，合理划分探矿权、采矿权价款收入中央与地方的分成比例，2006年8月财政部等联合发布了《关于探矿权采矿权价款收入管理有关事项的通知》，通知明确划分了探矿权采矿权价款收入中央与地方的分成比例，其中20%归中央所有，80%归地方所有。省、市、县分成比例由省级人民政府根据实际情况自行确定。表8—2是部分民族省区制定的相关管理政策和分配办法。

---

① 林毅夫等：《欠发达地区资源开发补偿机制若干问题的思考》，科学出版社2009年版，第32页。

表 8—2 有关民族省区探矿权、采矿权价款的管理政策与分配办法

	法规名称	主要内容	时间
青海	《青海省探矿权采矿权使用费和价款管理暂行规定》	第七条：探矿权采矿权价款缴纳期限。探矿权采矿权价款在50万元以内（含50万元）的一次缴清，50万元以上首期缴款10%—30%，其余由登记机关和受让人以协议约定期限缴纳。约定期限未按期缴纳的，每延期一年，按滞纳金额加收10%的违约金。第十一条：各级财政部门和登记机关收取探矿权采矿权使用费和价款，可不办理收费许可证，但必须使用省财政厅统一印制的票据。实行"收缴分离"管理制度改革后，按有关规定缴纳	2003年8月
贵州	《关于改进采矿权价款评估工作的意见》	一、采矿权价款计算标准……对中型以下矿山（不含中型，新办煤矿指9万吨以下，含9万吨）采矿权出让价款按以下标准比照计算。二、采矿权价款以资源储量计算，包括预测的资源储量；金属矿以矿石量计算价款。各地要加强矿产资源储量管理，严格地质资料汇交及矿山资源储量核实报告制度	2005年
云南	《云南省探矿权采矿权使用费和价款收缴使用管理暂行办法》	第十二条：纳入省级财政预算管理的探矿权采矿权使用费和价款，原则上由省按省级50%、州（市）级10%、县（区、市）级40%的比例分配使用。年度终了后，由省财政厅核实省级探矿权采矿权使用费和价款收入后，按比例分配下达各级财政，专款专用，不得用于平衡预算	2005年5月13日
西藏	《西藏自治区矿产资源管理条例》	第三十条：采矿使用费和采矿权价款，有下列情形之一的，由采矿权人提出申请，自治区人民政府地质矿产主管部门依法审查批准，可以减缴、免缴：（一）开采边远贫困地区矿产资源的；（二）开采国家紧缺矿种的；（三）因自然灾害等不可抗力的原因，造成矿山企业严重亏损或者停产的；（四）国务院和自治区人民政府规定的其他情形。采矿权使用费和国家、自治区出资勘查所形成的采矿权价款由登记管理机关收取，具体办法由自治区人民政府制定，并纳入预算管理	2002年

续表

	法规名称	主要内容	时间
广西	《广西壮族自治区矿产资源管理条例》	第二十四条：……准予登记的，采矿权申请人应当自收到通知之日起 30 日内，依法缴纳采矿权使用费和地方人民政府财政出资勘查形成的采矿权价款……。第三十四条：转让地方人民政府财政出资勘查所形成的探矿权、采矿权的，必须进行评估，缴纳经评估的探矿权款、采矿权价款	2004 年 6 月 3 日
内蒙古	《内蒙古自治区矿产资源有偿使用管理办法（试行）》	第二十八条：以市场方式出让空白区域探矿权的……在探矿权延续、变更、转让或探矿权转为采矿权时其价款按照不低于 1 万元/平方公里收取。第三十一条：（二）采矿权价款按以下方式分期缴纳：1. 属煤炭资源整合和有偿延续变更的采矿权，矿业权人缴纳价款确有困难的，经自治区国土资源厅批准，可分 6 年平均缴纳，但每年缴纳的价款不低于 100 万元。2. 国有重点煤炭企业在进行采矿权有偿处置时，可分 10 年平均缴纳，但每年不低于 100 万元。3. 本办法下发后新出让采矿权，价款在 2 亿元以上的，经自治区国土资源厅批准可分期缴纳，但最长期限不超过 10 年，首次缴纳不低于总价款的 20%，其余部分原则上平均分 9 年缴纳。其中以市场方式出让的采矿权，按照批准的采矿权出让方案或合同中明确的缴纳方式缴纳	2007 年 2 月 12 日
新疆	《新疆维吾尔自治区关于西部大开发土地使用和矿产资源优惠政策的实施意见》	（七）除按规定由国家出资勘查形成的探矿权、采矿权价款经国家主管部门批准可以转为国家资本外，由地方财政出资形成的探矿权、采矿权价款，符合下列条件之一的，经依法评估并经自治区主管部门批准后，可以部分或全部转为国有矿山企业或地勘单位的国家资本：……在国家和自治区确定的扶贫工作重点县、重点乡和重点开发地区勘查、开采矿产资源的；在地方经济发展中有重要作用的矿山企业因资源枯竭、勘查接替资源的；……地方财政出资形成的探矿权、采矿权，其价款的评估结果由自治区国土资源管理部门确认，转增国家资本由自治区国土资源管理部门和财政部门批准	2002 年 12 月 9 日

续表

	法规名称	主要内容	时间
甘肃	《甘肃省采矿权管理暂行办法》	第五十四条：矿区范围的变更申请，原则上不批准缩小矿区范围；扩大矿区范围必须按有偿原则，采矿权人需缴纳扩大部分的采矿权价款。如果原采矿权属行政无偿划拨方式取得的，则原采矿权与扩大部分采矿权需一并处置采矿权价款	2006年1月1日

（四）矿山环境治理保证金

由于我国矿产资源开发中普遍存在轻视环保工作的现象，致使我国矿山环境形势不容乐观。据统计，我国每年因采矿地面塌陷造成的直接经济损失达到4亿元以上。因露天采矿和废渣堆积等原因，直接破坏并侵占的土地近2万平方公里，并且以每年200平方公里的速度增加。针对矿山环境形势不容乐观的现实，2006年国家有关部委正式颁布了《矿山环境治理恢复保证金制度》和《关于逐步建立矿山环境治理和生态恢复责任机制的指导意见》，要求各地要按照"企业所有、政府监管、专款专用"的原则，由企业在地方财政部门指定的银行开设保证金账户，并按规定使用资金。同年，产煤大省山西省被列为全国唯一的煤炭工业可持续发展试点省，于2007年3月全面启动煤炭工业可持续发展政策试点工作，对煤炭生产企业征收煤炭可持续发展基金，同时煤炭企业按规定提取矿山环境治理恢复保证金和煤矿转产发展资金。目前，大部分省、自治区已经制定了矿山环境保证金收缴和使用的具体条款。从理论上看，矿山环境治理保证金是企业缴纳的环境保护治理押金，在企业完成环境治理验收合格后，该资金要全部返还给企业，这对于促进民族地区资源产地的生态安全、环境保护等有一定推动作用。表8—3是部分省区矿山环境治理保证金制度的相关规定。

（五）石油特别收益金

相当于国际上的超额利润税（windfall profit tax，暴利税也归入此类税）。是对超过基本投资收益水平以上的利润征收的税收，目的是国家干预由于不同自然条件造成的采矿权人收益差距。[①] 2006年3月财政部印发《石油特别收益金征收管理办法》，自2006年3月26日起执行。石油特别收益金征收比率按石油开采企业销售原油的月加权平均价格确定，起征点为40美元/桶。实行5级超额累进从价定率计征，征收率最低20%，最高40%。4月起国家对石油开采企业销售国产原油因油价上涨获得的超额收入征收石油特别收益金。属中央财政非税收入并纳入中央财政预算管理。与国际上通行的暴利税不同，我国的石油特别收益金是非税收入，而国外是一种税收。为更好发挥特别收益金调节资源开发及其收益分配的特殊作用，特别收益金的范围必将扩大到矿产、水能资源，并有必要改名为资源超额利润税，特别是对一些价格暴涨的矿产资源产品如铜、钨等有色金属应适时开征。

表8—3　部分民族省区矿山环境治理保证金制度的相关规定

	法规名称	主要内容	时间
内蒙古	《内蒙古自治区地质环境保护条例》	第二十一条：矿山地质环境治理实行保证金制度。采矿权人应当缴纳矿山地质环境保证金，专户管理。地质环境保证金归采矿权人所有，专项用于该采矿权人采矿破坏地质环境的治理。保证金收取、使用和管理的具体办法由自治区人民政府制定	2003年9月1日
广西	《广西壮族自治区地质环境保护条例》	第十三条：采矿权人应当向县级以上人民政府国土资源行政主管部门缴纳矿山生态环境恢复保证金。矿山生态环境恢复保证金实行财政专户储存，不得挪作他用。县级以上人民政府国土资源行政主管部门在采矿权人履行治理义务，并组织专家验收合格后，应当及时将保证金及其利息退还采矿权人。矿山生态环境恢复保证金收缴、管理、使用的具体办法由自治区人民政府制定	2006年3月30日

---

① 林毅夫等：《欠发达地区资源开发补偿机制若干问题的思考》，科学出版社2009年版，第32页。

续表

	法规名称	主要内容	时间
宁夏	《宁夏回族自治区小型矿山闭坑保证金管理办法（试行）》	第三条：闭坑保证金是为保证采矿权人在采矿过程中合理开采矿产资源、保护矿山地质环境以及在闭坑或者停办、关闭矿山时做好矿山地质环境恢复治理工作的质保金。闭坑保证金属于采矿权人所有，采矿权人履行矿山地质环境保护和恢复治理的义务后，保证金和利息予以返还。第六条闭坑保证金由矿区所在地市、县地质矿产主管部门负责收取和管理，设立专门账户存储，不得挪作他用	1999年
西藏	《西藏自治区地质环境管理条例》	西藏环境保证金提高了矿产开发门槛，矿山企业进行开发的同时，必须向管理部门交纳一部分环境恢复保证金，存在银行专门账户，只有等把环境都恢复了，企业才可以取回	2003年5月
云南	《云南矿山地质环境恢复治理保证金管理暂行办法》	第三条：……保证金属于采矿权人所有，采矿权人履行了矿山地质环境保护与恢复治理的义务，经检查验收合格后，保证金本金和利息返还采矿权人。2. 采矿权人交存保证金，不免除其矿山地质环境保护与恢复治理义务。第四条：保证金的收取、使用及本息返还，按采矿权审批权限，由县级以上国土资源行政主管部门分级负责。跨行政区域的由上一级国土资源行政主管部门负责。国土资源部发证的由省国土资源行政主管部门负责	2006年7月
贵州	《贵州省地质环境管理条例》	第十九条：矿山地质环境治理和恢复实行保证金制度。矿山地质环境治理恢复保证金按照不低于治理恢复费用的要求，根据矿区面积、开采方式以及对矿山地质环境影响程度等因素确定。按照矿山地质环境保护与治理方案，矿山地质环境分阶段治理的，保证金可以分期交纳。矿山地质环境治理恢复保证金实行财政专户管理，不得挪作他用……，经验收合格的，保证金及其利息应当及时退还采矿权人	2007年3月

续表

	法规名称	主要内容	时间
青海	《青海省矿山环境治理恢复保证金管理办法》	采矿权人为依法履行矿山环境治理恢复义务，按照"谁开发、谁保护，谁破坏、谁治理，谁受益、谁缴纳"的原则，在矿产品销售收入中预提矿山环境治理恢复保证金，用于保护矿山生态环境和对遭到破坏的矿山环境进行治理恢复。矿山环境恢复保证金实行分级负责，分级管理，由财政部门监管。采矿权申请人应当在国土资源部门初审前存储保证金，已经取得采矿权的，在办法实施起6个月内存储。保证金归采矿权人所有，在履行矿山环境恢复治理义务后返还。对拒绝缴纳保证金的，不予办理采矿登记和年检手续。对拒不恢复治理和未达到标准要求的矿山企业，保证金不予返还	2007年6月18日
新疆	《新疆维吾尔自治区矿山地质环境治理恢复保证金管理办法》	第五条：保证金的缴存标准，依据采矿许可证批准面积、有效期、开采矿种、开采方式以及对矿山地质环境影响程度等因素确定。具体计算方式、标准由自治区国土资源行政主管部门会同同级财政部门确定，报自治区人民政府批准后施行。第六条：保证金可以一次性缴存或者分期缴存。采矿许可证有效期3年（含3年）以内的，采矿权人应当一次性全额缴存。采矿许可证有效期3年以上的，可以分期缴存。其中10年（含10年）以下的，首次缴存金额不少于保证金总额的40%；10年以上的，首次缴存金额不少于保证金总额的30%；余额部分逐年平均缴存，并在采矿许可证届满前1年全部缴足	2008年10月1日

三 水电资源开发中的收益分配政策

我国水电资源总装机量为 4.02 亿千瓦，主要分布在青藏高原向云贵高原过渡的少数民族地区。水电资源开发收益分配事关库区移民安置、库区利益补偿、电力开发利益相关者权益分配与实现等一系列重大问题。

1986 年国家水电部发出《优先照顾新机所在地用电的通知》，

要求各管理局以及广西电力局实行"对国家投资建设的新投产发电机组，地方可留用不超过该机组的 10% 的供电量"的政策，以解决"挨着电厂而用不上电"的问题。同时规定"对新机所在地用电给予优先照顾；在国家下达的有利民计划中或经有关部门批准给予新机所在地的专项补助电量，也应在原用电量的基础上，如数供给"。1988 年在筹建广西大化瑶族县时提出"大化电厂原留给地方使用的 30% 的产品税，按税法和有关文件精神全部划给大化县使用，马山县如还有少量库区淹没区，可按比例享受一度电一厘钱"。1989 年国家能源部综合计划司对盐滩电站库区移民问题提出了处理意见："盐滩水库移民概算和其他过程一样，要处理好国家重点工程与工程所在地人民利益的关系并认真执行国家少数民族政策……"为了妥善解决好云南和贵州两省之间的利益分配和税收征收管理问题，1995 年云南省、国家税务总局联合出台了《关于鲁布革电站电力产品增值税收入分配问题的通知》，对鲁布格电站发电环节的增值税收入分成、征管问题做出如下规定：对鲁布格电站发电环节征收的增值税，按收入全额（即包括中央收入 75% 部分在内）由云南和贵州各 50% 的办法分配，然后分别按分成各自上解中央和留地方。与此同时，为了妥善解决省区内水电开发收益分配，云南省财政厅、云南国家税务局和地方税务局《关于云南田坝水电站税收征管有关问题的通知》规定，"云南田坝水电站属漫湾电站的附属电站，电站建成投产，为处理好电站与各县的税收利益分配关系，理顺电站的税收征管、入库、分配问题，对田坝水电站从建设之日起实现的增值税收入、地方各税、企业所得税按云南省财政厅、省国税局、省地方税务局云国税流字〔1994〕11 号文件执行"，"漫湾电站的一切税收由云县税务局征收管理，并按云县 48%、景东县 35%、南涧县 15%、凤庆县 2% 的比例分配。由云县税务机关征收后，设专户划分给四个县。云县国家税务局和地方税务局要依法征管，搞好税收征收、入库、分配工作"。贵州省也对水电开发收益分配出台了相关法规规定。《贵州乌开司洪家渡发电厂电力产品增值税税收分配管理暂行办法》规定，相关各县按确定的分配比例（黔西县 29%、织金县 29%、大方县 32%、纳雍县 10%）到贵州乌江水电开发有限公司洪家渡电厂预征增值税税款；相关各县在分成收入中按《暂行办法》确定的15%划入地区财政；涉及该电站地方税收部分，请地税部门参照《暂行办法》中确定的各县增值税分配比例执行。四川省也出台了水电开发的法律法规。四川省人民政府《关于省内跨市（州）水电水利项目有关税收征管问题的通知》（川府函〔2007〕31号）指出，"水电水利项目应缴纳的增值税，先在生产地与核算地之间按90：10的比例进行分配。涉及跨区域淹没的项目，生产地分得的增值税按本条第2款的规定进行分配。涉及跨区域淹没的项目，生产地分得的增值税及城市维护建设税、教育费附加收入，由生产地、淹没地所在的市（州）按该工程在各自行政区内安置的移民人口、淹没面积、淹没区地方税收收入基数、投资额（市（州）及以下政府的直接投入和配套投入）等因素和相应比例计算分配"。并制定了具体分配的计算公式。

2002年财政部、国家税务总局《关于二滩电站及送出工程增值税政策问题的通知》（财税〔2002〕206号）指出，对二滩电站生产销售电力产品缴纳的增值税，税负超过8%的部分实行先征后返。返还的税款按照58：42的比例分别作为中央和地方的资本金投入，其中中央投入的资本金部分，再按照国家开发投资公司和四川省电力公司在二滩电站中的股份比例分别增加各自的资本金。2006年《大中型水利水电工程建设征地补偿和移民安置条例》（国务院令第471号）第三条规定，国家实行开发性移民方针，采取前期补偿、补助与后期扶持相结合的办法，使移民生活达到或者超过原有水平。第四条规定，大中型水利水电工程建设征地补偿和移民安置应当遵循以人为本，保障移民的合法权益，满足移民生存与发展的需求等原则。第十六条规定，征地补偿和移民安置资金、依法应当缴纳的耕地占用税和耕地开垦费以及依照国务院有关规定缴纳的森林植被恢复费等应当列入大中型水利水电工程概算。第六十二条规定，长江三峡工程的移民工作，依照《长江三峡工程建设移民条例》执行。

从以上各级政府基于水电开发资源收益分配出台的政策措施来看，国家对于水电资源利益相关者的利益合理分配进行大量探索，也起到了较好的作用。但随着国家水电资源开发项目的增多，由此引发的利益冲突与矛盾也日益加剧。总的来看，目前我国水电开发及其收益分配普遍存在"工农脱离"、"水电开发与当地经济发展脱离"、"水电开发与当地社会进步脱离"以及"水电开发与当地生态环境保护脱离"的现象。这四"脱离"除了水电发展体制不顺，水电产业链条短、开发评价体系过于单一，水电行业税收征管存在着课税产品多样、征纳主体多元、征管地域多变和税收归属多争议等"四多"征管难点等因素之外，财税政策安排中的水电开发补偿标准、税费分成、差别电价和增值税等一系列规定的不协调、不合理、不公正难辞其咎。从水电增值税制度安排来看，增值税为价外税不能用于还贷，而且水电是一次能源和一次能源同时开发，没有上游产品增值税可以抵扣，需要全额缴纳。在水电建设期，我国现行增值税规定，水电建设购置固定资产的支出以及计提的固定资产折旧不允许扣除。水电所得税分享大头归国家，当地能提留的比率较低。在当前西电东送工程的实施中，国家尚未出台特殊的支持这个战略的财税政策。一方面西部水电开发项目没有享受到一定的税收优惠政策，一些税负应该减免；另一方面西部当地能从中分享的比例较低，国家应当进行增值税和所得税的返还，使水电租金的分配适当向西部倾斜。从水电财税收益分配来看，以跨贵州、广西交界的天生桥一、二级水电站为例，在电源地的民族省份贵州，每千瓦时电缴纳的增值税为25元，到发达地区的广州后缴纳增值税达到45.6元。而且，以水电资源丰富著称的广西当地居民，不仅要承担当地低价生产、高价购买使用电力的费用和利益损失，而且还要忍受水库淹没家园带来的痛苦。红水河流域的龙滩水电站淹没范围包括河池市的南丹、天峨自治县和百色市的乐业、隆林和田林自治县，当地百姓期望电站的建设和开发能够实现他们富裕繁荣的夙愿。但实践证明，库区移民并没有分享到水电站所带来的巨大经济效益。资源当地利益双重损失、税收分配关系的不合理，直接关系到民族地区的可持续发展。① 另外，我国还对水资源征收水资源费。

---

① 《新形势下民族区域自治政策研究》，中国社会出版社2003年版，第341页；《区域税收转移调查》，中国税务出版社2007年版，第295页。

水资源费实质是国家对水资源征收的基础权利金,但水资源费费率很低。例如,目前在四川民族地区开发水电按 0.0025 元/千瓦时征收,并都由省级以上水利部门统筹使用,当地民众无权分享。

四 民族政策法规中涉及资源开发的利益分配政策

各民族一律平等和实行民族区域自治是党和国家解决民族问题的基本政策和政治制度。《中华人民共和国民族区域自治法》(以下简称《自治法》)及其若干规定是制定实施我国民族政策的基本法律依据。该法体现了国家充分尊重和保障各少数民族管理本民族内部事务权利的精神和实行各民族平等、团结和共同繁荣的原则。以此为核心,国家制定了涉及经济与社会发展的诸多领域的特殊优惠政策,对促进少数民族和少数民族地区的稳定发展起到了重大作用。在《自治法》相关规定中,把国家帮助民族自治地方加快经济发展放在突出位置。规定了上级人民政府及其职能部门在规划、基础设施项目安排、西部开发、资源开发和生态环境保护、财政转移支付、金融、外贸等方面对民族自治地方给予支持。对国家扶持民族贸易和民族特需用品生产、推进兴边富民行动、扶持人口较少民族发展、加快民族自治地方扶贫开发等方面做出了具体规定。

第三节 我国民族财政治理政策的主要特点

本节以资源开发政策为例,总结了我国民族财政治理政策的主要特点。

一 确立了少数民族地区自然资源开发中利益分配的基本原则

一方面,作为一般性企业,资源开发企业要根据国家和企业有关分配政策就地缴纳相关税费;另一方面,出于资源开发特殊性考虑,资源开发企业还要承担一般工商企业所没有的特殊性分配政策。这些分配政策大多体现在税收优惠、政府性收费等政策框架中。在行业特殊性分配原则下,资源开发企业必须向政府缴纳自然资源开发租金（如采矿权费），确保生产安全、资源有效开发等方面的政府规费；资源开发企业要为资源开发过程中形成的环境损失等外部成本等，给予必要的补偿；为了调节资源开发利益的分配关系，对输出自然资源的民族自治地方，要体现必要倾斜并给予一定的利益补偿。

二 企业与政府、基层组织与个人的收益分配关系框架初步形成

按照我国现行分配体制，资源开发企业与政府的收益分配关系主要通过向政府缴纳的税费等形式来完成；企业与居民的分配关系主要通过工资、捐赠等方式来进行。通过这些分配工具形成了比较完整的资源开发收益的分配链条（见表8—4）。

表8—4　企业与政府、基层组织与个人的收益分配关系框架：煤炭开发的利益分配链

生产环节	收益形成及其分配					
	中央	省区	所在地	基层组织	社区居民	企业
取得自然资源开采资格	分成探采矿权费	取得探采矿权费	分成探采矿权；取得工商登记收入			取得开采权；企业注册
企业建设期投入	税费体制分成	税费体制分成	建设期建设部门、环保部门税费	获得征地补偿费；新增公共产品	取得打工收入	形成规定资产
生产期	税费体制分成	税费体制分成	取得相应税费	地质灾害补偿费、企业捐赠、政府对矿区支持	打工收入、运输利润等	取得利润
利润分配	中央企业利润和税费分成	税费分成	企业所得税及非税收入			股东收益、企业税后留利

三 较为明晰、稳定的政府间财政收益分配关系体系初步形成

按照我国现行财税体制安排，政府从企业分配中取得的税费，还需要在政府间进行再分配。这种分配关系主要采取在企业上缴税、费收入时直接分配和通过财政体制间接分配两种形式进行。1994年分税制财政体制改革中，对各项税收中央与地方之间的分配比例进行了明确的规定。分税制实施以来，对税费分配比例进行了多次调整，最终形成了比较规范的政府间分税体系（见表8—5）。

表8—5 中央与地方在征收环节的税收收益划分及其分配比例

税种	中央	地方
消费税	100	0
增值税	75	25（省以下分配比例由省政府确定）
企业所得税	60	40（省以下分配比例由省政府确定）
个人所得税	60	40
资源税	盐税、海洋石油资源税100	其他税100
印花税	证券交易印花税94	6

除了税收按照分税制规定在政府间进行分配外，1994年以来一些政府性收费也开始在政府间进行分享。政府性收费作为中国特色的政府收入方式，在管理方式上有其特殊性，因此政府性收费的直接分配方式多种多样。有参照税收方法在征收环节直接划分的，也有地方政府征收后定期在政府间按规定比例进行结算的，而且，不同地区、不同资源，政府间的分配比例差异较大（见表8—6）。

表8—6 在政府间直接分配的政府性收费及分配比例

收费项目	中央	省	地市	县
矿产资源补偿费	50	50	由省政府确定	由省确定
矿产资源补偿费（民族八省区）	40	60	由省政府确定	由省确定
探矿权、采矿权	20	80	由省政府确定	由省确定
排污费		10	80	由市确定

通过财政体制间接分配的基本方法是，根据地方政府的收入努力程度和支出水平，确定其标准财政收支；再根据收支差额中央给予一定的转移支付；根据确保既得利益的原则，确保地方政府的收入基数，对通过共享税形式上缴给中央的增值税、消费税等，中央通过税收返还形式返还给地方政府。在间接分配过程中，企业性质、身份的转换也是分配过程中需要考虑的一个重要因素。随着我国资源开发企业管理制度改革进程的加快，大量中央企业、省级企业下放到地方，为此，下放企业的财政收入在中央与地方政府进行财政体制结算时会转为地方收入，并相应调增或调减财政收入基数；而对部分亏损企业下放中央财政会给予一定的财政补贴等方式，地方政府可从中获得补助资金。

四　明确了对民族地区收益分配一定的倾斜政策

这主要体现在《民族区域自治法》及相关法律法规之中（见表8—7）。

表8—7　　　《民族区域自治法》及其规定中有关
　　　　　　收益分享及其利益补偿途径

利益分享途径	相关条款规定
少数民族就业	在少数民族地区的企业招收少数民族群众
资源就地加工	对可以由本地方开发的自然资源，优先合理开发利用、优先安排资源开发项目和基础设施建设项目
带动相关产业	在民族自治地方开采石油、天然气等资源的，要在带动当地经济发展、发展相应的服务产业以及促进就业等方面，对当地给予支持
税费政策优惠	对属于地方财政收入的某些需要从税收上加以照顾和鼓励的，可以实行减税或者免税；矿产资源补偿费的安排使用优先考虑原产地的民族自治地方
利益补偿	国家采取措施，对输出自然资源的民族自治地方给予一定的利益补偿

续表

利益分享途径	相关条款规定
环境保护	任何组织和个人在民族自治地方开发资源、进行建设的时候，要采取有效措施，保护和改善当地的生活环境和生态环境，防止污染和其他公害

第四节　我国民族财政治理政策的主要问题

我国民族财政治理政策在取得很大成绩的同时，也存在着诸多不足与问题。本节以资源开发政策为视角进行讨论和分析。

一　资源税调节资源开发收益分配的效应十分有限

（一）由于资源税单位税额过低，且一经确定数年不变，不能反映矿产品市场价格的变化和企业盈利状况

现行销售环节按销售量或移送使用环节按自用量计算征税的办法，税收不能及时入库且会使部分已开采而不销售和自用的资源能源征不到税，反向激励了资源开采中的盲目行为和"吃菜心"行为，导致西部地区从资源开发中获益不大。不仅如此，很大部分的经济利益却通过价格传导机制被转移到东部地区。我国大部分资源被东部发达地区所消耗，但在政府管制下，资源价格长期被定在较低区间，这种政策效应的必然结果是，中西部地区为东部地区发展做出了很大牺牲却没能得到应有的利益补偿。

（二）资源税计税依据上"定额征收"办法使民族地方政府不能合理分享资源价格上涨带来的财政收益

现行资源税课税对象是不区别省内、省外消费的。在油气资源价格较低而使用时增加值较大的情形下，石油、天然气初级产品大量输出产地使得产地获益很少。自1999年西部大开发战略推行以来，资源税收收入占地方财政收入的比重没有提高，足以说明西部资源优势转化经济优势与财政优势的体制机制远未形成（见表8—8）。

以贵州省为例，2001年资源税收入占地方税收总收入的比例为1.36%，2005年为1.83%；① 再以新疆为例，2010年新疆资源税预计可实现收入31.2亿元，其中油气资源税收入约为28亿元，两者分别占新疆全区地方税计划收入345亿元的9.04%和8.12%，对于一个拥有138种矿种，且原油年产量列全国前三位的资源大省区来说，这两个比重都不足10%。② 从以上案例以及2008年其他资源税大省资源税占其一般预算收入的比例来看（见表8—9），相比全国水平而言相对较高，但对于资源储量巨大、对国家能矿供给贡献巨大的民族省区来说，理应从中享受到更高的资源税补偿。因此，要研究制定按资源品种、分地区和矿藏资源储量分别制定有差别的、较高幅度比例税率，按资源开采的市场价格从价计征，以体现资源的市场价值，并研究与开发利用水平挂钩的浮动征税制度，③ 以此为契机，逐步厘清资源产品的价格构成，理顺资源价格与各项税费之间的关系，健全资源有偿使用制度以及生态补偿机制，逐步完善包括资源税、资源补偿费、采（探）矿权使用费、采（探）矿权价款为一体的"价、税、费"完整的、科学的资源利益调节体系，加快形成有利于科学发展的资源性产品价格机制。

表8—8　　　　　资源税占地方政府税收收入比重表　　　单位：亿元；%

	2000	2001	2002	2003	2004	2005	2006	2007	2008	2009
资源税收入	63.6	67.1	75.1	83.3	98.8	142.6	207.26	261.15	301.76	338.24
资源税占比	0.99	0.86	0.88	0.85	0.84	0.96	1.13	1.36	1.30	1.29

数据来源：2007年以前数据来自历年《中国财政年鉴》，2008—2009年数据来自财政部网站。

---

① 陈黛斐、韩霖：《西部大开发税收政策实施以来的效应、问题及前景》，《税务研究》2006年第10页。
② 先福军：《新疆油气资源税改革效应分析》，《税务研究》2010年第12期。
③ 为贯彻中共中央国务院新疆工作座谈会精神，2010年6月1日财政部、国家税务总局印发的《新疆原油、天然气资源税改革若干问题的规定》的通知（财税〔2010〕54号）指出，对在新疆开采的原油、天然气资源税实行从价计征，税率5%。此轮资源税改革，对于完善资源产品价格形成机制、更好地引导经济结构调整、缓解中西部地区财力紧张都具有重要意义。

表8—9　2008年我国部分资源省区资源税占一般预算收入的比重　单位：%

青海	陕西	新疆	甘肃	西藏	贵州	河南	黑龙江	内蒙古	山西	辽宁	河北
7.04	3.72	3.8	3.41	3.79	2.04	3.25	3.34	4.75	5.6	2.78	3.16

资料来源：李上炸：《多视角看待资源税改革》，《税务研究》2010年第12期。

（三）资源税费使用中对税源地返还机制不健全，返还不到位现象突出

资源税作为分享税，对资源地分享比例较低，而资源地每年都要上缴大量的矿产资源补偿费，但地方分成后获得的收入均留在省、自治区一级，地州、县作为资源补偿上缴地分文不留，有悖于矿产资源补偿费设置的初衷。而且越是基层社区在资源开发中所获收益越低。乡镇煤矿很难根据销量核定，一般采用定额征收，甚至征不上来，税款流失大，如贵州毕节，1年流失至少1亿元以上的税费。财政部在2002年对24个省区进行调查时发现，1999—2002年上半年，1601户重点采矿企业累计欠缴资源补偿费31亿元。[①]

（四）资源税收制度设计定位不尽合理，仅仅为了调节矿产能源企业由于矿产资源生成开采条件差异而引起的级差收益，与科学发展相关要求有很大距离

一是它没有体现政府对资源的所有权和管理权，因而政府无法通过征收资源税体现其保护或限制资源等政策意图；二是基于级差性质的资源没有正确反映资源的价值，不但不能体现资源本身的内在价值和不同资源在经济中的不同作用，而且不能将资源开采的社会成本内部化；三是纳税人具体适用的税额主要取决于资源条件，而与该资源开采造成的环境影响无关。因此，现行资源税收制度定位只会刺激和无视资源浪费、生态破坏等外部性行为而

---

① 在新疆开采石油的中石油、中石化两家央企，村组等基层政府取得的收益一般在1%以下。而煤炭开采的村组利益分享，央企与小型煤矿相比相差3倍以上。林毅夫：《欠发达地区资源开发补偿机制若干问题的思考》，科学出版社2009年版，第29页；世界银行、国家民委项目课题组：《中国少数民族地区自然资源开发社区收益机制研究》，中央民族大学出版社2009年版，第104页。

无法很好矫正。按照哈特维克准则，资源与生态环境形成的自然资源财富，在矿产开发区属于净损失，在不考虑可调节性税收的前提下，资源生态环境难以得到补偿，资源开发区域的居民生存环境、生产投资环境、区域生态环境会不断恶化，进而使区域经济社会系统陷入恶性循环，迫使民族地方财政花费大量资金用于生态环境治理，出现了"环境成本转移"、"受害者付费"①等不合理现象。

（五）资源税费收益机制跨区域分配能力较弱

赋予资源税类似于联邦制国家跨州税（severance tax）的功能，充分维护以省（区）为基本单位的资源地利益。对于资源输出本省（区）时征收资源税，对于在省（区）内消费的资源不征收资源税，或者采用较低的税率。资源税实行这种差别化税率将使利益分配更加公平，其立法目的与跨州税如出一辙，即向本省（区）的资源企业征收，而税收的实际负担者是外省（区）的资源消费者，从而财政收入从资源消费省（区）转移至资源输出省（区），以减少资源初级产品外输的效益外溢性，增强资源输出省（区）的财政能力。

（六）现行资源税覆盖范围较小，应扩大资源税的征收范围

我国目前实际上只对煤、石油、天然气三种资源产品开征了资源税，而对金属和非金属矿产品多还处于"暂缓开征"状态，对森林、水流等则还未包括在征税范围之内。并非这些资源不需要资源税的保护，而且这些资源不仅匮乏，浪费还极为严重，亟待发挥税收应有的筹集财政收入和调节经济的作用，同时为统一市场提供配套条件。从理论上看，包括矿产资源、土地资源、水资源、森林资源、草场资源、海洋资源、地热资源、湿地资源、滩涂资源、沙资源、大气资源等各类资源开发，都必须建立相应的资源税费制度予以规制。

二　基层组织收益的渠道比较明确，但可操作性不强

在自然资源开发收益的分配链中，少数民族地区可以通过当地

---

① 受害者付费（Victim Pays Principle, VPP）。该理论提出受污染影响的受害者应该向污染者付费，使他们不再污染。该原则意味着环境资源的产权属于污染者，而不属于那些受污染损害的人。阿尼尔·马康德雅：《环境经济学辞典》，上海财经大学出版社2006年版，第264页。

政府征收税费收入、社区可以通过捐赠等方式参与利益分享、社区居民可以通过土地补偿、灾害赔偿以及接受资源开发企业捐赠、参与资源开发企业的相关劳务活动等以取得收益。应该说，现行的法律、法规体系已经为少数民族地区参与自然资源开发的利益分配提供了比较畅通的渠道。但大量实证研究结果表明，相关制度设计和政策安排主要存在以下缺陷：① 一是在具体的行业性、区域性政策中，基于少数民族地区的相关倾斜政策，往往被所谓创造"公平"的市场环境等基础性要求所冲淡，很难找到在设计时就考虑少数民族地区利益的政策。二是相关政策落实渠道还缺乏具体的可操作的办法。从《自治法》的落实程度看，无论是前述包括财税收益权在内的财税自主权，还是少数民族的劳动用工制度，对资源输出的少数民族地区的利益补偿都缺乏必要的制度安排，有政策无渠道、有政策无实惠等现象普遍存在；② 从社区及社区居民最主要的受益方式看，对社区利益影响最大的灾害损失赔偿，在大部分地区还是通过企业与社区居民谈判博弈的方式来完成。由于缺乏有效的可操作性的制度安排，这些已经明确的受益渠道，在实际操作中很难执行。

三　资源开发收益分配政策的时效性、实效性不强

在现有的行政管理体制下，地方政府有较大的自由裁量权，这就导致了中央制定的一些政策在具体执行过程中会被地方政府的"自由裁量权"所扭曲，直接影响了政策实际执行的效果。如在少数民族地区为了吸引投资，往往在招商引资政策中，给自然资源开

---

① 有代表性的文献有：西部大型公共产品溢出效应分析课题组：《西部大型公共产品溢出效应分析》，《经济学家》2007年第6期；侯远高：《西部开发与少数民族权益保护》，中央民族大学出版社2007年版，第37—102页；周天勇、张群：《青海黄河河谷发展战略》，水利水电出版社2007年版；李甫春：《西部地区自然资源开发模式探讨——以龙滩水电站库区为例》，《民族研究》2005年第5期；周勇、玛利雅：《民族、自治与发展：中国民族区域自治制度研究》，法律出版社2008年版，第20页。

② 当然，这种局面在不断得到改善。比如在国家民委等部委的积极争取下，2007年人力资源与社会保障部在制定出台少数民族参加公务员考试的政策性文件中，在公务员录用中对少数民族报考人员给予适当倾斜。国家民委：《在中国特色社会主义道路上共同团结奋斗共同繁荣发展》，民族出版社2008年版，第181页。

发企业以土地低价出让、地方有管理权的税费收入减免等优惠政策，实际上损失了少数民族地区的应得利益。① 同时政策的时效性不够。政策调整滞后于经济发展，很多需要调整的分配关系没能很好地纳入政策框架之中。总之，由于资源开发收益分配政策的实效性、时效性问题，少数民族地区通过自然资源开发实际共享的收入要大大低于自然资源开发地区所应该取得的收益，难以弥补这些地区为开发自然资源所导致的损失。这种情形在我国水资源、矿产资源、森林、草地资源开发领域中普遍存在（见表8—10）。

表8—10　　　　我国资源开发领域政策行为及其现状

	政策不完善	政策不合理	政策不作为	长期有效政策缺乏
水资源和环境领域	取水许可与排污许可割裂；地下水超采未能有效约束	排污费征收标准不合理；水价过低		防洪安全体系不健全带来的生态、环境问题未能得到应有重视
森林资源与环境领域		森林生态效益补偿金制度不合理	限额采伐缺乏约束	
草资源与环境领域		草原超载依然严重	退牧还草不受重视	
矿产资源与环境领域			矿产资源补偿费过低	缺乏真正意义上的生态补偿制度
大气资源与环境领域	总量控制政策得不到落实			排污权交易缺乏基础

四　没有明确基层组织和居民在自然资源开发分配中的地位

就民族地区而言，资源地居民凭借其对自然资源的自然依赖形

---

① 笔者在甘南自治州调研发现，有些外地企业在民族地方注册公司以享受民族地方税收优惠政策，但企业主营业务完全不在民族地方进行。

成的资源使用权,决定了在利益分享与利益补偿中的优先地位。这一权益秩序在西部资源开发中实践并形成的法理,表现为西部地区居民对当地自然资源保护与开发利用的动议权和对当地生态环境的维护权,自然资源开发利用对当地居民直接物质利益的保障权,西部地区自然资源利益实现的基本保全权。① 基于资源开发的制度安排与政策设计势必要体现以上基本原则要求。但是,国家和地方相关政策和决策中并没有涉及基层组织和居民在矿产资源开发利益分享中应当扮演何种角色。同时,对基层组织和居民分享矿产资源开发利益的分配关系上,只给民族地区利益分享提供了一些渠道,但缺乏建立这些渠道的具体措施。② 所以在现有的政策框架中,缺乏政府与基层组织、政府与社区居民、企业与基层组织、企业与社区居民分配关系的制度设计。这就直接导致了目前基层组织与居民在参与自然资源开发利益分享过程中,分享渠道不规范、不稳定,缺乏必要的法律保护,影响民族地区收益实现。

五 矿产资源财税工具不健全,税费结构不合理,收益分配偏重于企业

与国际上价、税、费、租联动的调节机制相比较,我国缺乏相关的租金制度,没有建立起必要的权利金制度;目前的资源税、矿产资源补偿费和采矿权三项财税工具,存在着理论依据不足、征收对象重复、征收税费不合理等问题,难以满足当前资源开发快速发展的形势需要。③ 税费结构不合理,除了前面所述资源税偏低、调节收益功效有限之外,还有探矿权采矿权使用费标准过低,不管是每年 100 元的探矿权使用费,还是每年 1000 元的采矿权使用费,都不足以对企业占有土地等外部行为起到足够制约作用。以矿产资

---

① 孙雅莉、王文长:《西部大开发与民族利益关系的和谐构建》,《中国民族报》2010 年 7 月 23 日。
② 世界银行、国家民委项目课题组:《中国少数民族地区自然资源开发社区收益机制研究》,中央民族大学出版社 2009 年版,第 116、169 页。
③ 财政部财政科学所研究报告:《矿产资源分配体制改革的新思路:价、税、费、租联动》,2007 年 6 月 21 日。

源补偿费为例，我国矿产资源补偿费平均费率为1.18%，而国外性质基本相似的权利金费率一般为2%—8%。而我国石油、天然气、黄金等矿种的矿产资源补偿费费率（油气为1%，黄金为2%）更是远远低于国外水平（美国12.5%，澳大利亚10%）。究其原因，一方面矿产资源有偿取得制度改革推进缓慢，国家和企业双方的财税权益都得不到充足保障，导致国家财产权益无法实现，也刺激了企业的短期行为。另一方面资源开发税费偏低，国家对矿产资源经济租金的分享比例过低，无法调节绝对租金，使利益分配过度偏向企业。与资源税收入增长缓慢、其占全国税收收入徘徊不前相比（近年来一直在0.5%左右），全国石油天然气开采企业的利税额却不断攀升（2008年为5847亿元，全国非油气矿产资源开采企业利润总额为2023亿元），大量经济租金落入了企业手中，可见资源税费制度对决定租金的调节功能极为有限。①

六　法律法规体系不健全、条款不合理

由于我国资源税费制度建立较晚，制度设计相对较弱；很多法律、法规刚刚开始制定，在运行中存在很多问题；部分法规缺乏灵活性和适应性。如资源税税率变化次数较多，不同的省区差别较大，亟须建立适应市场变化的治理机制；矿山环境治理恢复保证金制度尚在试点之中，缴费标准和计算方法在不同省区也存在较大差异，民族省区尚未纳入试点工作；有的法规条款不明确，政策自由裁量空间较大。如国家很多政策均规定在资源开发利益分享上照顾和优惠民族地区，但大多停留在原则性规定层面，并没有更为明确具体的可操作性办法，致使民族地区在矿产资源开发过程中很难享受到应得利益。

---

① 施文泼、贾康：《中国矿产资源税费制度的整体配套改革：国际比较视野》，《改革》2011年第1期。

第九章

重构我国民族财政治理体系的基本框架

本章从澄清理论误区、原则取向、基本方略、基本途径、主要任务以及政策体系等方面,重构了新型民族财政治理体系的基本框架与政策设计。

第一节 重构我国民族财政治理体系必须澄清的几个理论误区

正如前所述,在分税制框架下,除了赋予西藏自治区例外的税收管理权和税收收入安排外,对于一般民族地区没有在体制内给予例外安排,民族财政治理制度安排与其他地区基本趋同。因此,有论者认为,在统一财税体制与政策框架内,没有民族财政治理存在的合理性,统一财税体制与政策框架内能够解决基于民族财政治理等相关问题,再提民族财政治理是多余的。也有人以我国长期实施的区域非均衡战略所带来的严重的负面效应为据,强调体制与政策在全国国土上统一的重要性和权威性,而不主张在特定区域实施新的体制性区隔形成另类"二元结构"。从理论上看,体制与政策在全国国土空间上的统一,有利于区域公平竞争、资源要素实现最优化配置和国家利益最大化。况且我国现行的区域竞争模式和政策分割,破坏了公平的发展环境,碎片化了区域政策,形成了较大的政策寻租空间,易诱发各地争取优惠政策的竞赛和各种各样的寻租行为,既损害了中央政策的权威性和有效性,又导致了国家整体利益的损失。但是,这并不构成在体制与政策统一前提下给予一些区域享受特殊体制与政策的充分理由。

一 利益治理的一般性理论与实践不能脱离特殊性理论与实践而独立存在，利益治理的特殊性理论与实践只有寓于一般性中才有成长空间

　　唯物辩证法认为，任何事物都是矛盾普遍性和特殊性、共性和个性的有机统一。列宁说过："个别一定与一般相联系而存在。一般只能在个别中存在，只能通过个别而存在。任何个别（不论怎样）都是一般。任何一般都是个别的（一部分，或一方面，或本质）。任何一般只是大致地包括一切个别事物。任何个别都不能完全地包括在一般之中。"美国著名经济学家萨缪尔森在《经济分析基础》一书开篇写道："各种不同理论的主要特征之间的相似性的存在，意味着一般理论——它是各种特殊理论的基础，并且将各种特殊理论的主要特征统一起来——的存在。"中国共产党基于民族地区利益关系治理的理论与实践，更是充分践行了唯物辩证法中矛盾普遍性与特殊性、共性与个性的有机统一。20世纪50年代，毛泽东在《论十大关系》中就一般地区与民族地区关系做过经典论证，并深刻地指出要接受苏联在民族利益关系中不协调的教训，努力帮助少数民族发展经济，强调"要诚心诚意地积极帮助少数民族发展经济建设和文化建设"，指出"在少数民族地区，经济管理体制和财政体制，究竟怎样才适合，要好好研究一下"。[①] 邓小平在"两个大局"差序格局战略思想指导下，主张通过（一般性理论指导下的）先富地区通过多缴利税、技术转让等方式（通过特殊性实践所生成的特殊性理论）支持不发达地区，以最终实现共同富裕。江泽民更是把衡量财税工作做得好不好的根本标准，提高到是否有利于维护国家统一和安全、促进民族团结和社会稳定的战略高度上来认识，主张强调对立统一、对立面和谐结合、矛盾各方面综合治理等解决新矛盾、新问题的新思路、新原则、新方法，突出稳定、改革、发展等事关全局的重大问题，努力探索各自互动、协调匹配

[①] 《毛泽东选集》第5卷，人民出版社1977年版，第277—278页。

的体制机制建设。党的十六大以来,新一届中央领导集体把做好民族工作提高到维护和发展各族人民根本利益、保持社会和谐稳定、实现国家长治久安和中华民族伟大复兴具有重大意义的战略高度来抓。就财政治理而言,强调既要投入更多的资金,又要给予更优惠的政策;既要把经济搞上去,又要发展各项社会事业;既要亟须发挥中央政府的主导作用,又要坚持抓好各地区部门的对口支援。正是党和国家对民族地区财税工作的高度重视和准确定位,并以此为主要推动力,使得我国民族地区各项工作蓬勃发展。实践证明,在统一的财政体制框架内,充分实践与民族地区政治、经济、文化等内生特性相吻合,有别于内地的差别化财政体制与政策,对于推动财政体制在民族地区成功实践、实现中央政府各项政策目标和体现财政职能,起到了至关重要的积极作用。这种积极"差别化"治理路径,是原则性和灵活性辩证统一在财政体制领域的充分体现,也是我国民族财政治理改进必须坚持的一条基本原则和成功经验。从民族地区的实际经济社会环境出发,探寻基于民族财政治理的"适度差异区间",这是民族财政治理的特殊与复杂之处。这种财政体制上的"差异区间"既要统一于国家财政体制的总体要求,又要有利于民族地区财政能力的提高和财政职能目标的最终实现,并在某种程度上,这种"适度差异"的民族财政治理是国家治理体系的进一步丰富和延伸。

二 以财政自治为特点的民族区域自治政策,赋予了民族财政治理的理论与实践的法律依据

民族地方财政作为实施民族区域自治制度的财力保障,是民族地区提供基本公共服务的物质基础和保障以及改善民族地区民生的重要手段,在体制与政策空间上有其独立存在的法律依据。以财政自治为特点的民族区域自治制度,从基本政治制度层面保证了民族自治机关可以根据《宪法》和《民族区域自治法》及其相关法律法规的精神,制定财政自治条例,组织和安排财税收支,自主管理本地财政事务的权力。从现实特殊性来看,我国民族地区是不发达或欠发达地区,集边疆、山区、贫困与落后为一体,具有特殊地理位置、民族构成特征和经济特征、社会结构，具有独特的传统文化和价值观，客观需要其财税体制与政策体系不能雷同于其他地区，如果强行"一刀切"（one-size-cuts-all），即运用传统的、一般的财政理论和公共政策理论讨论民族地区财政体制与政策优化，用一般的财税政策与方法去解决民族地区特殊的财税机制构建和公共政策问题的现象；较少探讨国家财政体制与政策奉行的价值理念、职能定位与制度设计是否适合民族地区经济社会特点，势必影响财税政策实施效果，降低财税政策的有效性，甚至导致政策失灵。概言之，以经济较为发达地区为标本的国家宏观发展战略及其政策措施，能否适用于欠发达的民族地区？正式制度的强制"嵌入"因缺乏适宜的"土壤"而难以根植于民族地区的经济、社会、心理等层面，会出现公共政策理论中所谓"内输入"现象，即在社会没有利益多元化的条件下，由政府精英代替人民进行利益的综合与表达，其特征表现为权力精英之间的政治折中，而不是多元决策下的社会互动。[①] 因此，缺乏理论支撑所制定的政策措施实施效果可想而知。

三 "合法的差别待遇"并不构成对其他人、其他地区的歧视，为均衡而选择实施非均衡，是辩证法在区域发展问题上的深刻体现

一国内各民族之间事实上的不平等是对少数民族实施特殊政策的最直接理由，而特殊政策的价值所在则是政策必要性的实质体现。没有事实上的不平等就根本没有采取明确特殊权利或采取特殊保护的措施的必要。"在同等保护所有主体普遍享受发展权利的基础之上，应当对不发达地区和不发达者给予更多的关怀，尤其要给予非歧视性、非互惠性的特别优惠利益保障。"[②] 许多研究表明，只要是为了实现真正的平等，为了全社会的共同利益，施行差别化政策就是符合平等原则的，不能视为是对其他地区、其他人的反向歧视，并且这种差别待遇不得在所定目的实现后继续存在。从我国区

[①] 陈振明：《政策科学》，中国人民大学出版社2003年版，第242页。

[②] 宋才发：《中国民族自治地方经济社会发展自主权研究》，人民出版社2009年版。

域发展战略实施的区域优先序看,正是实行了集全国之力优先发展东部沿海战略,才有了中央财政实力的大幅提升,为保障区域协调发展积累了丰腴的财力基础。① 在把西部大开发战略放在国家区域发展战略的优先位置的当下,客观需要把民族区域非均衡优先发展看作是动态形式的"区域协调发展",在具体机制设计上,需要根据公平与效率的主次变化,在不同时空进行倾斜性支持,为均衡而选择实施非均衡,是辩证法在区域发展问题上的深刻体现。从这个意义上讲,那种认为帮助少数民族和民族地区"解困"和"扶贫",或是"恩赐"给少数民族和民族地区的繁荣和幸福的心态和偏见背后的逻辑是,公共财政是政府施舍给社会成员的,是无偿地体现政府温暖和关怀的行为。在这种逻辑及文化氛围下,公共服务的数量和质量是建立在不确定的政治或道义责任基础上,一整套制度化的、有运行规则的机制将无法真正建立。

四 急于过渡到统一的财税体制与政策框架而不主张特定区域的例外的"一刀切"财税行为,是基于区域同质性假定即任何区域不存在内生差异,统一体制与政策框架能够解决所有差异问题。不仅如此,这种行为还把现行财税体制以及政策工具的完备性作为假定条件,认为假以统一财税体制与政策框架工具的功能发挥能够解决利益主体异质性问题

客观现实告诉我们,不仅区域同质性假定根本不成立,而且转型时期我国财政治理手段还相对缺乏:一方面财政税收制度不健全,主动稳定的财政政策工具体系不完备;另一方面受传统财政收支理念束缚,一些政策工具的运用还受到很大限制。② 显然,以上假定在理论上是有偏误的、在实践中是有害的。其实在具体财税政

---

① 江泽民同志指出,西部大开发创造出的大量投资机遇,将有力地增强对经济增长的拉动;西部地区优势资源的开发和东送,将为中部和东部地区的发展提供有力的支撑;中西部地区人民群众收入水平的提高,将创造巨大的市场需求。胡锦涛同志也在西部大开发工作会议上指出,西部大开发的十年是西部地区经济社会发展最快、城乡面貌变化最大、人民群众得到实惠最多、对国家贡献最突出的十年。参见《中共中央、国务院在北京召开西部大开发工作会议》,2010年7月6日,中央政府门户网站。

② 王保安:《转型经济与财政政策选择》,经济科学出版社2005年版,第53—54页。

策实践中，我们更多地看到制度之间冲突的一面而很少注意制度间互补的一面。日本经济学家青木昌彦提醒我们，"在现实经济中存在的多种制度之间，时常可以看到通过一个制度的存在、运作而导致另一个制度更加巩固的关系"①。因为"经济体制是通过各种制度的互补相关而成立的。很容易想象具有互补性的制度复合体的体制——哪怕是非效率的，如果制度间的同时变革不能得到协调（Coordinate）的话，其进化是极为困难的。然而如果我们放置不管，也就只能永远尝到协调失败的苦果了（Coordination Failure）"②。因此，他认为，多样性的体制之所以产生，是由于一个体制内部各种制度之间是互为补充的，并产生出作为体制整体的强度即经济体制内部的制度互补性（Institution Complementarity）。作为统一的国家来说，差别性是在统一性前提下存在的，两者的关系是辩证的。在强调货币财富增长的氛围下，地方之间的差别性冲突尤为明显。③

2014年12月，中共中央、国务院印发的《关于加强和改进新形势下民族工作的意见》中指出，要完善差别化支持政策，进一步完善一般性财政转移支付增长机制，率先在民族地区实行资源有偿使用制度和生态补偿制度。民族财政治理是国家治理体系的重要组成部分，民族财政治理要贯彻落实现代财政制度的基本精神，这是体现在大政方针和国家发展战略等宏观层面，而在具体财政治理操作层面、财税实现机制与政策应对层面，客观需要差别化、富有弹性的财税体制机制设计和措施，以体现民族地区经济社会发展的差异需求。即民族财政治理设计，应当充分尊重民族地区在发展阶段上的差异、所处产业链的差异和职能分工上的差异，而不能笼统地将民族地区雷同于其他地区，让其适用无差别的财税体制与政策。近年来，国家基于西部开发的财税政策也大多采取"一刀切"的普惠制办法，没有体现分类指导、因地制宜的思想，由此影响了财税政策的实施效果，降低了经济体制治理和区域政策的有效性，甚至

---

① ［日］青木昌彦、奥野正宽：《经济体制的比较制度分析》，中国发展出版社2005年版，第24页。
② 同上书，第222—224页。
③ 吴俊培：《和谐社会财政政策研究》，《财贸经济》2009年第5期。

产生抑制效应，导致政策失灵。当然，即便同是民族地区也存在着发展差异，也需要探索差异化实施机制与政策措施。

第二节 重构我国民族财政治理体系应秉承的原则取向

重构我国民族财政治理体系应坚持的主要原则有以下几个方面。

一 树立中央权威与尊重地方利益相容原则

从历史经验看，在国际上这方面的教训极为深刻。南斯拉夫、奥匈帝国以及苏联解体的原因之一，就是联邦职权过于分散，联邦职能下放的过程就成为加强分散化的国家主义的过程。[1] 在与外界联系密切的区域、边界地区、少数民族地区、宗教、语言复杂的地区，利益分化往往成为其离心力扩大的基本原因。苏联、南斯拉夫以及印度等国家和地区，都认为从母体分离出去是摆脱"穷亲戚"的好办法。[2] 再从利益关系处理上的集权与分权看，如果说，高度集权所导致的利益离心力是苏联民族分裂的主要根源，那么南斯拉夫则走到另一个极端，即纵容民族地方无度放权，导致了与苏联殊途同归的后果。[3] 我国改革开放的经验和利益关系治理的教训都反复证明："一个有权威的、能对社会发展进程实施有效领导的中央政府，是社会变革时期能以较小代价赢得快速平稳发展的重要保证。"[4] 在我国这样一个多民族的发展中大国，加强中央权威，形成与政治权威相适应的财政支撑能力是关键。不可否认，中央财政能力在内的基础性权力弱化，既有政府职能转换中政府主动"退出"因素以及为经济社会转轨支付"成本"的原因，也有转轨过程中制度安排滞后造成各利益集团对国家基础性权力侵蚀的原因。在利益

---

[1] 冯特君：《论南共联盟在处理民族问题上的教训》，《当代世界社会主义问题》1992年第2期。
[2] 傅志华：《国家财政安全论》，人民出版社2002年版，第30—31页。
[3] 郝时远：《构建社会主义和谐社会与民族关系》，《民族研究》2005年第3期。
[4] 《自觉维护中央权威》，《人民日报》1994年11月29日。

分化过程中分利集团逐渐形成，个人、集团、地方的权力和利益得以充分扩展的同时，国家权益增长显得不成比例，社会整体利益的保护也没能在制度变迁中得到体现。因此，亟须把保护和增强国家基础性权力——国家财政能力体现在政府功能的设计和政府职能转变的过程中。[①] 另一方面，我国民族地区在地理、文化、自然和人力资源禀赋等方面的特质性和不同利益诉求，决定了基于民族财政治理与改革本原意义上公共产品提供，地方政府有比中央政府更强的功能优势、更充分的信息资源和更廉价的公共资源。因此，充分发挥地方政府履行政治、经济以及社会职责积极性的基本前提就是，充分尊重地方利益，对地方合法利益予以呵护和关注。[②] 如果说传统计划经济体制下，民族地区财税利益关系的协调方式主要通过中央集权对资源配置的指令性安排和上级国家机关、企事业在民族地区开发项目等"内嵌式"方式进行，那么，市场经济体制下对利益主体自主性、相对独立性的诉求，客观要求利益主体必须具有独立人格和完整的产权形态。总之，发挥两个积极性有助于强化中央在利益治理中的主导地位与作用，只有建立在充分尊重地方利益基础上的制度安排，才能更好地维护中央在利益治理中的主导地位。

二　财政法治原则

财政法治是现代公共财政的最高准则，是现代民主理念在财政领域的表现。建立财政法治原则就是要贯彻落实财政民主、财政法治。《宪法》在我国法律体系中居于核心地位，是一切享有国家立法权的中央和地方国家机关制定法律性规范文件的根本依据，也是相关经济制度治理与改革的基本法律依据与准则。1998年以来围绕"实行依法治国、建设社会主义法治国家"的基本方略，财政法制在建立法律体系、健全行政执法监督机制、改革行政审批制度等方

[①] 傅志华：《国家财政安全论》，人民出版社2002年版，第187—188页。
[②] 在我国财税改革领域，由于资源税留利太少、重大工程建设对民族地方贡献不多等问题，对社会稳定乃至中央权威构成了潜在的和现实的危害。参见胡联合、胡鞍钢《民族问题影响社会稳定的机理分析》，《人文杂志》2008年第2期。

面取得长足进展。但不容忽视的是，我国政府间财政关系改革是在法律位阶较低、缺乏严格意义上的"法"而更多的是表现为政策治理这样的一个形式与内容相统一的情形下得以进行的。严格来讲，基于政府间财政关系的相关法规只具有法的形式特征，而实质内容是政策。因此在财政治理过程中，使得相关政策制定、执行符合"法治国家"的精神实质，是政府间财政治理与改革中秉承的基本原则取向。少数民族和民族地区发展权的落实和法治建设的历史进程、价值选择从根本上说是相容的。因此，全面贯彻落实《民族区域自治法》，用法律法规来保障少数民族和民族区域经济社会发展，用发展的成就不断充实实行民族区域自治制度的物质基础的提法和论证，就有了财政法治视角的丰富内涵。"民族自治地方的人权和经济社会发展自主权必须由法治来支撑。民族自治地方的人权和经济社会发展自主权如果不具有法律化、制度化，势必缺乏行为规范，就会陷于毫无保障的尴尬境地。"① 坚持财政法治原则，就是要构建和创新民族区域自治制度与分税制财税体制的有机契合方式与机制途径，探索民族财政治理的实质与规律，在财税制度的"统一"与"自治"中找到契合点，② 消解国家（财税）制度、法律和政策对民族地区政治经济支配性意义与民族区域自治制度只具有局部性、补充性之间的紧张和鸿沟。

---

① 宋才发：《中国民族自治地方经济社会发展自主权研究》，人民出版社 2009 年版。

② 其实，正如有些人大、政协委员指出："如何理解民族区域自治法的精神？不应该只是自治权，还应该是能使老百姓富裕起来的法律。""自治地方大多资源丰富，但是'靠山吃不着山，靠水吃不上水'的现象却很普遍。"参见《中国民族报》2007 年 3 月 16 日。2009 年诺贝尔经济学奖获得者奥斯特罗姆认为，自治是一个共同体获得发展的有效形式，"把发展理解为自治，从中会产生不同的看法。这个看法不仅把人们在他们的共同体中的相互作用，摆在发展过程的中心。……现在一个共同体变得全神贯注于把制度当作'社会工艺'来使用，以便建立复杂的关系和连接——包括和其他共同体在追求共同利益时的连接，以及和中心的垂直关系。通过利用各种形式的制度、利用合适的刺激结构以及过去经验和别人经验的好处，一个共同体可以在产品和劳务的生产、分配、调拨和消费方面为自己获得各种可能"。参见奥斯特罗姆《制度分析与发展的反思——问题与抉择》，商务印书馆 1996 年版，第 189 页；参见丁学东《在中国财政学会民族地区财政研究专业委员会 2009 年年会暨第 16 次全国民族地区财政理论研讨会上的讲话》，《经济研究参考》2010 年第 3 期。

三　共同团结奋斗、共同繁荣发展原则

胡锦涛同志在国务院第五次全国民族团结进步表彰大会上的讲话中指出，"必须坚持共同团结奋斗、共同繁荣发展不动摇"。抓住共同团结奋斗、共同繁荣发展这个主题，就抓住了新形势下正确处理民族问题、做好民族工作的根本。深化体制改革必然会触及更加复杂的利益关系，市场经济条件下包括民族利益关系治理在内的民族工作主题定位于共同团结奋斗、共同繁荣发展，客观地提出了发展成果共享的理念定位。"共同团结奋斗、共同繁荣发展"工作主题是发展成果共享理念在民族地区发展、利益关系治理等问题处理上的具体化。发展成果共享理念定位的提出，可以增加利益博弈相关方进行有效的沟通，进而对体制改革发展成果惠及自身程度和公众心理感受的关系上、在改革发展成果共享要求和社会影响的关系上，进一步明确改革目的，检视体制改革发展成果是否充分体现改革正当目的追求。[1] 在公共财政理论看来，财政机制即财政制度是整个政治过程中的经济因素，财政制度是经济制度也是政治制度，而政治就是决定公共产品供给的社会机制。换句话说，财政是一国政治的全部经济内容，是为实现社会成员实质自由最大化的社会承诺，是社会成员进行自由、公平、正义等关于伦理的社会选择的结果。作为国家治理的基础和重要支柱，财政政策是社会公正正义的法律表达。[2] 西部开发在行政规制之下进行，忽略了西部民族地区是边疆、贫困、少数民族聚集区的既成事实，有悖于西部开发战略之本义。在把西部大开发放在区域协调发展总体战略的优先位置考虑之际，当务之急是坚持两个"共同"原则，通过财政分配模式和分配机制的调整，有效纠正和约束现行财税制度与政策的"攫取之手"，探索分税制与实施民族区域自治制度的各项具体制度和有效实现形式，制定切实有效的真正有利于民族地区全面发展的财税政策措施，以推动各阶层、各群体共同繁荣、共同发展。

---

[1] 张贤明、文宏：《改革发展成果共享实现机制的理念定位》，《理论月刊》2009年第7期。

[2] 吴俊培：《和谐社会财政政策研究》，《财贸经济》2009年第5期。

四 开放性、科学性原则

作为统一的多民族国家，中国历史上民族地区财税关系处理以及财经政策安排上都是十分独特、积极有效的。这种独特性所蕴含的统一多民族国家"多元一体"格局下制度差异性和政策多样性相结合的价值理念，是我们重构民族地区财税体制机制与政策框架必须继承的巨大精神财富。另外，西方多民族国家民族问题的处理理念和政策操作，在给我们提供参照、借鉴的同时，更凸显中国民族财政治理的实践价值和普遍意义。

第三节 重构我国民族财政治理体系的基本方略

"改进财税体制—创新财政机制—优化财税政策"三位一体联动推进、近期与中长期政策建议相互配合是全面深化财政体制改革背景下财政治理的基本方略。以上分析可知，正是民族财政治理的诸多内在体制性扭曲与缺陷相互叠加的合力推动和累积效应的放大，侵蚀和抵消了国家基于民族地区的各种财税政策的真正功效。如果不从诸多内在体制性扭曲与缺陷相互叠加、相互推动的内在机理上去剖析并施之以相应的配套联动改革方略，任何单一、临时性财税体制改进与政策措施，对民族地区财政治理和良性运行都没有太大意义，甚至可能以体制漏损、政策效应外溢等方式，出现政策的逆向配置效应，反而使民族地区发展处于更加不利的境地。针对中央与民族地方事权财力不能划清、财权与责任不相匹配，现行税收制度与政策不利于调控区域协调发展，现行转移支付制度不足以弥合民族地区财税利益均衡，民族区域自治制度相关规定与现行财税体制契合不够，保障民族地区财税利益的制度功效有限等诸多体制机制障碍的情况，必须多管齐下，需要市场初次资源配置（推动民族地区市场化改革进程以获得体制租金）、政府再次资源配置（治理和优化财政支持机制和方式）以及第三次社会配置（发挥"体制外"各种财政手段与方式）同时发力，改变财税体制与政策的基本导向和财税收益分配机制与方式、调整转移支付制度的功能与结构、加强民族区域自治制度的财政经济保障功能建设等方面进行适应性制度调整，这是一项需要综合运用立法、行政、市场、司法乃至道德手段等多种工具才能奏效的宏大系统工程，必须在财税资源配置思路清晰、财税政策体系目标明确的前提下进行顶层设计，再在综合配套的条件下坚定有力、持续渐进地推进方有成效。就民族财政治理而言，要主动适应体制改革的空间非均衡向均衡倾斜转变、利益空间分配的不均衡格局向相对均衡转变、利益物质输入方式向权利保障获取方式的转变、利益行政方式直接输入向体制改革租金获取转变等基本趋势，从微观财税政策调整入手，以财税利益保障与实现机制构建为前提和着力点，通过财税体制健全为基本保证的改革方略和次序，提高财税体制的主导作用，发挥"体制外"财政因素的特殊补充功能，实现体制搭配、协调效用的最大化。

第四节　重构我国民族财政治理体系的基本途径

　　新型民族财政治理体系构建的本质问题，是政府、市场和社会力量的分工与协同问题。在著名学者王绍光看来，在20世纪90年代短暂经历了"市场社会"的梦魇之后，中国已出现了蓬勃的反向运动并正在催生一个"社会市场"，即在承认市场仍然是资源配置的主要机制的前提下，通过政府再分配的方式，尽力将对与人类生存权相关的领域进行"去商品化"，让全体人民分享市场运作的成果，让社会各阶层分担市场运作的成本，从而把市场重新"嵌入"社会伦理关系之中。① 也就是说，改革开放以后在"发展是硬道理"的主导思想支配下，为了追求效率或整体经济增长速度的最大化，包括公平、就业、职工权益、公共卫生、医疗保障、生态环境、国防建设等都必须让步。从这个意义上说，新型民族财政治理体系构

---

　　① 王绍光：《大转型：1980年代以来中国的双向运动》，《中国社会科学》2008年第1期。

建过程中的政府、市场和社会力量的分工与协同问题，只不过是我国"大转型"（Great Transformation）和"双向运动"（Double Movement）的一个缩影。

一 市场与政府的分工与协调

就市场与政府的分工与协调而言，第一，更恰当的提法应该是什么样的利益冲突需要直接依赖于人为的政治机制即财税制度安排来解决？而什么样的问题则只需要政治机制去发挥间接的影响而在直接层面上仍是由市场机制来完成？一般来说，在直接分配制度与间接协调机制的选择问题上，一旦强调了平等待人原则在结构选择上的指导地位，我们就会发现：制度选择问题并非一个制度规则孰优孰劣的问题，而是一个什么样的问题最终需要依赖于市场机制去解决利益分配的冲突（政治机制只做出间接协调）、什么样的分配问题应该完全依赖于政治机制来解决的问题。[①] 从理论上而言，由于市场机制在利益分配上仅限于"介入市场之中"而不能包容"介入市场之外"的局限性，财政必须在协调利益分配、实现利益均衡上承担起更为重要的责任。从现实来看，财政在协调利益方面发挥的作用差强人意，甚至在某种程度上造成了利益分化的加剧。这在本书第六章的分析中已经得到充分证明。第二，从利益关系治理视角理解政府与市场的关系，决不能把政府简化为一个单一的主体，而是涉及不同行政级别的地方政府（纵向维度）以及利益各异的同级地方政府（横向维度）：不同层级政府之间涉及局部利益和整体利益之间的协调，而同级政府之间则涉及局部利益的产生和分配问题。由于局部利益与整体利益的冲突以及局部利益的分配问题扭曲要素的价格形成机制，市场机制对要素配置的功能受到限制、影响市场机制的资源配置效率等问题，必须在要素供需平衡差异导致地区要素价格和投资回报率差异，以及预期市场潜力的空间差别，导致要素的区际流动和产业转移中予以重视。

[①] 曾军平：《自由意志下的集团选择：集体利益及其实现的经济理论》，格致出版社 2009 年版，第 255 页。

与此同时，强调发挥财税制度对于民族财政治理的重要作用，并不表明发展民族地区市场制度应被放在次要地位。通过不完全市场机制无法充分协调利益冲突的现实面前，基于全局意义的利益协调面临着以前不曾遇到过的特殊制约因素：既得利益集团左右政府重大决策，原体制不合理、不平等性因素不断制度化，制度间激励不相容等现实难题有待于在财政治理过程中逐步破解。在经济全球化、全球市场化及全国统一市场逐步形成的背景下，产业竞争优势的源泉、内生发展能力的培育越来越仰赖于良好的市场制度基础设施建设而非仅仅依靠中央财政的财政补助。在满足国家战略需求的前提下，西部民族地区 GDP 高速增长通过东部市场化（新增部门）创造的财富，以转移支付数额不断加码补贴西部现行体制（存量部门）的方式越来越得不到合法性支持的情况下，财政治理不仅仅是将一个个大型项目优先放在西部民族地区，通过小步微调转移支付系数（这当然很重要）的过程，更应该是通过市场制度基础设施建设、持续获取体制租金的过程。当然在这一历史进程中，充分发挥社会力量弥合民族地区利益整合和协调的积极作用非常重要。因为考虑到我国大量的综合负债（包括银行坏账、地方政府债务、社保欠账等）以及未来老龄化问题，完全由财政来承担利益均衡功能是有困难的。我国学者孙涛、张晓晶的研究表明，2007 年我国的国家综合负债水平占到 GDP 的比例为 81.5%。因此调动国家—市场—社会三方的共同力量，形成个人、政府以及非政府组织等第三部门共同负担社会性支出、达成利益相对均衡分配格局是大势所趋。[1]

二 小结

赫希曼指出，当一国发展差异明显扩大，影响到宏观经济增长和结构变革乃至国家政治稳定时，就会出现一种强大的力量，将这种分化运动推向转折点。[2] 从以上分析看出，这种力量既可能来自

---

[1] 樊纲、张晓晶：《"福利赶超"与"增长陷阱"：拉美的教训》，《管理世界》2008 年第 9 期。

[2] A. O. 赫希曼：《经济发展战略》，经济科学出版社 1990 年版，第 170 页。

市场机制，也可能来自政府干预，还可能来自社会。因此，基于中国民族财政治理体系的构建，既要通过大力推进市场化改革，让市场发挥资源配置的决定性作用，夯实利益生产与实现的基石与平台；又要通过相关财税制度建设，发挥政府再分配手段的强有力平衡功能；还要通过加强公民社会发展，加强社会管理，发挥社会组织利益关系治理的积极作用。

第五节 重构我国民族财政治理体系的主要任务

重构我国民族财政治理的主要任务包括以下几个方面。

一 合理划分中央与地方事权和支出责任，进一步厘清中央政府与民族地方政府之间事权包括外溢性事权和代理性事权划分，优化、调整民族地方财政支出结构，健全体现事权划分受益原则与事权和财力相匹配要求的民族地区财政收支模式

具体来说，考虑到目前民族地方政府承担了很多中央政府事务和承担了很多代理性事权的基本事实，因此可将这些代理性事权和支出责任剥离出来，并将由此引发的民族地方特殊支出因素进行归类分析，充分论证和科学测算其实际发生费用，积极与中央政府部门进行沟通和讨论，寻求专项转移支付的资助，从而为逐步厘清中央与地方政府职能创造条件，缓解民族地方财政支出压力，提高其对内部事权的保障能力和公共服务供给能力。因为基于收益获取与成本负担不对等、生态失调、族群利益分化等非协调发展所引发的一系列社会问题，具有典型（公共产品的）的公共风险属性，它与市场机制规则即与市场参与者的风险责任必须是明晰的不相吻合，此类（公共产品的）公共风险只能按照集体行动的逻辑，由政府特别是上一级政府来承担起相应的支出责任予以防范和化解。再从是否有利于经济增长的角度看，依据不同公共支出事务的具体特点合理划分各支出项目的责任是政府财

政收支责任安排的关键。① 作为社会财富再分配主要手段的财政支出及其责任安排，应该突出强调区域公平、调节差异，比如基于民族地区的基本社会保障、义务教育、重大环保项目等职责应由中央财政为主统筹承担，减轻社会性支出事务过多依赖于民族地方政府的局面，使其更有财政能力与动机为国家提供诸如生态安全、民族团结与疆域完整等具有全局战略意义的、可能生发公共风险的重要公共产品。同时以财政支出制度来弥补税制、税收体制的不足，互补长短，互相促进，将会更加有效地推动区域统筹协调发展。② 同时，结合推进税制改革，按照税种属性和经济效率等基本原则，研究进一步理顺政府间收入划分，调动中央和地方的积极性。

二 调结构、转方式、稳增长、惠民生、防风险，推动新常态下经济发展的财税体制机制构建

针对民族地区工业基础比较薄弱，高耗能、高排放问题较为突出，竞争力严重不足；生态脆弱，经济发展与环境保护的矛盾突出；农牧民人口占比高，城镇化水平低；民族地区经济社会发展总体滞后的状况依然没有根本改变，与发达地区差距拉大的趋势依然没有根本扭转③的严峻现实，必须构建有助于调结构、转方式、稳增长、惠民生、防风险的财税体制机制。第一，发挥财政治理在提升投资和消费水平与质量的促进作用，处理好调结构与稳增长的关系。民族地区财税工作既要坚持投资拉动和项目带动、努力提高投资质量和效益，又要高度重视扩大消费、努力增强消费对经济增长的拉动作用。一方面，优化投资结构与方向，突出投资重点，切实推进事关长远发展的重大基础设施、产业项目和民生工程建设，以更优的投资结构打造更好的经济结构。另一方面，财政治理要把解

---

① 贾俊雪、郭庆旺：《政府间财政收支责任安排的地区经济增长效应》，《经济研究》2008年第6期。
② 王金秀：《我国地区间财税的失衡及其矫正》，《财贸经济》2007年第6期。
③ 国家民族事务委员会、中共中央文献研究室：《民族工作文献选编（2003—2009）》，中央文献出版社2010年版，第391页。

决西部老少边穷地区居民生活必需品不足与缓解东部地区产能过剩结合起来。为促进农牧民消费水平和体现国家对民族地区的优惠照顾，国家对在新疆、内蒙古、宁夏、西藏、广西等少数民族自治区和汶川、玉树地震灾区用于商贸流通领域刺激消费的资金，由中央财政全额负担。① 加大针对提升西部民族地区农牧民消费水平，可选择西部农民人均收入最低的县（旗），按照一定原则，向贫困农牧民发放消费券，在刺激消费的基础上改善民族地区农牧民的福利水平。② 第二，发挥财税政策提升优势产业发展的推动作用，在培育内生动力的过程中培育特色优势产业。调整西部地区鼓励类产业目录，将未列入《产业结构调整指导目录》的民族地区优势产业、支柱产业纳入优惠范围，使财税优惠政策真正惠及民族地区更多的企业和个人。第三，发挥财政在推动城镇化水平与质量的先导作用，推动民族地区城乡发展一体化。西部民族地区的发展差距突出表现为城市化步伐滞后，带动力不强。而民族地区参差不齐的城镇化水平、农牧业不一的发展模式、山川民居极富特色的生存环境，决定了其城镇化模式各不相同，财税工作推动城镇化的机制、方式方法也会有所不同。以成都城市化模式为例，初步形成了以"复合城市化、城乡一体化、要素市场化"为路径，从"全城谋划"到"全域统筹"再到"全球定位"的发展模式。③ 因此，财税工作应当在促进城市发展内涵、城乡一体、要素配置市场化等方面发挥先导作用；再以宁夏为例，宁夏黄河两岸的十个城市，涵盖了宁夏57%的人口、43%的土地、聚集了80%以上的企业，创造了90%以上的地区生产总值和财政收入。因此发展沿黄河城市带、奋力打造黄河金岸，带动产业聚集、人口集中、城乡统筹、山川协调的城镇化模式，是宁夏城镇化发展理念的基本定位。④ 与此相适应，财税

---

① 《财政补贴激活居民消费》，《人民日报》2010年8月12日。
② 周民良：《论深入实施西部大开发战略》，《新华文摘》2010年第16期。
③ 国家信息中心课题组：《西部大开发中的城市化道路——成都城市化模式案例研究（摘要）》，《光明日报》2010年2月3日。
④ 王正伟：《转变发展方式中拓宽西部开发新路》，《求是》2010年第14期；《"宁夏要与全国同步奔小康!"——访宁夏回族自治区主席王正伟》，《光明日报》2011年1月19日。

工作在推动宁夏产业开发集聚、城乡统筹示范、生态文明先行等方面理应发挥更大推动作用。总之，城镇化过程以及与此相适应的公共服务体系和作为其基础的财政覆盖范围的相应拓展，迫切需要基于同各类城镇化模式对接目标的财税工作的强力推进，为西部民族地区经济社会发展注入新的活力。第四，以构建生态保护、资源开发补偿机制为契机，寻求经济发展与生态保护的良性互动机制。2004年国家开始建立生态建设和环境保护补偿机制；2008年增加对三江源等重点生态功能区的均衡性转移支付力度；2009年推行资源税改革；2011年起中央财政每年安排134亿元，对内蒙古等八个草原牧区省份开展补助和奖励等种种改革举措，必将在经济发展与生态保护的良性互动中有力地促进民族地区经济发展方式的根本转变。

三 完善和动态优化与民族区域自治制度相适应的转移支付制度，科学设置、合理搭配一般性转移支付、专项转移支付与民族地区转移支付，发挥好各自的作用，增加一般性转移支付和民族地区转移支付的规模和比例，分类规范专项转移支付，提高资金分配透明度和使用效应

从经济增长、效率为先的转移支付制度的实施导向看，我国转移支付体系的"控制目标"与"应付短期问题的权宜性目标"即维护国家稳定、减少治理阻力的政治平衡考虑，[①]已压倒了"均等化目标"，而扩张转移支付总量的改革方式不足以促进财政均等化与均衡协调发展的根本实现。从长远看，必须对侧重控制功能的现行转移支付体制做根本的结构性治理，以强化其再分配功能。基于构建新型民族地区财税关系模式而言，要建立完善与民族区域自治制度相呼应、以主体功能区建设为重点和突破口的财政转移支付制度体系，改进民族地区转移支付测算分配办法，提高转移支付规模的稳定性与可预见性；加大均衡性转移支付力度，完善支出成本差异

---

① 宋小宁、苑德宇：《公共服务均等、政治平衡与转移支付》，《财经问题研究》2008年第4期。

体系，客观反映民族地区相对较高的支出成本；改进激励机制，减小均衡性转移支付对地方财政努力的反向激励，提高地方的受托责任，增强均衡性转移支付资金的使用绩效；以三江源生态保护、草原生态保护补助奖励机制建设为突破口，增加对禁止和限制开发区域用于公共服务和生态环境补偿的财政转移支付，推进完善主体功能区建设。

四　完善民族省区以下财政体制，规范省（区）以下财政收入和政府支出责任划分，将部分适合更高一级政府承担的事权和支出责任上移

推动民族地区完善省以下财税体制，指导完善省以下收入划分，在增强省级调控能力的同时，弱化基层财政因收入来源偏窄且波动较大形成的不良影响；强化省（区）级政府在义务教育、医疗卫生、社会保障等基本公共服务领域的支出责任，提高民生支出保障程度，着力解决在民族地区相当突出的"吃饭难"、"行路难"、"饮水难"、"上学难"、"看病难"等问题，加快建立县（旗）级基本财力保障机制，增强基层政府提供基本公共服务的能力。

五　减少财政管理级次，积极稳妥推进"省（区）直管县"和"乡财县管"等财政管理方式改革，提高管理效率

调整民族地区地方财政层级，加快完善民族省区以下财税体制治理步伐，注重民族省区以下财政改革相对滞后的负面影响，完善县级基本财力保障机制，着力解决民族地区县乡财政困难，增强民族地区基层政府提供基本公共服务的能力。加大乡镇机构改革和精减人员力度，提高基层人员待遇水平，结合农村综合改革，进一步完善乡级财政职能，提高财政管理效率。

六　切实转变政府职能，改进干部考核任用制度，完善市场经济体制，推进法制化进程，改善宏观调控，为重构民族财政治理体系提供配套措施

一是牢固树立科学的发展观和政绩观，建立完善区域有别的干部考核体系。提升民族地方政府能力并强化行为约束，引导地方政府将财政资金向基本公共服务领域倾斜，确保均衡能力的增强转化为均等化水平的提高。二是充分考虑民族地方政府的承受能力，完善财政决策机制。建立反映地方利益的议事机制，加大中央各部门对民族地方政策的协调力度，为民族地方政府施政提供适宜的环境，推动决策民主化，提高政策的预见性。三是清理区域政策，促进统一市场逐步形成。加快资源性产品价格改革，深化户籍制度改革，实行区域适度保护与要素流动相结合，减缓财政均衡压力。四是制定基本公共服务标准体系。推进机关事业单位改革，同步推进地区间改革步伐，统筹协调各部门改革进程。严格控制行政成本，把财政资金更多地投入与民众利益更直接相关的民生领域。

第六节 以构建利益保障与实现机制为主要着力点，创新我国民族财政治理政策体系

提出利益保障与实现机制建设的重要命题，主要基于以下考虑，第一，受到经济发展水平制约，民族地区生产性收益十分有限，通过财政再分配途径获取再生产性收益就具有特殊重要性。因为"在效率政策或再分配政策之间做出选择，特殊利益群体倾向于选择再分配，因为这增加了这些群体获得更大份额的社会产出的机会"①。不管是生产性还是再生产性收益分配，都需要借助于一定的实现机制得以实现，即通过一系列相互联系、制约和作用的因子所形成的系统性关系的有机耦合，达到主体所意欲的基本目标。从利益实现机制的内容来看，包括体制、策略、手段、观念与伦理等，而利益实现机制所具有的关系性，也使其核心内容客观地定位于一定的制度形式而不是某种手段。民族地区财税利益的政策性、技术性层面上的问题，大都可追溯到财税利益保障与实现机制层面上来。第二，相对于财政体制的"内核"部分，如事权与财力匹配问

---

① [美]罗伯特·古丁、汉斯-迪特尔·克林斯曼：《政治科学新手册》下，生活·读书·新知三联书店 2006 年版，第 829 页。

题、转移支付制度问题以及财政体制与民族区域自治制度的契合等，由于其上位性质有较强的改革约束，即"在一个层次上行动制度的变化，是在比它更高层次规则中发生的，制度的层次越高，其变化的成本越高，因而就越难以变化"①，因此不可能在短期内得到很好地解决；而基于民族财政治理政策又具有多变性、临时性等现实性存在。因此，以构建财税利益保障与实现机制为契机，既可以打通财政体制内核的某些关节，又可以起到稳定财税政策有效性、针对性的功力，是近期内全面深化财税体制与民族财政治理政策的有效途径和主要着力点。第三，民族地区财政体制与政策体系上、形式上虽具有完备性，但实际功效却不尽如人意，财税利益保障和实现机制这一中观层面的体制缺位是真正根源。而正是这一点，被理论界和实践层面所普遍忽视。因此，通过构建民族地区利益保障和实现机制，打通体制—机制—政策联动运行渠道，既能治标又能兼顾治本之效。基于此，民族财政治理的利益保障与实现机制应主要包括：利益归属机制、利益补偿机制、利益扶助机制、利益争端协调机制与利益博弈均衡机制等。

一　科学界定利益归属，构建公正合理、收益与成本相对称的收益归属机制

收益归属机制是协调中央与地方、地方与地方、发达地区与落后地区之间各种税收和非税收入分配方面的一系列规则。财税收益归属是指在财税收入制度中明确某一项收入归属于某一地区并在该地区入库，在此基础上，不同层级政府再按照分税制财税体制的规定对该项财税收入进行划分。博弈论及其实验经济学的研究结果表明，公平分享收益会构成对参与人的激励（Roth，1995）。因此，在建立合理的公共收入比例关系的问题上，关键的问题其实还不是如何通过研究来制定出财政收入比例（这其实还是一种计划经济的思维方式），而是要建立和发展起一种社会机制，使得经济中的各

---

① 柴盈：《奥斯特罗姆对经济理论与方法论的贡献》，《经济学动态》2009年第12期。

种需求得以充分而正确的显示，使得各种利益相互平衡，使得有限的资源合理地配置到最需要的用途上去。[①] 国家财税制度安排与利益分配上具有强烈的"效率"导向，即财政贡献率越高享受越多的收益权优待。这符合国家非均衡发展战略要求，即体现了利益共容和均衡实现上的"效率"，而相对忽视了利益共容和均衡上的"公平"。因此，在财税利益归属机制的构建上，应充分认识"区域间的效应决定国家的结局"[②]，充分考虑体制空间差异所导致的财税利益冲突，借鉴国外有益做法与经验，规范财税利益归属，构建中国特色的财税收益归属机制。构建和规范我国财税收入归属机制必须遵循税法优先的原则，行政协调不能强制介入；必须坚持以属地管辖为基础的原则，保证资源地税基的稳定与完整；必须坚持生产地财税利益优先保证的原则，以确保资源地的财税利益不受损害；必须认真贯彻执行合作开发各方利益共赢的原则，跨区域投资者按照市场经济规则获得投资的利润回报，而资源地依据税法赋予的税收管辖权获得地方财政利益。在上述原则指导下，第一，进一步规范增值税收入归属机制，针对跨区域经营的纳税人所缴纳的增值税在区域间进行合理划分。基本思路是筛选关键因素，科学确定权重，形成规范透明的收入划分公式，选择合理的征缴机制与方式，保证不同区域应得的税收权益，纠正经济效率偏向下不利于民族地区财税收益分配的局面。第二，进一步规范营业税收归属机制，在应税活动发生地原则和机构所在地原则难以完全统一、不可避免地发生矛盾的情况下，必须兼顾不同区域地方政府的税收利益，完善跨区域应税劳务营业税的分配方法，确定相应的跨区域应税劳务的关键因素，依此确定分配公式，对跨区域应税劳务营业税在区域之间进行合理的划分。第三，进一步规范企业所得税收入归属机制。注重研究新《企业所得税法》实施以来财税收益的空间转移问题，逐步解决概念界定模糊、政策执行口径不明确等技术性问题，明晰分支

[①] 樊纲：《论公共收支的新规范——我国乡镇"非规范收入"若干个案的研究思考》，《经济研究》1995年第6期。
[②] [英]约翰·伊特韦尔：《新帕尔格雷夫经济学辞典》第4卷，经济科学出版社1996年版，第128页。

机构税务机关监管职责界定，加大对不按规定分配税款的处罚措施的规定与执行力度。

二 贯彻成本收益对等原则，构建公正合理的利益补偿机制，使成本分摊与其收益在空间上大体一致，体现改革成果在全区域的公正合理分享

财政学家马斯格雷夫认为，根据受益区域来安排财政结构的逻辑，是为了使人们能够"购买"并享用那些能满足他们偏好的公共服务水平及结构组合。因此，需要课征全区域的（全国性的）税收，从而为全区域性的服务提供资金；同样，也需要征收地方性（某一有限地区内的）税收，为那些由地方政府在本辖区提供的服务提供资金。由于各种公共产品的受益范围受到空间上的限制，所以每种服务应当由获得利益的辖区范围来决定，并在该辖区范围内支付费用。[①] 奥尔森（Olson）也指出，在不考虑收入分配的情况下，将联邦政府的资金转移给州政府的唯一合理理由是地方提供的公共产品的受益范围超过了它所辖的行政边界。[②] 30多年基于区域发展的财税政策实践表明，我国经济发展政策实施所引起的效率改进和利益分配在区域空间分布上出现了严重的不均衡、不对称。即我国区域政策特别是区域财税政策的实施，使东部发达省区受益的同时使西部省区的利益受损，但只要东部发达省区的利益所得大于西部省区的利益损失时，那么就存在着卡尔多—希克斯效率改进，即受益地区就应该向利益受损地区进行经济补偿。[③] 如果受益者不对受损者提供补偿，那么即使是一项能够促进生产率的调整也不一定保证会让所有人都从中受益。[④] 产生经济转型及其公共服务的收益分享与成本负担不对称问题，根源之一是财政制度安排中缺少专

[①] 理查德·A. 马斯格雷夫、佩吉·B. 马斯格雷夫：《财政理论与实践》，中国财政经济出版社2003年版。

[②] Olson, M., "The Prinple of 'fiscal equivalence': The Division of Responsibilitries among Different Levels of government", *American Economic Review*, Vol. 59, No. 2, 1969.

[③] 常云昆：《论西部开发中的"补偿"问题及"补偿"政策》，《陕西师范大学学报》（哲学社会科学版）1999年第4期。

[④] 王绍光：《美国进步时代的启示》，中国财政经济出版社2002年版，第230页。

门处理横向区域间财政分配关系的机制与平台。国家除了在生态环保、矿产资源开发等领域开展试点之外，基于全局意义的利益补偿机制与政策设计大都是局部的、浅层的，还没有成套的逐步、系统解决欠账的思路；偿债主要由财政作为直接偿债人从外部实施，并着眼于对旧债的打包处置，是政策性的没有体制上的保障；由于体制本身还不具有自净的能力，因此并不能保证剩下的欠账继续得到清偿，也不能自动防止新的未偿费用的发生。[①] 因此，从政治角度看，应当将更多注意力放到受损者身上而不是受益者身上。在连贯经济体制治理条件下，基于政府补偿与政府声望意义上的、公正合理的区域利益补偿机制，就是要通过规范的制度建设来实现中央与地方、地方与地方的利益转移，从而来实现产业利益在地区间的合理分配。这种"利益补偿机制"的主要特点：一是地区利益的补偿将会通过规范的利益转移来实现；二是"利益补偿机制"更强调公平；三是中央政府在"利益补偿机制"运行中处于核心地位。

概括来说，基于民族地区利益补偿包括生态利益补偿、矿产资源开发收益补偿、发展权受限补偿等方面。以区域生态利益补偿为例，财税生态利益补偿机制是以保护生态环境、促进人与自然和谐为目的，根据生态保护成本、发展机会成本，综合运用行政和市场手段，调整生态环境保护和建设相关各方之间利益关系的财税环境经济政策。空间经济学认为，空间价值是发展在空间上内生的、以人与自然的和谐发展为理念的空间价值的重新发现，而空间利益增长与生态保护的均衡分工，是通过工业品与生态品空间配置和分工交换来实现的。这就是说，如果把我国东西部地区分别看作是工业品生产和生态品生产的两大巨系统，一方面，自然生态空间需要保护，并被限制开发；另一方面由于生态品价值的非市场化及外部性、非确定性，市场往往难以估量其价值，生态品和工业品的交易不对等，就会导致西部民族生态保护区域的发展公平和区域福利问题的凸显。[②] 为此，财政治理必须充分考虑民族地区生态保护区域

---

① 吕炜：《转轨的实践模式与理论范式》，经济科学出版社2006年版，第213—220页。

② 陈雯：《空间均衡的经济学分析》，商务印书馆2008年版，第239页。

生态品价值的补偿机制，缩小工业品为主区域和生态品为主区域的福利水平差距。西部地区特别是少数民族聚居地区的生态环境、文化资源、自然资源和区位特殊性，对我们整个国家的安全稳定和可持续发展具有重大战略意义，这也是西部地区、少数民族对国家、对中华民族大家庭做出贡献的重要资本和责无旁贷的责任。[①]"如果市场经济的实际运作对某些群体不利……那么就应在普遍个人权利的制度之内对某些群体所处不利地位和脆弱性进行补偿。"[②] 建立区域间横向生态补偿机制的主要目的是为了促进区域经济发展中区域利益共容中公平与效率的协调，其核心是解决生态服务在辖区间的外溢效应问题，即通过征税或补贴的方式使外部成本内在化。再以资源收益补偿为例，而资源收益补偿实际上包括资源保护的利益补偿、资源开发对代际利益的补偿、资源开发对环境利益的补偿、资源输出的利益补偿等。[③] 因此，基于民族财政治理视角的财政制度改革方案要充分考虑以下利益相关者之间的利益分配，以实现收益与成本的大体一致：一是在中央与地方的财税利益分配上，采取中央与地方科学的财税收益分成制。在具体政策安排上，要明晰资源要素的产权归属，创新资源价格形成机制和资源产权有效实现形式，改善中西部资源富集地区的比较利益，积极探索国家垄断为主、各省区参与开发经营的资源开发体制新模式；二是合理解决资源输入地与资源输出地之间的利益补偿问题。建议国家在扩大西电东送、西气东输规模的同时，适当提高资源税并对东部地区使用中西部能源征税，通过财政返还给中西部有关省区，专项用于能源基础设施建设。坚持使用资源付费和谁污染环境、谁破坏生态谁付费原则，逐步将资源税扩展到占用各种自然生态空间上；三是合理解决资源开采与地方环境治理保护投入的问题。科学合理地确定资源

[①] 郝时远：《中华民族伟大复兴的必由之路——各民族共同团结奋斗、共同繁荣发展》，《民族研究》2009年第6期。

[②] 金里卡：《少数的权利：民族主义、多元文化主义和公民》，上海译文出版社2004年版，第152页。

[③] 王文长：《民族自治地方资源开发、输出与保护的利益补偿机制研究》，载侯远高《西部开发与少数民族权益保护》，中央民族大学出版社2006年版，第100页。

成本费用核算办法，尽快建立资源开发补偿保证金制度，支持矿产资源勘探与合理开发、保护和恢复被破坏的地质环境和生态环境及经济转型；四是合理解决资源开采与当地居民的利益补偿问题，在相关制度设计中要强化和提高基层组织及居民参与程度及其收益能力；五是探索区域间生态品输出与公共产品输入之间的利益不对等问题。探索编制自然资源资产负债表。探索国民经济核算体系中以生态收支平衡系统为标志的技术手段来支撑具体实践。针对发展中国家财政政策实践中相关技术储备，英国财政学家爱普利姆·艾沙指出，"对于制定长期发展战略特别重要的许多'外部效应'，诸如环境的成本与收益、地区平衡发展、收入分配、多种经营及经济自主的成本与收益等，都不可能客观地用数量来表示。所以，尽管绝对必须考虑所有这些变量，但应该如何使用这些方法却不是很清楚"[1]。

三 构建利益扶持机制，通过东部地区制度创新的空间传导、产业链和价值链转移和产业干预方式提升西部地区产业竞争力，实现均衡协调发展与福利水平空间上的逐步改善

和东部地区以及其他地区有所不同，我国民族地区面临的主要问题是迫切发展与自我发展能力严重不足的矛盾。在国土整治和开发格局重大调整的情况下，还要进行"让发展"与"不让发展"的重大抉择。在此情形下，利益扶持互助机制的构建就具有特别重要的意义。以西部地区特色产业为例，中央政府对经济欠发达和承担重要生态功能区的民族地方政府，通过财政转移支付等方式，使其有足够的财政能力和财政权力为本地居民提供相对均等化的基本公共服务的前提下，构建援助政策为核心、发展控制与协调政策等相互配合，共同发挥作用的政策体系，通过构建国家投资引导政策体系，综合运用财政投资、产业财税政策优惠等，为西部开发提供强有力的产业支撑，达到均衡区域福利水平之目的。

---

[1] ［英］爱普利姆·艾沙：《发展中国家的财政政策与货币政策及其问题》，商务印书馆1998年版，第85页。

理论研究表明，基于欠发达地区的国家扶持政策具有较好的政策有效性。假定经济发展水平由东部向西部逐渐递减，空间上任意点单位产品的收入由曲线 P（价格）或 AR（平均收入）决定。假定曲线 P 在空间上没有差别，空间上任意点单位产品的生产费用由曲线 AC 决定。由于区位、生产要素的差异、国家宏观政策等因素，空间费用由西部地区到东部地区逐渐下降。与此，空间费用曲线 AC_1 向右下方倾斜，盈利空间主要在东部地区 M_1。随着国家宏观经济政策特别是区域协调发展战略的提出，国家对于西部地区的财政转移支付、税收优惠政策工具的使用，使得西部地区经济发展的空间费用不断下降，空间费用取向向下移动到 AC_2，此时盈利空间开始不断扩大，西部地区的部分区域 M_2 成为盈利区域。由此证明了国家扶持政策的有效性存在（见图 9—1）。

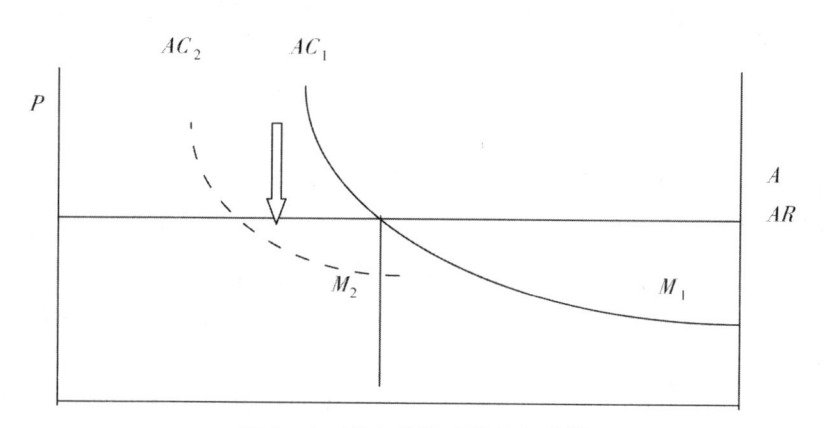

图 9—1 国家扶持政策的有效性

因此，针对西部民族地区的产业普遍缺乏竞争力、产业竞争力低下的客观现实，基于更高层次统筹协调发展的西部特色产业扶持机制的建立，一方面，应当真正有利于民族地区扶持地方农牧业及农牧产品加工、能源及化学工业、重要矿产资源开采及精深加工、特色装备制造业、高新技术产业、旅游及文化产业等优势特色产业的发展，在遏制传统经济发展方式下"贫困化增长"对福利侵害的同时，强化、引导和形成一批特色资源加工基地和优势产业发展基地，使之成为带动西部地区经济社会发展的新的增长极，进而形成产业集群为先导、多个产业同步协调发展的区域产业布局，促进区域经济整体效益的提升，启动内需战略要求下内陆地区经济发展活力，使中西部地区开发成为抵御消费不足、经济可能长期下行的主导空间；另一方面，充分利用后金融危机时代产业分工调整、重组的难得机遇，积极引导外商投资和沿海企业西进，通过东部地区制度创新的空间传导、产业升级中的空间转移吸引中枢性产业，以强化产业的关联效应来提升本地产业基地和集聚水平，让东部沿海地区从简单的制造业外包基地逐步升级为服务业外包的国际基地，使服务业外包成为加速引进新技术和投资资金进入广大内陆地区的经济平台，① 真正实现东部地区外向型和中西部地区内向型为主的两种经济运行系统的良性互动、功能互补，以解决传统产业转移割裂海陆产业的关联，使产业转移在空间维度的作用得以全面体现。研究表明，中西部地区从东部发达地区产业中所获体制性外溢收益极为有限：东部外向型和内陆内向型经济各自封闭运行，作为世界市场组成部分的东部地区未能很好地发挥体制先导作用。② 其实，二元经济模型的创立者阿瑟·刘易斯就此曾经提出警告：没有理由认为传统部门可以从现代部门的扩张中获益，因为既存在产生收益的因素，也存在导致损失的因素，因此不同的情况可能会有不同的净收益。③ 因此，注重中央政府的战略意图与西部地区主导产业演进的内在一致性就显得非常重要。就目前国家层面上的区域战略定位而言，西部地方政府自主选择主导产业或按照产业演进的内在规律决定产业结构的空间范围较为有限。在某种程度上说，国家资本和民间资本对西部民族地区的建设史，是一个"为工业化而工业化"

---

① 吴福象：《科学发展观指导下的区域公平和福利补偿机制研究》，《南京社会科学》2008年第9期。
② 薄文广、安虎森：《中国被分割的区域经济运行空间——基于区际增长溢出效应差异性的研究》，《财经研究》2010年第3期。
③ 王绍光：《美国进步时代的启示》，中国财政经济出版社2002年版，第220—221页。

的过程，很少考虑本地区自主选择的可能性。① 由此出现了两个必然结果，一是国家战略意图催生出来的主导产业和产业结构演进趋势违背了比较优势，使得西部地区作为东部沿海地区资源输送地、产品消费地的基本格局长期得不到根本改善；二是由于主导产业群中长期大量存在的国有企业不具有自生能力，西部地区的主导产业群在开放的竞争性市场中缺乏竞争优势，不得已需要占用大量国家财政资金进行救助。因此，在财税制度设计与政策安排上，第一，给予西部地区企业更多试错机制与空间，大力推行政府与社会资本合作模式，盘活和激发其巨大国有资本存量，以国有资本增值的"第三种力量"促进效率与公平。1977年诺贝尔经济学奖得主詹姆斯·米德认为，"公有资产的市场收益可以降低对税收和国债的过度依赖，提高整体经济效率"。通过国有资产的市场收益降低税率、减少国债从而带动社会资本，把国有资产、税收和国债三者做整体通盘的考虑，可以最大限度激活西部地区国有资本存量、减轻企业负担，同时鼓励了人们创业和增加工作努力的积极性。第二，充分尊重民族地区产业成长性的内在要求，以发展具有地方特色、比较优势和市场竞争力的产业、创新产业升级方式和产业政策为导向，以信贷优惠、财政贴息、政府援助、（民族地区）产业发展基金、产业援助基金等形式提高西部民族地区产业的整体地位和水平。第三，通过差别化财税政策扶助和诱导民族地区特色产业的深层次开发，以国家规划布局与财政投资和税收优惠催生市场化的分工格局相结合，有步骤、有重点地安排有关民族地区长远发展需要的产业项目，保持国民经济的适度空间均衡，防止出现经济过密与过疏问题，避免某些地区出现衰落和边缘化等问题。第四，充分发挥公共财政的导向作用，通过缩小民族地区所享受的公共产品和公共服务的水平和东部地区的差距，为从根本缩小发展差距创造基本条件。因为公共服务均等化的实现在很大程度上不受市场规律的影响。②

---

① 陶清德：《中国西部民族地区中小企业发展制度建构研究》，人民出版社2009年版，第267—268页。
② 杨明洪、孙继琼：《中国地区差距时空演变特征的实证分析：1978—2003》，《复旦学报》2006年第1期。

四 建立新型的利益竞合关系，构建利益争端协调机制和执法监督机制

当区域竞合中发生利益分配不公和利益冲突时，需要建立区际财税争端解决机制。"一个灵活的社会通过冲突受益，因为这种冲突行为通过规范的改进和改造，保证它们在变化的条件下延续下去。"① 一方面，鼓励和规范地方政府间区域合作的必要的法规与仲裁制度还存在着大量的空白，是造成区域间开发合作中区域利益冲突的主要根源。比如前述税收与税源不一致等区域财税分配等问题即是。另一方面，一些国家机关和部门在关系民族地区资源开发、财税收益分配、区域自治法规的贯彻执行等方面有法不依、执法不严、违法不究的现象还相当严重。即民族地区法定权利在实现过程中发生了大量缺损现象，所以监督法律的贯彻执行和立法同等重要。实践已经证明，自西部大开发战略实施以来，在西气东输、西电东送、西煤东运等项目建设中，大量存在着区域之间、中央和地方之间、开发企业和当地群众之间等多方面的利益矛盾与争执，这些问题业已成为影响民族地区财税利益关系的主要体制性因素。建立区域财税利益争端协调机制，可以有效地减少区域内外的财经摩擦，加速区域经济一体化和全国统一大市场的进程。这方面发达市场经济国家的经验值得借鉴。如美国跨州交易所产生的税收争议，多由美最高法院裁决。为防止各州征税所增税负，对跨州商务形成阻力，美最高法院根据美宪法中的商业条款，规定各州征税的四项标准：征税的商务活动必须与该州有实质性联系；必须在有关各州间公平分配跨州所得；有关各州为此提供的公共服务必须对此项商务活动都是公平合理的；对各州间商务活动无歧视待遇。必须同时符合此四项标准，各州所征税收才是合法的。上列第一项标准尤为重要。为此，最高法院曾裁定多种分配所得的公式不合法，如因各公式所选定的分配因素，以各有关州的资产、资本、雇工等以及应加权的方式，仍会造成重复征税或都不征税。对此，美最高法院最

---

① 路易斯·科塞：《社会冲突的功能》，华夏出版社1989年版，第137页。

终决定：各州税收是否公平分配必须符合两个标准。一是内部一致性，指税制能保证在每一州均征同样税种时，不会产生多重征税；亦即在各州征税的总税负和纳税人在一个州就总所得统一征税完全一样。二是外部一致性，指各州对应税行为的认定，在整个跨州业务行为中，只就和本州岛有实际联系的部分所产生的所得征税，换言之，征税结果必须能反映在各有关州应税所得是如何产生的。以上说明，美最高法院对此类诉案的裁定，是从问题产生的整个来龙去脉来考虑的，包括涉及的内外因素。①

借鉴国外和国际区域经济合作争端的解决方式，我国区域内外财税利益争端协调和监督机制可考虑通过以下几种途径予以解决：第一，充分协商。在不违反法律和不损害社会公共利益的前提下，协商是解决利益争端最理想、成本最小的途径。一直以来，我国跨省区经营企业的税收分配都没有通过制度化的方式解决，而是由税源地与企业注册登记地之间通过谈判解决，并取得了一定效果。如广西提出龙滩水电站的税收分配问题，不仅得到了圆满解决，还促成财政部出台了关于跨省区水电项目税收分配指导意见。② 第二，有效调解。调解可由区域专门管理或协调机构主持进行，也可以由其共同的上级政府或组织乃至最高权力机关主持进行。如2006年7—9月，全国人大组织检查组对《民族区域自治法》实施情况进行检查，并就检查情况向全国人大做专题报告，责成有关部门就配套资金减免规定落实不到位，财政转移支付力度小、不规范，资源开发补偿规定不落实，生态建设和环境保护补偿不到位等突出问题进行改进。由国家最高权力机构组织的利益调解，促进了有关问题的解决和帮助民族地区加快经济社会发展政策的落实。第三，相机仲裁。可以考虑在借鉴国外成功经验的基础上，在我国成立一个统一的、直接向中央负责的全国性的商业税收法庭，处理全国范围发生的商业和税收方面的争端，在消除区域间的障碍和壁垒的同时，发

---

① 贾康、马衍伟：《推动我国主体功能区协调发展的财税政策研究》，《财会研究》2008年第1期。
② 雷振扬、成艾华：《民族地区财政转移支付的绩效评价与制度安排》，人民出版社2010年版，第264—265页。

挥其区域间财税利益调处的积极功能。① 美国学者哈根和哈登以及巴里·艾肯格林就曾经建议，一个国家应设定一个如同独立的中央银行这样的独立的"国家财政委员会"机构以便抵制外界的政治压力，一方面可有效提供地方政府在经济繁荣时的财政盈余得到储蓄的财政安排，同时还可发挥一定的财税利益调控与仲裁功能。具体操作上，可以仿效成立于1967年的美国跨州税收委员会（the Multistate Tax Commission，MTC）和21世纪初期我国的跨区域银行制度建设。1998年我国废除了按行政区域设立省级人民银行分行制度，跨省区设立了九大分行并直接对中国人民银行负责。这种制度变革剥夺了政府干预地方银行从而影响国家金融政策的可能，提高了国家货币政策执行的效率，强化了中央政府通过中央银行对全国经济的宏观调控。鉴于区域性经济活动以及由此带来的利益分割等问题的普遍存在，跨区域全国性商业税收法庭或机构这样的平台设置势在必行。第四，审查监督。审查机制是为保证民族地方在法定范围内和正常轨道上行使相关权利，而对民族地方相关的财税行为进行监督、审查、调节、控制和纠偏的各种活动与行为，同时也是监督上级国家机关履行法定职责的制度保障。建立审查监督机制，是为了保证民族地方相关权利在法定范围内和轨道上行使，既要保证涉及民族问题的相关国家部委积极地、主动地行使权力，避免消极行为或不作为，又要防止权力滥用。从这一意义上讲，对于民族地区和少数民族的法律保障水平体现着一国法治水平与文明程度。2012年纪念现行《宪法》公布实施三十周年的座谈会上，习近平同志即指出："宪法的生命在于实施，宪法的权威也在于实施。我们要坚持不懈抓好宪法实施工作，把全面贯彻实施宪法提高到一个新水平。"强调"完善全国人大及其常委会宪法监督制度，健全宪法解释程序机制"②。《民族区域自治法》作为宪法性法律文件，权力机关的协调与监督是关键。2006年全国人大就民族地区法制保障与执行等进行监督审查即是这一精神的具体体现。另外，行政机关

---

① 许善达：《中国税权研究》，中国税务出版社2001年版，第229页。
② 习近平：《在纪念中华人民共和国宪法公布施行三十周年大会上的讲话》，2012年。

的监督亦是主要监督主体之一。《国家民族事务委员会"三定"方案》规定，国家民委会同有关部门有管理、检查民族政策、法律的执行和实施情况的职责。也就是说，国家民委对同级别的财税、金融等部门就民族地区相关财税、金融法律执行情况有权进行有效协调与监督并提出改进意见。第五，发起诉讼。发起诉讼是所有协调与监督机制环节中最后一道屏障，在保证法治秩序、保障民族地方权益等方面，其作用是其他手段所无法替代的（即使现实中极少有如此行为发生）。对于违反民族区域自治法律规范，侵犯民族自治地方自治权、损害少数民族权益的财税案件，人民法院应依法受理，及时判决。如《行政诉讼法》规定："人民法院审理民族自治地方的行政案件，并以该自治地方的自治条例和单行条例为依据。"在现实的财税经济行为中，由于具体监督机制的缺失，没有明确的处罚措施，特别是没有建立起"违宪司法审查制度"，对侵犯民族地方财税权益的司法救济十分有限。依法保障民族自治地方的自治权，维护少数民族和民族地区的合法权益，还需要更为具体的法律规定尤其是具体的程序性规定。从这一点来看，司法监督任重道远、制度创新十分迫切。当然，《若干规定》在此方面已经做了探索性尝试。该法第30条明确规定："各级人民政府民族工作部门对本规定的执行情况实施监督检查，每年将监督检查的情况向同级人民政府报告，并提出意见和建议。"第31、32条将法律责任区分为个人责任与法人责任进行规定："对违反国家财政制度、财务制度，挪用、克扣、截留国家财政用于民族自治地方经费的，责令限期归还被挪用、克扣、截留的经费，并依法对直接负责的主管人员和其他直接责任人给予行政处分；构成犯罪的，依法追究刑事责任。""各级人民政府行政部门违反本规定、不依法履行职责，由其上级行政机关或监查机关责令改正。各级行政机关工作人员在执行本规定过程中，滥用职权、玩忽职守、徇私舞弊，构成犯罪的，依法追究刑事责任；尚不构成犯罪的，依法给予行政处分。"应该说，这是民族立法的一项重大突破，可作为民族财政治理权益争端协调的法律依据和蓝本。

五 各方均等参与、博弈及利益共容的实现机制

当代的经济理论已经由新古典经济学的"优化时代"转入以博弈论为核心的"策略时代"。民族财政治理的内在协调具有强烈的国家意志主导性。美国著名经济学家缪尔达尔认为，在市场经济体制下，经济利益的形成、实现、分配是由市场主导的，但单纯的市场力量一般会扩大而不是缩小区域差距。"不平等的扩大决不是市场化治理和扩大开放的一个必然结果。世界上有不少市场经济国家的财富和收入分配是较为平等的。这里，一个关键性因素就是政府的干预政策。政府既可以缓和一国的不平等，也可以使不平等更加恶化。如果政府对于分配的公正性漠不关心，那么，不平等的消除就几乎是不可能的。当然，一个政府仅仅承诺要保证分配的公正性，它也还是无法确保不平等的消除，或者，如果一国政府的财政汲取能力太弱，则它也很难消除不平等的存在。只有当一个政府消除不平等的意愿和能力都很强的时候，治理开放的收益和成本的分配才有可能是公平的。"[①] 我国市场经济体制完善程度在角力各方力量不对等的现实之下，利益分配更要受到非市场因素的严重制约。而来自部门利益的政治意图总是渗透到利益分配之中，这在为民族地区财税利益关系的统筹与协调提供了新的空间和资源的同时，也加剧和压缩了财税利益统筹与均衡的复杂程度和达成一致性行为的可能性。"如果既有的政治社会权力嵌入市场化进程中去，就可能会恶化社会的收入分配。静态地看，不同的人所拥有的政治社会权力是不均等的，于是，权力不均等就可能借助于不规范的市场机制而扩大收入、福利和公共服务享用等方面的不均等。"[②] 因此，在追求经济增长的战略目标的主导下民族地方逐渐在利益博弈中处于相对劣势之际，需要构建一个由中央政府主导、地方各利益集团共同参与的利益博弈的均衡机制。东西部地区之间均衡角力的内在机制不存在，相对公平的利益分配格局就很难建立起来。面对利益多元

[①] 王绍光：《美国进步时代的启示》，中国财政经济出版社2002年版，第238页。
[②] 王永钦：《大转型：互联的关系性合约理论与中国奇迹》，格致出版社2009年版，第214页。

格局，消除和弱化利益集团负面影响的关键在于制约利益集团不均衡而导致的利益集团的出现，或者说建立利益集团的制衡机制，避免造成弱势利益群体由于缺乏基本的话语权或代言人，使其利益主体不能与强势利益集团形成抗衡与博弈，其结果是本来非中性的财税制度有了被"锁定"甚至强化的趋势。因此，要在利益博弈的策略选择上加大劣势方的"发言权"和要价筹码。比如可以通过调整"全国人大财政经济委员会"的组成，以期在做出重大决策时形成欠发达地区与发达地区的代表之间某种意义上的"讨价还价"①；地区发展差距拉大背景下避免由于政治代表性的分配不平衡问题，应该进入国家的政策考虑；② 健全全社会各利益群体制度化的利益表达机制，密切各级人大与选民的关系，增强人大整合民意的能力，使各级人大成为社会各利益群体进行利益表达、利益协商、利益整合的政治平台；③ 加强各级政协作为各阶层、各群体利益表达通道的功能，发挥为少数民族参与管理本地区本民族的事务、参政议政提供制度化的保障作用。

基于民族地区利益博弈均衡的实现机制构建，以下现实问题需要特别予以关注。

第一，国家部委之间的权益划分与资源配置问题。财政治理需要处理好财政部门与其他政府部门利益的协调问题。改革顺利进行需要各相关部门的配合，但对于要割舍自身利益的改革能够在多大程度上取得相关部门的配合，需要政治智慧，更需要设计得当、时机恰当、方式适当的一揽子相互配套、相互耦合的方案，以较小的震动处理好各部门既得利益维护与财税改革顺利推进问题。譬如，在财税利益和权益分配上，民族事务最高管理机构——国家民委与财政、发展改革委与金融机构等强势部门之间存在着"此消彼长"、

---

① 安虎森：《一体化还是差异化——有关区域协调发展的理论解析》，《当代经济科学》2006年第4期。
② 杨龙：《中国区域经济发展的政治分析》，黑龙江人民出版社2004年版，第281页。
③ 何显明：《市场化进程中地方政府行为逻辑》，人民出版社2008年版，第540页。

"你大我小"的问题,在利益比例确定上容易出现谁的意见都重要,最后由实权部门说了算的现象。因此,在国家民委的政策效用和管理绩效不强的背景下,必须明确谁是民族地区权益的保护者、干预者和控制者的问题。① 如何加强财政、税收、投资、金融、土地、价格等政策手段之间的相互衔接和协调,而且这些政策手段要与新一轮西部大开发的重点领域、产业导向和空间布局相配合,形成政策合力,发挥综合效应,都是基于民族财政治理与改革中不可回避的重要议题。在推动单纯议事性的协调机制向治理机构、治理制度、治理手段齐备的民族治理机制转变,促进区际、民族利益的有效协调方面,国家民委委员制度还有潜在的制度创新空间。第二,中央国家机关与民族自治地方(自治区)自治机关之间的权益分配问题。自治区自治条例至今尚未出台是这方面利益冲突的最集中表现。自治地方抱怨中央部委把部门利益看成高于一切的东西,国家部委则认为地方要价太高,是与中央"争权夺利"②。因此,国家应不失时机地推动省区级民族区域自治条例的尽快出台,通过利益协调机制建设,弥合部门利益冲突,保障利益博弈在相对均衡的水平上得以实现。第三,地方政府与民族主管部门之间的权益分配问题。如某西部省份财政主管部门与省政府民委就有关民族发展资金管理方面存在着意见不一致,虽然国家民委就此批评、督促解决,但还是在资金下达等方面出现不应有的效率损失。财政治理过程中对民族地区"一刀切"、强求体制统一而忽视差别性存在的长期性,对民族地区财税利益协调多、主管少等现象,亟须在实践中加以解决。正如笔者调研时的民族干部所言,如果没有实行民族区域自治,没有出台相关差别政策,上级政府可能还是给这么多,还是要扶持这样的水平和力度。这和民族区域自治实行与否、国家政策倾斜与否、落实党和国家的民族政策没有太大关系。这种对民族区域自治政策的疑虑和对相关利益协调的制度缺位,值得高度重视。第

---

① 国家民委民族问题研究中心:《"河州现象"呼唤民族地区重大政策调整》,2003年10月9日。
② 韦以明:《民族自治权与国家机关的领导和帮助》,载吴大华《民族法学讲座》,民族出版社1997年版,第130—131页。

四，国家（财税）制度建设与民族地区"地方性知识"（Local Knowledge）之间的耦合与协调问题。以生态、资源开发与保护为例，少数民族和民族地区民众和组织积累了大量足以在国家（财税）制度建设中汲取的经验和教训。[1] 印度地理学教授瓦桑塔·库马兰指出："传统生态知识和技术知识根植于过去，并与现代人类社区的文化和价值有微妙的联系。如果给予空间、时间和平等的位置，就能用一种比我们中任何人的所做更为实用和更胜任的方式共同思考和安置他们的生活条件；不需要在一个由外人设计的模型上计划它们的增长。"因为"复杂系统在时空尺度上剧烈变化，使得在提供资源持续利用的使用原则时，实证科学提出的普遍性规则变得毫无价值。正因为如此，本土社会在其历史时期积累下来的知识具有重要意义。在人类的历史进程中，存在其利益与其对资源基础的谨慎利用密切相关的人类群体，他们在一系列的尝试—出错—再尝试后得到的简单规则，确实能够保持资源基础的安全"[2]。少数民族虽然占有民族地区的生态资源，但缺乏支配这些生态资源的决策权，由于"自治权"对于民族地区的生态资源没有太大的控制意义，这些生态资源的优化配置和合理利用就成了问题。当生态资源被国家作为自己的财产调拨到非民族地区时，得到的回报总是输血式的救济、中央对西部尤其是民族地区的财政转移支付、专项资金补助等。我们认为这些回报都是建立在内部性的互惠基础之上，他们并没有充分补偿少数民族失去这些生态资源的直接损失。我们并不反对国家法律权威对民族地区生态资源的控制和支配，只是希望国家能够将这些生态资源重新进行产权设计，以消除民族地区产权模糊的状况。[3] 正如经济学家丹尼·罗德里克所说，"那些拥有参与制度的社会能够更好地实现资源的汲取从而满足社会保障之需"。"实际上，

---

[1] 这方面文献很多。有代表性的如冰梅、王瑞恒、胡德夫：《古代蒙古族自然资源保护法律及启示》，《兰州大学学报》（哲学社会科学版）2008年第6期。
[2] ［加］布鲁斯·米切尔：《资源与环境管理》，商务印书馆2004年版，第332—333页。
[3] 侯远高：《西部开发与少数民族权益保护》，中央民族大学出版社2006年版，第297—307页。

如果全体民众中的很大一部分在影响他们利益的问题上缺少有效的参与，则他们通常将会在政府的汲取过程中拒绝付诸努力。另一方面，如果大多数民众在经济和社会体系中并没有一种被排斥的感觉并且认为其中尚有自己的利益所在，则他们就会变得更加具有合作精神。所以，参与制度构建可能是消除中国经济不安全并最终产生稳定的经济结果的一种最好方法。"① 总之，在利益博弈的均衡机制构建方面，要求各级政府特别是中央政府，防止代表国家的利益集团的掣肘，跳出部门之间的利益冲突和争夺，从国家繁荣发展和民族团结和谐的长远战略目标出发，避免出现对部分有利就是对全局有利的"合成谬误"，主动地、不失时机地推动利益博弈均衡实现的体制机制建设。

---

① 王绍光：《美国进步时代的启示》，中国财政经济出版社2002年版，第242页。

参考文献

［1］［美］阿尼尔·马康德雅：《环境经济学辞典》，上海财经大学出版社 2006 年版。

［2］［以］S. N. 艾森斯塔德：《帝国的政治体系》，贵州人民出版社 1992 年版。

［3］［英］爱普利姆·艾沙：《发展中国家的财政政策与货币政策及其问题》，商务印书馆 1998 年版。

［4］安虎森、高正伍：《经济活动空间聚集的内生机制与区域协调发展的战略选项》，《南京社会科学》2010 年第 1 期。

［5］安虎森：《一体化还是差异化——有关区域协调发展的理论解析》，《当代经济科学》2006 年第 4 期。

［6］安虎森：《有关地区经济学基本理论的一些思考》，《西南民族大学学报》2008 年第 1、2 期。

［7］安玉琴：《分税制条件下西藏财税政策体系及其实施机制研究》，载国家民委起草"规定"领导办公室《新形势下民族区域自治政策研究》，中国社会出版社 2003 年版。

［8］安玉琴：《西藏财税管理体制存在的问题及对策》，《税务研究》2005 年第 9 期。

［9］［美］奥斯特罗姆：《制度分析与发展的反思》，商务印书馆 1996 年版。

［10］白钢：《中国政治制度史》，天津人民出版社 1991 年版。

［11］白彦锋：《税权配置论——中国税权纵向划分问题研究》，中国财政经济出版社 2006 年版。

［12］白彦锋：《我国地区间税权横向划分问题探究》，《税务

研究》2009年第6期。

[13][法]伯纳德·萨拉尼:《税收经济学》,中国人民大学出版社2005年版。

[14][美]保罗·萨缪尔森、威廉·诺德豪斯:《经济学》,人民邮电出版社2004年版。

[15]薄文广、安虎森:《中国被分割的区域经济运行空间——基于区际增长溢出效应差异性的研究》,《财经研究》2010年第3期。

[16][美]布坎南、马斯格雷夫:《公共财政与公共选择——两种截然不同的国家观》,中国财政经济出版社2000年版。

[17][澳]布莱恩·多莱里:《重塑澳大利亚地方政府》,北京大学出版社2008年版。

[18][加拿大]布鲁斯·米切尔:《资源与环境管理》,商务印书馆2004年版。

[19][美]布伦南、布坎南:《征税权》,中国社会科学出版社2004年版。

[20]财政部财科所研究报告:《经济增长与环境保护的和谐之路——新疆可再生能源开发利用调查研究》2008年第104期。

[21]财政部财科所研究报告:《石油石化行业税收问题研究——以新疆为案例的分析》,2007年8月22日。

[22]财政部财政科学所研究报告:《矿产资源分配体制改革的新思路:价、税、费、租联动》。

[23]蔡秀云:《西部大开发财税政策的实施成效及完善建议》,《税务研究》2010年第2期。

[24]曹学松:《垄断央企首先服务了谁》,《社会科学报》2011年1月18日。

[25]柴盈:《奥斯特罗姆对经济理论与方法论的贡献》,《经济学动态》2009年第12期。

[26]长江、王朝才:《中国民族地区特殊财政支出研究》,内蒙古人民出版社2001年版。

[27]常云昆:《论西部开发中的"补偿"问题及"补偿"政

策》,《陕西师范大学学报》(哲学社会科学版)1999年第4期。

[28] 陈伯君:《西部开发与地区经济公平增长——继续推进西部大开发战略对策研究》,中国社会科学出版社2007年版。

[29] 陈黛斐、韩霖:《西部大开发税收政策实施以来的效应、问题及前景》,《税务研究》2006年第10期。

[30] 陈龙:《需要、利益和财政本质》,《财政研究》2009年第7期。

[31] 陈秀山、丁晓玲:《西电东送背景下的水电租金分配机制研究》,《经济理论与经济管理》2005年第9期。

[32] 陈雯:《空间均衡的经济学分析》,商务印书馆2008年版。

[33]《陈云文选》第3卷,人民出版社1986年版。

[34] 陈振明:《政策科学》,中国人民大学出版社2003年版。

[35] 戴小明:《民族法制问题探索》,民族出版社2002年版。

[36] 戴逸:《清代开发西部的历史借鉴》,《人民日报》2000年4月13日第11版。

[37] [美] 丹尼尔·W. 布罗姆利:《经济利益与经济制度》,上海三联书店1996年版。

[38] [美] 丹尼尔·贝尔:《资本主义文化矛盾》,上海三联书店1999年版。

[39] [美] 道格拉斯·C. 诺斯:《经济史中的结构与变迁》,上海三联书店1994年版。

[40] [美] 道格拉斯·诺斯:《经济史上的结构和变革》,商务印书馆1992年版。

[41] 德全英:《民族区域自治权》,中国社会科学院,2001年。

[42]《邓小平文选》第1卷,人民出版社1994年版。

[43]《邓小平文选》第2卷,人民出版社1994年版。

[44]《邓小平文选》第3卷,人民出版社1993年版。

[45] 邓子基:《马克思恩格斯财政思想研究》,中国财政经济出版社1990年版。

[46] 丁学东:《在中国财政学会民族地区财政研究专业委员会2009年年会暨第16次全国民族地区财政理论研讨会上的讲话》,

《经济研究参考》2010年第3期。

[47] 董仲舒：《春秋繁露》，岳麓书社1997年版。

[48] 段晓红：《从民族财政体制的演变论财政自治权的法律保护》，《中南民族大学学报》（人文社科版）2007年第4期。

[49] 樊纲：《论公共收支的新规范——我国乡镇"非规范收入"若干个案的研究思考》，《经济研究》1995年第6期。

[50] [美] 费正清、罗德里克·麦克法夸尔：《剑桥中华人民共和国史（1949—1965）》，上海人民出版社1990年版。

[51] 冯俏彬：《私人产权与公共财政》，中国财政经济出版社2005年版。

[52] 冯特君：《论南共联盟在处理民族问题上的教训》，《当代世界社会主义问题》1992年第2期。

[53] 付广军：《税收分配在区域政府收入中应当有所作为》，《税务研究》2010年第11期。

[54] 傅志华：《国家财政安全论》，人民出版社2002年版。

[55] 甘肃省地方税务局课题组：《试论中央与地方税权的现状及完善建议》，载靳东升《依法治税——中央与地方税权关系研究》，经济科学出版社2005年版。

[56] 高培勇：《公共经济学》，中国社会科学出版社2007年版。

[57] 高培勇：《新一轮积极财政政策：进程盘点与走势前瞻》，《财贸经济》2010年第1期。

[58] 龚学增：《当前民族理论研究需要重视的几个问题》，《中国民族报》2009年9月4日第5版。

[59] 龚学增：《中国特色的民族问题理论》，中共中央党校出版社1996年版。

[60] 龚荫：《中国历代民族政策概要》，民族出版社2008年版。

[61] 龚荫：《中国民族政策史》，四川人民出版社集团2006年版。

[62] [美] 古德诺：《政治与行政》，华夏出版社1987年版。

[63] 高永久：《民族学概论》，南开大学出版社2009年版。

[64] 关礼：《新税法实施对广西财政经济的影响及对策建议》，《经济研究参考》2008年第5期。

［65］郭凡生：《贫困与发展》，浙江人民出版社1988年版。

［66］郭佩霞、朱明熙：《民族地区财力与事权配置要义——基于中外历史检验的视角》，《当代财经》2009年第12期。

［67］国家民委：《在中国特色社会主义道路上共同团结奋斗共同繁荣发展》，民族出版社2008年版。

［68］国家民委党组：《把民族区域自治制度坚持好完善好落实好》，《人民日报》2009年5月15日。

［69］国家民委党组：《新形势下做好民族工作的行动指南——学习习近平总书记关于民族工作的重要论述》，《求是》2014年第15期。

［70］国家民委民族问题研究中心：《"河州现象"呼唤民族地区重大政策调整》，2003年10月9日。

［71］国家民委政策法规司：《坚持和完善民族地区自治制度》，民族出版社2007年版。

［72］国家民委政研室：《民族区域自治研究》，《民族工作参考材料》2009年第3期。

［73］国家民族事务委员会、中共中央文献研究室：《民族工作文献选编（2003—2009）》，中央文献出版社2010年版。

［74］国家统计局课题组：《中国区域经济非均衡发展分析》，《统计研究》2007年第5期。

［75］国家信息中心课题组：《西部大开发中的城市化道路——成都城市化模式案例研究（摘要）》，《光明日报》2010年2月3日。

［76］［美］哈罗德·J.伯尔曼：《法律与革命——西方法律传统的形成》，中国大百科全书出版社1993年版。

［77］［英］哈维·阿姆斯特朗、吉姆·泰勒：《区域经济学与区域政策》，上海人民出版社2007年版。

［78］韩凤芹：《地区差距：政府干预与公共政策分析》，中国财政经济出版社2004年版。

［79］［美］汉密尔顿、杰伊·麦迪逊：《联邦党人文集》，商务印书馆1995年版。

[80] 郝时远：《中华民族伟大复兴的必由之路——各民族共同团结奋斗、共同繁荣发展》，《民族研究》2009年第6期。

[81] 郝文明：《中国周边国家民族状况与政策》，民族出版社2000年版。

[82] 郝云：《利益理论比较研究》，复旦大学出版社2007年版。

[83] [美] A. O. 赫希曼：《经济发展战略》，经济科学出版社1990年版。

[84] 何恒远、周立群：《国家战略、地方政府竞争与内生性区域差异化——中国经济转型区域路径分岔的一个分析框架》，《改革》2005年第3期。

[85] [德] 黑格尔：《哲学史讲演录》第1卷，商务印书馆1983年版。

[86] 洪远朋、于金富、叶正茂：《共享利益观：现代社会主义经济学的核心》，《经济经纬》2002年第6期。

[87] 洪远朋：《经济利益关系通论——社会主义市场经济的利益关系研究》，复旦大学出版社1999年版。

[88] 洪远朋：《十七大对马克思主义利益理论的坚持与发展》，《复旦学报》（社会科学版）2008年第3期。

[89] 侯远高：《西部开发与少数民族权益保护》，中央民族大学出版社2006年版。

[90] 胡鞍钢：《分税制：评价与建议》，《中国软科学》1996年第8期。

[91] 胡联合、胡鞍钢：《民族问题影响社会稳定的机理分析》，《人文杂志》2008年第2期。

[92] 胡怡建、许文：《企业所得税改革中的地区横向财政关系研究》，《财政研究》2006年第11期。

[93] 黄光学：《当代中国的民族工作》下，当代中国出版社1993年版。

[94] [美] 黄佩华：《中国：国家发展与地方财政》，中信出版社2003年版。

[95] [美] 黄佩华：《中国地方财政问题》，中国检察出版社

1999年版。

［96］黄如金:《制度、行为与发展——构建和谐社会的经济学思考》,《光明日报》2009年12月22日。

［97］黄少安:《制度经济学实质上都是关于产权的经济学》,《经济纵横》2009年第9期。

［98］黄肖广:《财政资金的地区分配格局及效应》,苏州大学出版社2001年版。

［99］黄文艺:《中国特色社会主义法律体系理论的总结与反思》,《新华文摘》2010年第23期。

［100］黄仁宇:《十六世纪明代中国之财政与税收》,上海三联书店2001年版。

［101］［美］S.霍罗维茨、C.马什:《利益群体、制度和区域特点——中国地方经济政策的解释》,孙宽平、唐铮译,《经济社会体制比较》2003年第3期。

［102］计毅彪:《分税制财政体制运行绩效分析——兼论分税制财政体制下云南财政改革与发展》,《财政研究》2008年第1期。

［103］贾俊雪、郭庆旺:《政府间财政收支责任安排的地区经济增长效应》,《经济研究》2008年第6期。

［104］贾康、白景明:《中国政府收入来源及完善对策研究》,《经济研究》1998年第6期。

［105］贾康、马晓玲:《支持西部开发的财税政策思考》,《财政研究》2005年第1期。

［106］贾康、马衍伟:《新企业所得税运行中存在的主要问题及改进建议》,《财政部财科所研究报告》2008年第60期。

［107］贾康:《财政本质与宏观调控》,经济科学出版社2001年版。

［108］贾康:《转轨时代的执着探索》,中国财政经济出版社2003年版。

［109］《江泽民文选》第1卷,人民出版社2006年版。

［110］《江泽民文选》第3卷,人民出版社2006年版。

［111］姜欣:《试论我国区域性税收政策效应问题》,《财经问

题研究》2008年第4期。

［112］《蒋一苇集》，中国社会科学出版社2006年版。

［113］金炳镐：《邓小平民族理论是科学的理论体系》，《黑龙江民族丛刊》2004年第2期。

［114］金炳镐：《论中国共产党第三代领导集体的民族理论》，载《民族地区自治新论》，民族出版社2002年版。

［115］金炳镐：《民族纲领政策文献选编》，中央民族大学出版社2006年版。

［116］金炳镐：《现阶段我国民族问题的特点分析》，《西南民族大学学报》（人文社科版）2007年第5期。

［117］金炳镐：《中国民族自治区的民族关系》，中央民族大学出版社2006年版。

［118］［加］金里卡：《少数的权利：民族主义、多元文化主义和公民》，上海译文出版社2004年版。

［119］［美］康芒斯：《制度经济学》上，商务印书馆1997年版。

［120］孔爱国、邵平：《利益的内涵、关系度度量》，《复旦学报》（社会科学版）2007年第4期。

［121］雷振扬、成艾华：《民族地区财政转移支付的绩效评价与制度安排》，人民出版社2010年版。

［122］雷振扬、成艾华：《民族地区各类财政转移支付的均等化效应分析》，《民族研究》2009年第4期。

［123］雷振扬：《民族地区财政转移支付的均衡效应研究》，《民族研究》2008年第1期。

［124］黎民、赵频：《我国中央与地方政府间财政关系上的机会主义及其抑制》，《公共经济评论》2006年第9期。

［125］李炳炎：《共同富裕经济学》，经济科学出版社2006年版。

［126］李甫春：《西部地区自然资源开发模式探讨》，《民族研究》2005年第5期。

［127］李锦绣：《唐前期"轻税"制度初探》，《中国社会经济史研究》1993年第1期。

［128］李俊清：《中国民族自治地方公共管理导论》，北京大学出版社 2008 年版。

［129］李克强：《深刻理解〈建议〉主题主线，促进经济社会全面协调可持续发展》，《人民日报》2010 年 11 月 15 日。

［130］李萍：《支持少数民族地区发展，促进基本公共服务均等化》，《中国财政》2009 年第 22 期。

［131］李萍：《中国政府间财政关系图解》，中国财政经济出版社 2006 年版。

［132］李萍：《财政体制简明图解》，中国财政经济出版社 2010 年版。

［133］李治安：《唐宋元明清中央与地方关系研究》，南开大学出版社 1996 年版。

［134］李治安：《元代中央与地方财政关系述略》，《中国经济史研究》1994 年第 2 期。

［135］［美］理查德·A. 马斯格雷夫、佩吉·B. 马斯格雷夫：《财政理论与实践》，中国财政经济出版社 2003 年版。

［136］［美］理查德·M. 伯德：《社会主义国家的分权化——转轨经济的政府间财政转移支付》，中央编译出版社 2001 年版。

［137］梁双陆：《边疆经济学》，人民出版社 2009 年版。

［138］《列宁全集》第 19 卷，人民出版社 1959 年版。

［139］《列宁全集》第 39 卷，人民出版社 1986 年版。

［140］《列宁全集》第 55 卷，人民出版社 1998 年版。

［141］《列宁选集》第 2 卷，人民出版社 1995 年版。

［142］林毅夫等：《欠发达地区资源开发补偿机制若干问题的思考》，科学出版社 2009 年版。

［143］林毅夫等：《中国的奇迹：发展战略与经济改革》，上海三联书店 1994 年版。

［144］刘剑文：《走向财税法治：信念与追求》，法律出版社 2009 年版。

［145］刘玲玲、冯健身：《人民主权——财政体制设计的逻辑起点》，《财政研究》2005 年第 11 期。

［146］刘庆岩、孙早：《国家意志、发展战略与市场制度的演进——改革开放以来中国西部地区的经济发展轨迹及展望》，《财经研究》2009年第3期。

［147］刘尚希、李敏：《论政府间转移支付的分类》，《财贸经济》2006年第3期。

［148］刘尚希：《政府间事权界定需要新思路》，《中国经济时报》2010年5月19日。

［149］刘微：《转型时期俄罗斯财政》，中国财政经济出版社2005年版。

［150］《柳宗元集》卷三十七，中华书局1979年版。

［151］楼继伟：《政府间财政关系再思考》，中国财政经济出版社2013年版。

［152］卢梅：《从经营川边看清末治藏政策的演变》，载罗贤佑《历史与民族——中国边疆的政治、社会和文化》，社会科学文献出版社2005年版。

［153］鲁品越：《生产关系理论的当代重构》，《中国社会科学》2001年第1期。

［154］陆丁：《寻租理论》，载《现代经济学前沿专题》第2集，商务印书馆1993年版。

［155］陆宁：《云南经济发展中的税收政策调整思路》，《税务研究》2010年第2期。

［156］［美］路易斯·科塞：《社会冲突的功能》，华夏出版社1989年版。

［157］吕炜：《转轨的实践模式与理论范式》，经济科学出版社2006年版。

［158］［美］罗伯特·古丁、汉斯－迪特尔·克林斯曼：《政治科学新手册》，生活·读书·新知三联书店2006年版。

［159］［美］罗伊·鲍尔：《中国的财政政策——税制与中央及地方的财政关系》，中国税务出版社2000年版。

［160］［美］罗伊·伯尔：《关于中国财政分权问题的七点意见》，载吴敬琏主编《比较》（总第五辑），中信出版社2003年版。

[161] 马海涛、王爱君:《后危机时代经济应对方略研究——从罗斯福新政谈起》,《财经问题研究》2010年第4期。

[162] 马海涛:《政府间事权与财力、财权划分的研究》,《理论前沿》2009年第10期。

[163] 马金华:《民国财政研究——中国财政现代化的雏形》,经济科学出版社2009年版。

[164] 马丽霞:《天山南北坡经济带开发问题研究》,中国经济出版社2007年版。

[165]《马克思恩格斯全集》第10卷,人民出版社1959年版。

[166]《马克思恩格斯选集》第1卷,人民出版社1995年版。

[167]《马克思恩格斯选集》第2卷,人民出版社1995年版。

[168] 马歇尔:《经济学原理》,商务印书馆1997年版。

[169] 马应超:《"中国特色社会主义民族财政经济理论体系的建构与深化"总报告》,载中共中央党校科研部《2009年度全国党校系统重点课题优秀调研报告集》。

[170] 毛程连:《财政学整合论》,复旦大学出版社1999年版。

[171]《毛泽东选集》第5卷,人民出版社1977年版。

[172]《民族工作文献选编(1990—2002)》,中央文献出版社2003年版。

[173]《民族工作文献选编(2003—2009)》,中央文献出版社2010年版。

[174] 宁骚:《论民族冲突的根源》,香港:《中国社会科学辑刊》1995年夏季卷。

[175] 宁骚:《民族与国家——民族关系与民族政策的国际比较》,北京大学出版社1994年版。

[176] 裴长洪、杨志勇:《中央对新疆财政转移支付制度设计思路的转变》,《财政研究》2007年第5期。

[177] 钱夫中:《国税审计的历程与展望》,2009年2月22日,国家审计署网站。

[178] 钱颖一:《现代经济学与中国经济改革》,中国人民大学出版社2003年版。

[179] 乔宝云：《政府间转移支付与地方财政努力》，《管理世界》2006 年第 3 期。

[180] ［日］青木昌彦、奥野正宽：《经济体制的比较制度分析》，中国发展出版社 2005 年版。

[181] 邱作文：《分权体制下地方财政的激励与约束》，中央财经大学，2009 年。

[182] 全国人民代表大会常务委员会预算工作委员会调研室：《中外专家论财政转移支付制度》，中国财政经济出版社 2003 年版。

[183] 人民日报评论员：《加强民族法制建设，保障少数民族权益——四论坚持和完善民族区域自治制度》，《光明日报》2009 年 4 月 27 日。

[184] ［美］沙安文、乔宝云：《政府间财政关系——国际经验评述》，人民出版社 2006 年版。

[185]《十六大以来重要文献选编》上，中央文献出版社 2006 年版。

[186]《十六大以来重要文献选编》下，中央文献出版社 2008 年版。

[187]《十七大以来重要文献选编》上，中央文献出版社 2009 年版。

[188]《十四大以来重要文献选编》下，人民出版社 1996 年版。

[189]《十四大以来重要文献选编》中，中央文献出版社 2001 年版。

[190]《十五大以来重要文献选编》下，人民出版社 2003 年版。

[191]《十五大以来重要文献选编》中，人民出版社 2001 年版。

[192] 史志宏：《晚清财政：1851—1894》，上海财经大学出版社 2008 年版。

[193] 施文泼、贾康：《中国矿产资源税费制度的整体配套改革：国际比较视野》，《改革》2011 年第 1 期。

[194] 施文泼、贾康：《增值税"扩围"改革与中央和地方财

政体制调整》,《财贸经济》2010 年第 11 期。

[195] 世界银行、国家民委项目课题组:《中国少数民族地区自然资源开发社区收益机制研究》,中央民族大学出版社 2009 年版。

[196] 税收与税源问题研究课题组:《区域税收转移调查》,中国税务出版社 2007 年版。

[197] 司马义·艾买提:《民族工作的探索和实践》,中央党校出版社 1998 年版。

[198]《斯大林全集》第 1 卷,人民出版社 1953 年版。

[199]《斯大林全集》第 2 卷,人民出版社 1953 年版。

[200] 宋才发:《中国民族自治地方经济社会发展自主权研究》,人民出版社 2009 年版。

[201] 宋国明:《新世纪以来印度尼西亚重要的矿业法规政策及其影响》,《国土资源情报》2007 年第 10 期。

[202] 宋小宁、苑德宇:《公共服务均等、政治平衡与转移支付》,《财经问题研究》2008 年第 4 期。

[203] 苏力:《道路通向城市——转型中国的法治》,法律出版社 2004 年版。

[204] 孙莹:《俄罗斯经济转轨与经济发展问题研究》,东北财经大学,2007 年。

[205] 孙雅莉、王文长:《西部大开发与民族利益关系的和谐构建》,《中国民族报》2010 年 7 月 23 日。

[206] 孙早:《西部发展的政府意志与市场制度变迁》,《战略与管理》2001 年第 6 期。

[207] 唐俊:《增值税质疑——兼论地区收入分配不公税制根源》,《中国经济时报》2006 年 10 月 13 日。

[208] 唐鸣:《社会主义初级阶段的民族矛盾研究》,中国社会科学出版社 2002 年版。

[209] 陶清德:《中国西部民族地区中小企业发展制度建构研究》,人民出版社 2009 年版。

[210] 田志刚:《论以政府间财政职能失效层次划分政府间财

政支出》,《经济研究参考》2008年第59期。

[211] 铁木尔:《民族政策研究文丛》第一辑,民族出版社2002年版。

[212] 弯海川:《新疆公共财政实践研究》,新华出版社2007年版。

[213] 汪受宽:《西部大开发的历史反思》,兰州大学出版社2009年版。

[214] 王保安:《转型经济与财政政策选择》,经济科学出版社2005年版。

[215] 王德权:《东京与京都之外——渡边信一郎的中国古代史研究》,载《中国古代的王朝与天下秩序》,中国社会科学出版社2004年版。

[216] 王桂新:《21世纪中国西部地区的人口与开发》,科学出版社2006年版。

[217] 王海良:《战后英国社会的融合》,载胡鞍钢《和谐社会构建——欧洲的经验与中国的探索》,社会科学文献出版社2009年版。

[218] 王金秀:《公共财政政策与政府治理》,中国财政经济出版社2007年版。

[219] 王金秀:《我国地区间财税的失衡及其矫正》,《财贸经济》2007年第6期。

[220] 王柯:《民族与国家——中国多民族统一国家思想的系谱》,中国社会科学出版社2001年版。

[221] 王绍光:《大转型:1980年代以来中国的双向运动》,《中国社会科学》2008年第1期。

[222] 王绍光:《分权的底线》,《战略与管理》1995年第2期。

[223] 王绍光:《美国进步时代的启示》,中国财政经济出版社2002年版。

[224] 王启友:《印度中央与地方财政关系的变革启示》,《经济导刊》2007年第9期。

[225] 王伟光:《利益论》,人民出版社2001年版。

［226］王伟光：《社会主义和谐社会理论基本问题》，人民出版社 2007 年版。

［227］王亚南：《中国古代官僚政治研究》，中国社会科学出版社 1981 年版。

［228］王毅：《中国皇权社会赋税制度的法理逻辑及其制度结果》，《华东师范大学学报》（哲学社会科学版）2007 年第 1 期。

［229］王毅：《中国皇权社会赋税制度的专制性及其与宪政税制的根本区别》，《学术界》2004 年第 5 期。

［230］王永钦：《大转型：互联的关系性合约理论与中国奇迹》，格致出版社 2009 年版。

［231］王玉玲：《论民族地区财政转移支付制度的优化》，《民族研究》2008 年第 1 期。

［232］王玉玲：《论新企业所得税法实施后的民族地区税源转移问题》，《中央民族大学学报》（哲学社会科学版）2008 年第 4 期。

［233］王元：《边疆少数民族地区事权财权划分情况调查——以内蒙古自治区呼伦贝尔市为例》，《经济研究参考》2005 年第 27 期。

［234］王正伟：《转变发展方式中拓宽西部开发新路》，《求是》2010 年第 14 期。

［235］王钟翰主编：《中国民族史》，中国社会科学出版社 1994 年版。

［236］韦以明：《民族自治权与国家机关的领导和帮助》，载吴大华《民族法学讲座》，民族出版社 1997 年版。

［237］魏红英：《对当代中国地方自治制度若干特征的认识》，《江汉论坛》2002 年第 12 期。

［238］魏后凯：《地区经济发展的新格局》，云南人民出版社 1995 年版。

［239］魏后凯：《中国地区发展：经济增长、制度变迁与地区差异》，经济管理出版社 1997 年版。

［240］翁独健：《中国民族关系纲要》，中国社会科学出版社 2001 年版。

［241］伍精华、杨建新：《民族理论论集：第八届全国民族理论研讨会论文集》，民族出版社 2005 年版。

［242］吴福象：《科学发展观指导下的区域公平和福利补偿机制研究》，《南京社会科学》2008 年第 9 期。

［243］吴敬琏：《路径依赖与中国改革》，《比较》1995 年第 3 期。

［244］吴敬琏：《让历史照亮未来的道路：论中国改革的市场经济方向》，《经济社会体制比较》2009 年第 5 期。

［245］吴俊培：《和谐社会财政政策研究》，《财贸经济》2009 年第 5 期。

［246］吴俊培：《论中央和地方的财政关系》，《经济研究》1994 年第 4 期。

［247］吴仕民：《改革开放与中国的民族区域自治制度》，《新华文摘》2000 年第 1 期。

［248］先福军：《新疆油气资源税改革效应分析》，《税务研究》2010 年第 12 期。

［249］项怀诚、姜维壮：《中国改革全书》（财政体制改革卷），大连出版社 1992 年版。

［250］项怀诚：《中国财政通史》（中华民国卷），中国财政经济出版社 2006 年版。

［251］谢旭人：《关于中央与地方事权划分若干问题的思考》，《财政研究》1995 年第 1 期。

［252］《新疆能源开发应给当地企业开个口子》，《中国经济时报》2010 年 3 月 15 日。

［253］《新时期民族工作文献选编》，中央文献出版社 1990 年版。

［254］《新形势下民族区域自治政策研究》，中国社会出版社 2003 年版。

［255］徐杰舜、韦日科：《中国民族政策史鉴》，广西人民出版社 1992 年版。

［256］许善达：《中国税权研究》，中国税务出版社 2001 年版。

[257] 许生:《经济增长、贫富分化与财税改革》,中国市场出版社 2008 年版。

[258] 许毅:《对促进西部地区农村经济发展的思考》,《财政研究》2006 年第 6 期。

[259]《薛暮桥晚年文稿》,上海三联书店 1999 年版。

[260] [匈] 雅诺什·科尔奈:《后社会主义转轨的思索》,吉林人民出版社 2003 年版。

[261] [英] 亚当·斯密:《国民财富的性质和原因的研究》上、下,商务印书馆 1988 年版。

[262] 杨侯第:《世界民族约法总览》,中国法制出版社 1996 年版。

[263] 杨开忠:《中国地区发展研究》,海洋出版社 1989 年版。

[264] 杨龙:《中国区域经济发展的政治分析》,黑龙江人民出版社 2004 年版。

[265] 杨明洪、孙继琼:《中国地区差距时空演变特征的实证分析:1978—2003》,《复旦学报》2006 年第 1 期。

[266] 於莉、马骏:《公共预算改革——发达国家之外的经验与教训》,重庆大学出版社 2010 年版。

[267] [美] 约翰·麦克米兰:《市场设计:经济理论的政策应用》,《比较》1999 年第 8 期。

[268] [英] 约翰·伊特韦尔:《新帕尔格雷夫经济学辞典》第 4 卷,经济科学出版社 1996 年版。

[269] [美] 约瑟夫·斯蒂格利茨:《财政学的新视角:近期的成就与未来的挑战》,《经济社会体制比较》2004 年第 1 期。

[270] 曾军平:《政府间转移支付制度的财政平衡效应研究》,《经济研究》2006 年第 6 期。

[271] 曾军平:《自由意志下的集团选择:集体利益及其实现的经济理论》,格致出版社 2009 年版。

[272] [美] 詹姆斯·M. 布坎南:《民主财政论》,商务印书馆 2002 年版。

[273] 张紧跟:《当代中国地方政府间横向关系协调研究》,中

国社会科学出版社 2006 年版。

［274］张群：《青海黄河河谷发展战略》，水利水电出版社 2007 年版。

［275］张若璞：《英国如何协调民族关系》，《中国民族》2008 年第 2 期。

［276］张维迎：《博弈论与信息经济学》，上海三联书店、上海人民出版社 1996 年版。

［277］张维迎：《市场的逻辑》，上海世纪出版集团、上海人民出版社 2010 年版。

［278］张伟：《当前增值税中的几个问题》，《经济研究》1997 年第 6 期。

［279］张文山：《突破传统思维：民族区域自治法配套立法问题研究》，法律出版社 2007 年版。

［280］张贤明、文宏：《改革发展成果共享实现机制的理念定位》，《理论月刊》2009 年第 7 期。

［281］张晓明：《伟大的共谋：市场经济条件下的利益关系研究》，中国人民大学出版社 2002 年版。

［282］张晏、龚六堂：《分税制改革、财政分权与中国经济增长》，《经济学（季刊）》2005 年第 1 期。

［283］张玉堂：《利益论——关于利益冲突与协调问题的研究》，武汉大学出版社 2001 年版。

［284］张友渔：《宪政论丛》下册，群众出版社 1986 年版。

［285］张作云、陆燕春：《社会主义市场经济中的收入分配体制研究》，商务印书馆 2004 年版。

［286］赵长庆：《苏联民族问题研究》，社会科学文献出版社 2007 年版。

［287］赵大全：《充分发挥财政在推进西部大开发中的作用》，《中国财政》2010 年第 19 期。

［288］《中共中央、国务院在北京召开西部大开发工作会议》，2010 年 7 月 6 日，中央政府门户网站。

［289］《中共中央关于全面深化改革若干重大问题的决定》，人

民出版社 2013 年版。

[290]《中共中央关于全面推进依法治国若干重大问题的决定》，人民出版社 2014 年版。

[291] 中共中央党校课题组编：《现阶段我国民族与宗教问题研究》，宗教文化出版社 2002 年版。

[292] 中国财政学会民族地区财政研究专业委员会：《中国民族地区财政报告（2005/2006 年度）》，中国财政经济出版社 2007 年版。

[293] 中国财政学会民族地区财政研究专业委员会：《中国民族地区财政报告（2007/2008 年度）》，中国财政经济出版社 2009 年版。

[294]《中国财政通史》编写组：《从中国财政史看财政的历史经验与发展规律》，《财政研究》2006 年第 11 期。

[295]《中国共产党主要领导人论民族问题》，民族出版社 1999 年版。

[296] 中国社会科学院财政与贸易经济研究所：《走向"共赢"的中国多级财政》，中国财政经济出版社 2005 年版。

[297] 中国社会科学院民族研究所：《列宁论民族问题》上册，民族出版社 1987 年版。

[298] 中华人民共和国国务院新闻办公室：《中国的民族政策与各民族共同繁荣发展》，《光明日报》2009 年 9 月 28 日第 9—10 版。

[299] 中央文献研究室、中共西藏自治区委员会：《西藏工作文献选编（1949—2005 年）》，中央文献出版社 2005 年版。

[300] 中央文献研究室：《中共十三届四中全会以来历次全国代表大会中央全会重要文献选编》，中央文献出版社 2003 年版。

[301] 周竞红：《"因俗而治"型政区：中国历史上"一体"与"多元"的空间互动》，《中央民族大学学报》（哲学社会科学版）2006 年第 5 期。

[302] 周民良：《论深入实施西部大开发战略》，《新华文摘》2010 年第 16 期。

[303] 周平、方盛举、夏维勇:《中国民族自治地方政府》,人民出版社 2007 年版。

[304] 周小亮:《深化体制改革中的利益兼容问题探索》,商务印书馆 2007 年版。

[305] 周小亮:《体制改革与利益协调:马克思主义经济学的理论演进分析》,《当代经济研究》2005 年第 3 期。

[306] 周勇:《探究中国"区域自治"和"民族自治"结合之路》,载王铁志、沙伯力《国际视野中的民族区域自治》,民族出版社 2002 年版。

[307] 周勇、玛利雅:《民族、自治与发展:中国民族区域自治制度研究》,法律出版社 2008 年版。

[308] 朱培民:《中国共产党与新疆民族问题》,新疆人民出版社 2004 年版。

[309] 朱青:《从国际比较视角看我国的分税制改革》,《财贸经济》2010 年第 3 期。

[310]《自觉维护中央权威》,《人民日报》1994 年 11 月 29 日。

[311] 邹继础:《中国财政制度改革之探索》,社会科学文献出版社 2003 年版。

[312] Blanchard Olivier, Shleifer, "Federalism with or without political centralization China versus Russia", *NBER Working Paper*, No. 7.

[313] Holmstrom, B., P. Milgrom, "Aggregation and Linearity in the Provision of Intertemporal Incentives", *Econometrica*, No. 55, 1987.

[314] Ma Jun, "Modeling Central–local Fiscal Relations in China", *China Economic Review*, No. 6, 1995.

[315] Oates, Wallace, E., "An Essay on Federalism", *Journal of Eco-nomic Literature*, 1999 (Sept.).

[316] Olson, M., "The Prinple of 'fiscal equivalence': The Division of Responsibilitries among Different Levels of government", *American Economic Review*, Vol. 59, No. 2, 1969.

[317] Qian, Y., B. R. Weingast, "China's Transition to Market-Preserving Federalism: Chinese Style", *Journal of Policy Reform*, No. 2, 1996.

[318] Tiebout, C. M., A Pure Theory of Local Expenditures, *The Journal of Political Economy*, No. 64, october 1956.

后　记

　　本书是笔者在中央财经大学财政学专业博士学位论文基础上修改完成的。拙作出版之际，我要对我的导师马海涛教授致以崇高敬意和衷心感谢！博士论文从选题到提纲的拟定、修改和最后定稿，马老师都给予了悉心指导；在我遇到困难的时候，马老师给予我极大的鼓励和支持。感谢我的博士论文评阅人和答辩委员会的各位专家、教授。他们是：财政部财政科学研究所研究员、博士生导师赵云旗，中国社会科学院财贸所研究员杨志勇，中央财经大学曾康华教授、温来成教授和乔志敏教授，他们在论文评定和答辩中提出了许多宝贵意见，为完善拙作起到了应有的作用。在论文撰写、调研期间，中国社会科学院的王希恩研究员、国家民委的朴永日主任、中国财政学会民族地区财政研究专业委员会秘书处的刘德雄和赵大全博士、甘肃省民委的王学仁处长，都给予了倾心襄助和提供资料上的极大便利，在此表达真诚的谢意！

　　感谢父母亲、岳父岳母对我工作和学习的默默支持，感谢我的爱人苏金萍在生活上的悉心照顾。爱女马玥一天天长大，活泼可爱。亲人的鼓励给予我克服困难和挫折的勇气，浓浓的亲情给予我不懈前行的动力。唯有今后的点滴进步，或能报答家人的温暖爱意。

　　衷心感谢甘肃省委党校的各位领导及同事对我工作和学习上的支持和关心，感谢中国社会科学出版社的喻苗编辑对本书出版的大力支持！

马应超

2016 年 8 月